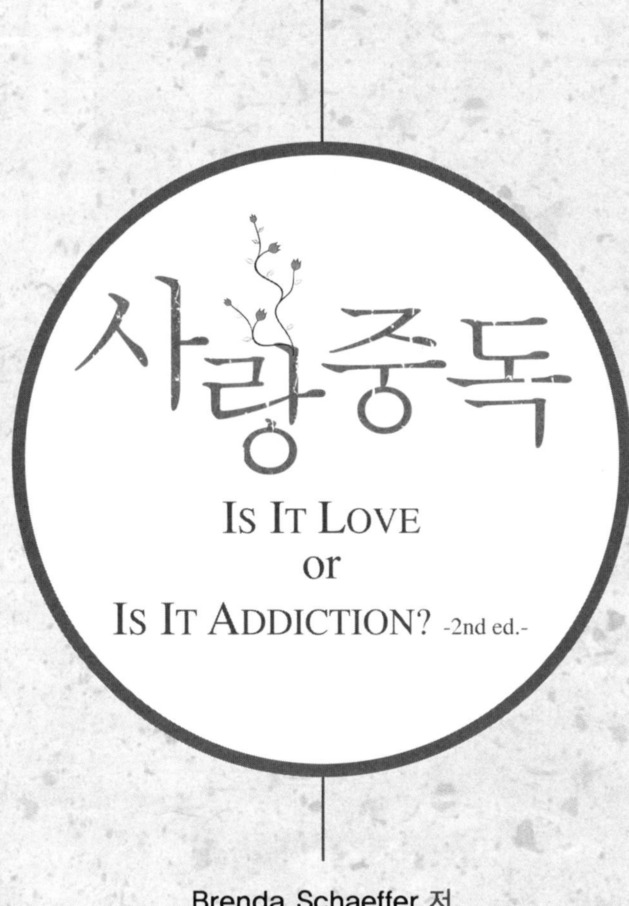

Brenda Schaeffer 저
이우경 역

Is it Love or Is it Addiction? 2nd edition
by Brenda Schaeffer

역자 서문

사랑에 관한 테마는 로맨스 소설부터 대중 음악, 시, 드라마 그리고 아름다운 예술 작품에 이르기까지 우리 문화의 모든 영역에 스며들어 있다. 심지어 각종 광고와 영화, 아이들이 보는 디즈니월드의 동화에 이르기까지 사랑을 주제로 한 이야기는 넘쳐난다. 그리고 그 대부분은 사랑을 그 어느 것보다 신비하고 아름다운 것으로 예찬하고 미화시키고 있다. 그러나 빛과 어두움이 공존하듯 사랑의 빛에 드리워진 어두운 그림자가 도처에 깔려 있다. 사랑의 심리학에서는 이 어두운 그림자를 사랑에 대한 잘못된 신화(myth), 즉 사랑중독이라고 부른다.

사랑중독이란 애정 대상에게 지나치게 의존하고 몰두하는 것을 말한다. 사랑중독에 빠진 사람들은 대개 과거 아동기에 충족되지 못한 욕구를 충족하는 방편으로 애정 대상에게 과도하게 의존한다. 사랑중독의 패러독스는 내면의 두려움과 자기 삶을 통제하려는 의도에서 시작되지만 오히려 통제감을 상실하고 타인에 대한 건강하지 못한 의존성, 즉 중독적인 사랑을 낳는다는 것이다. 사랑중독자들은 자신의 고유성과 정체성을 잃어버릴 정도로 상대에게 몰입하다가 자신의 기대와 욕구가 충족되지 않으면 세상을 잃은 것처럼 낙담하고 공허해한다. 성숙한 사랑이 애정 대상에게 건강한 집중과 헌신을 하게 만드는 것이라면, 병적이고 중독적인 사랑은 자신을 잃으면서까지 상대방에게 맹목적으로 헌신하고 집착하게 만든다.

환상적인 로맨스, 아름다운 외모, 부, 명성, 아이돌 스타 등 온갖 중독을 부추기는 소비 문화 속에서 지나치게 이상화되고 미화된 사랑 역시 중독적으로 변질될 수 있다. 마치 해일이 밀려오듯 마법 같은 사랑의 힘에 자석처럼 이끌리게 되면 그 사람에게는 사랑중독의 대상이 우상이 되고 신이 된다. 그래서 그 대상을 그 어느 것보다도 숭배하고 거기에 온통 시간과 관심 그리고 에너지를 쏟아붓는 것이다. 그 과정에서 자기 자신의 존재는 잊혀지고 한켠으로 내밀려진다. 저마다 지문이 다르듯이 사랑의 형태나 모습도 각양각색이지만, 사랑중독의 공통분모는 상대에게 정서적 에너지를 너무 많이 그리고 너무 지나치게 투자하고 자신을 소모시키며 상대방을 통해 자신의 영혼의 결핍을 메우려고 한다는 것이다. 건강하고 성숙한 사랑은 우리에게 삶의 생동감과 활력, 정서적인 충만감을 주지만, 중독적인 사랑 안에서는 절대로 자신의 결핍을 채울 수 없을뿐더러 자신의 가치를 찾을 수 없다.

이 책은 사랑중독의 뿌리와 심리학적 기원을 자세히 다루고 있고, 중독의 뿌리를 뽑아내는 방법에 대해서도 구체적으로 예시하고 있다. 또한 이 책에는 지나친 사랑중독의 덫에 빠진 많은 남녀 사례가 나온다. 외국 커플의 사례이기는 하지만 민족과 국가를 초월해서 중독에 빠진 사람들은 몇 가지 공통적인 특징을 가지고 있다. 이성이 마비될 정도로 상대에게 강렬하게 매혹되고, 건강하지 못한 중독 사이클에 빠져 자기 안에 있는 창의적인 에너지가 고갈되어 버리는 것이 그것이다. 사랑중독과 같은 관계중독은 마약이나 알코올 중독에서처럼 생물학적인 중독을 일으키지는 않지만 감정적으로 심각한 중독 상태를 일으킨다. 때로는 강박적 사랑(obsessive love)이라고 부를 정도로 상대방에 대한 강박적 집착과 갈망이 과도해서 스스로를 통제할 수 없는 지경에 이르게 된다. 건강한 사랑과 중독적인 사랑의 경계는 분명하게 선을 긋기 어렵다. 하지만 나날이 성장하는 느낌보다는 침체감과 퇴보하는 느낌 그리고 심적 에너지가 소진되는 느낌이 든다면 그 관계는 중독적 요소가 강하다는 의미이며 건강하지 못하다는 증거다. 애정 대상과의 관계에서만 삶의 의미를 찾으려 애쓰고, 상대방의 사랑과 인정 안에서만 자신의 존재 가치와 의미를 찾으려 한다면 분명히 중독과 같은 병적 상태에 빠진 것이다. 이 책에서는 결국 자기 안의 빈 공간과 정서적 결핍을 채울 수 있는 사람은 다름 아닌 자신뿐임을 사랑중독자들이 깨달아야 함을 거듭 강조하고 있다.

역자가 이 책에 관심을 갖게 된 것은 약 4년 전의 일이다. 임상현장에서 만나는 환자들과 대학원 강의실에서 만나는 학생들을 통해서 지나치게 사랑에 올인하고 실패한 뒤 마음의 병을 앓는 사람들이 의외로 많다는 것을 알게 되면서부터다. 사랑관계에서 심리적 약자는 너무 많이 그리고 너무 지나치게 사랑에 투자하는 여자 또는 남자들이다. 역자는 이 책이 중독적인 사랑에서 건강하고 성숙한 사랑으로 나아가는 방법을 구체적으로 알려 주고 있기에 지나친 사랑의 열정으로 수난을 겪고 있는 사람들에게 도움이 될 것이라는 확신에서 번역 작업을 시작하였다. 번역을 하면서 문득 역자의 두 딸 현지와 태연이도 이 다음에 사랑을 시작할 나이가 되었을 때 이 책을 꼭 읽어 보았으면 하는 바람이 들었다.

어떤 일이든 지나고 나면 하나의 에피소드에 불과할 수도 있겠지만 그 당시에는 누구나 자기만의 고유하고 절박한 내적 진실이 된다. 그러나 따지고 보면 내적 진실이라는 것도 절대적일 수 없고 시간의 역사 앞에서 변형되고 변질될 수밖에 없다. 한때 자신에게 신화적 존재처럼 강력했던 대상도 결국 허상에 불과하다는 것을 알아차리게 되면 마침내 집착 대상을 내려놓을 수 있게 되고, 자신을 가둬 두었던 정신적 족쇄에서 벗어날 수 있게 된다. 물론 그 과정은 결코 쉽지 않다! 그러나 자기를 잃지 않고 건강하게 사랑하는 능력을 다시 회복하려면 시간이 걸리고 힘들더라도 그 과정을 묵묵히 견뎌내야 한다. 이 책은 성숙한 사랑의 조건인 자아정체성과 내적인 힘을 되찾으려고 애쓰는 사람들의 여정에 든든한 길잡이가 되어 줄 것이다.

번역과정이 지루하게 느껴져서 때로는 포기하고픈 생각이 들다가도 끝까지 번역을 마무리하게 된 데에는 역자의 개인적 경험이 크게 작용하였다. 이젠 아득한 과거 속의 내러티브(narrative, 이야기)가 되어 버렸지만 미해결된 채 수년간 내 안에 똬리를 틀고 있던 관계의 기억, 생각 그리고 감정의 혼합물들을 재처리해서 완결하고 싶다는 내면의 강렬한 욕구 때문에 끝까지 이 책을 마무리할 수 있었다. 그러니까 오래전에 했던 나 자신과의 약속을 지킨 셈이다!

모쪼록 이 책이 신비하고 축복과도 같은 사랑이라는 감정이 더 이상 축복이 되지 않고 형벌처럼 고통스럽게 느껴지고, 벗어나려고 애를 써도 점점 늪 속으로 빠져 들어가는 것처럼 두렵고 외로운 싸움으로만 여겨지는 사람들에게 작은 용기와 위안이 되길 바란다. 이 책을 통해 상대에게 던져진 지나친 사랑이 실은 자신의 근원적 결핍을 보상하고 충족하려는 욕구의 발로임을 알아차리고, 삶의 에너지를 다시 자신 안으로 쏟는다면 언젠가는 내면의 빛을 발견하게 될 것이다. 그리고 새롭게 개화된 마음과 혜안으로 내면에 있는 생동감 넘치는 에너지를 껴안을 때, 씨앗에서 새싹이 돋듯 자신과 자신이 맺고 있는 관계 또한 성장하며 커 가는 것을 느낄 수 있을 것이다. 모든 관계는 마음을 가라앉히고 내면의 소리에 조용히 귀 기울일 때 충만해지고 성장해 나갈 수 있다.

끝으로 역자의 꾸물거림으로 번역과정이 원래 계획보다 많이 늦어지게 되었는데도 마지막 교정까지 압박감을 느끼지 않고 편안하고 느긋하게 작업할 수 있도록 배려해 주신 학지사 김진환 사장님과 편집부 이지혜 차장님께 감사드린다.

2010년

역자 이우경

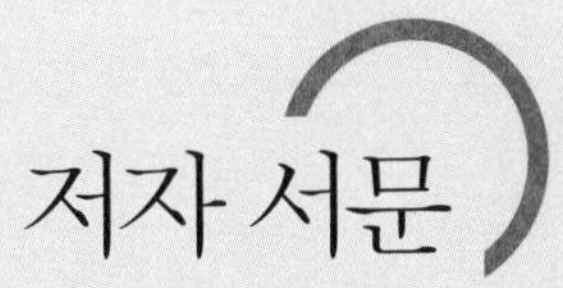

저자 서문

『사랑중독Is It Love or Is It Addiction?』의 초판이 출판된 지 10년이 지났다. 이 책의 경이로운 성공은 여러 면에서 내게 특별한 선물이었다. 이 책의 성공은 내가 국제적으로 알려지게 된 계기가 되었다. 그 과정에서 다양한 문화적 배경을 지닌 사람들로부터 인간관계에 대한 이야기를 들을 수 있었다. 특히 내가 쓴 내용들이 인류의 보편적인 주제라는 사실을 재차 확인해 주었다.

전 세계의 모든 사람은 보다 의미 있는 관계를 갖기 위해 애쓰고 있다. 나는 약한 면을 보이는 것을 수치스럽게 생각하고 성적으로 중독적인 방식으로 행동하는 것이 건강하고 남자다운 일이라고 주입시키는 문화적 관습을 바꾸기 위해 애쓰는 남성들을 만나게 되었다. 또 불건전한 의존성과 낭만적 환상을 문화적으로 묵인하는 데 대한 경각심을 일깨우려고 노력하는 여성들을 대하게 되었다. 어디에 가나 건강하고 성숙한 상호 의존적인 사랑과 강박적이고 의존적이며 중독적이고 미성숙한 사랑을 혼동하는 사람들을 만날 수 있었다. 얼마나 많은 사람들이 부모와 친구, 배우자, 사회 혹은 문화 집단으로부터 상처를 받아 온 탓에 사랑을 주저하는지도 새록새록 깨닫게 되었다. 사람들은 친밀한 관계를 필사적으로 원하면서도 두려워한다. 그 결과로 외로움, 고립, 고통, 폭력 그리고 더욱 큰 배신행위만 남게 된다.

그렇다면 그것은 사랑인가 혹은 중독인가? 그 답은 둘 다일 것이다. 이런 점에서 이 책은 중요한 사랑관계, 즉 자식, 부모, 친구, 동료, 형제자매, 반려자 또는 사랑하는 이들과의 관계에서 중독적인 요소를 개선하고자 하는 모든 사람을 위한 책이다. 나의 개념적 이해의 틀에서 보면 사랑중독은 '중독자' '상호중독자' '상호 의존적인 사람' 그리고 '사랑 기피자' 라고 말할 수 있는 남자와 여자, 이성애적인 사람과 동성애적인 사람 모두를 포함한다는 점에서 매우 포괄적인 개념이다. 아울러 그것은 독신, 커플 모두를 위한 것이다. 사랑중독은 낭만적인 흥분 고조 상태와 성적 중독을 일으키기도 하고 그러지 않을 수도 있다.

사랑은 사람을 살맛나게 하고 기분 좋게 만들기도 하지만 때로는 기분을 상하게 하고 마음을 다치게 한다. 사람들은 흔히 그 이유를 알지 못한다. 이 문제에 대해 많은 자가 치유서가 보급되어 있음에도 사랑중독은 아직까지 심각한 의문거리로 남아 있다. 왜 우리는 어떤 대상에게 특정한 이끌림을 갖게 되는가? 왜 우리는 심각한 상실감을 맛본 후에도 계속해서 새로운 관계를 추구하는가? 너무 강렬해서 매번 두려움을 느끼게 하는 관계는 어떤 것일까? 내가 특정한 관계에 머무르는 것은 올바른 이유에서인가, 아니면 잘못된 이유에서인가? 우리의 애정생활을 변모시키는 것은 왜 그토록 중요한 것일까? 나는 사랑에 빠져 있는가, 아니면 중독에 빠져 있는가? 이런 의문들은 모든 인류에게 적용될 수 있는 보편적인 것이며 답할 가치가 있는 것이다.

심리치료 전문가로서 나는 고통을 겪고 있는 많은 사람들로부터 도움을 요청받곤 한다. 그럴 때마다 사랑을 맺고 싶은 욕구가 인간에게 얼마나 기본적인 것인가를 깨닫게 된다. 사랑하는 이들과 사별하거나 헤어지게 되었을 때 느끼는 상실감에도 불구하고 우리는 어쨌건 사랑을 계속해 나가려는 마음을 굳건히 가지고 있는 것 같다. 왜 그럴까? 어떤 신비로운 내적 욕구를 충족시켜야 한다는 강박관념 때문일까? 현대 생활이 몰고 오는 스트레스의 엄습을 피하기 위해 사랑을 이용하고 있는 걸까? 영혼과 영혼을 연결하고자 하는 깊은 욕구 때문일까? 혹은 진정으로 깊은 사랑이야말로 이토록 위험천만한 세상에서 우리가 기댈 수 있는 유일하면서도 불변하는 어떤 것이라고 믿고 있기 때문일까?

사랑관계의 문제는 사랑의 본질에서 비롯된 것이 아니다. 진정한 사랑은 생명과 활기를 주는 어떤 것이다. 진정한 사랑은 한계를 모르는 풍부한 에너지이며 상처를 주기보다는 치유를 베푼다. 모든 관계의 문제는 사람에 대한 믿음이 사라지는 지점에서 생기는 두려움에서 비롯된다. 믿음이 사라지는 상황은 다시 사랑하는 것을 어렵게 만든다. 그런 상황을 겪고 나면 우리는 보다 방어적이 된다. 그 결과 진정으로 친밀한 관계보다는 더 많은 극적인 상황을 만들어 내는 것이다.

비틀거리는 관계에 처하게 되는 것은 목에 통증을 느끼는 것이나 두통이 심해지는 것과 비슷하다. 그리고 관계의 상처로 인해 아프게 되면 우리는 자기 자신을 잃어버리게 된다. 사랑의 아픔에만 몰두하게 되면 창조적인 생활을 할 수 있는 우리의 능력은 취약해진다. 그래서 물질, 대상 그리고 우리 밖에 있는 것들에 몰두하며 고통으로부터 위안을 얻고자 임시방편의 해결책을 찾게 된다. 그 결과 강박적인 환상과 중독 상태에 빠지게 된다. 집착이 물질이 아닌 사람에게 향하면 사랑중독이 되는 것이다.

우리는 모순으로 가득 찬 특수한 시대에 살고 있다. 많은 사람들은 정신적 · 육체적으로 건강한 삶을 추구한다. 그리고 삶의 깊은 의미를 갈구하는 영혼의 소리를 느끼고 있다. 중독, 사랑중독 그리고 자가 치유에 대한 지식이 폭발적으로 늘어나고 있다. 하지만 우리는 스물네 살의 여성이 스물아홉 살의 남자친구로부터 학대받는 관계를 청산하자마자 정면에서 총을 맞고 살해당하고 그 가족들은 생명의 위협을 받고 있다는 것과 같은 뉴스를 심심찮게 듣곤 한다. 미국 방부는 군복무 중인 여성의 61%가 성적 희롱을 당하고 있다는 사실을 시인한 바 있다. 가정폭력 사건 발생률은 해마다 증가 추세에 있다. 이처럼 하나의 문화 안에 정신적 · 육체적 건강을 추구하는 사람들이 있는가 하면 폭력의 구렁텅이에 빠져 허우적거리는 사람들도 많다는 것을 어떻게 설명할 수 있을까?

중독치료와 정신건강 치료 분야는 언론매체와 문화비평가 그리고 내부로부터 공격을 받고 있는 실정이다. 몇몇 사람들은 중독 모델이 너무 지나치게 광범위하게 적용되어 왔으며, 따라서 인간의 기능장애를 이해하고 치료하기 위한 수단으로서의 유용성을 상실했다고 공공연하게 비판하기도 한다. 심오한 치료적 가치를 가진 은유인 내면 아이(inner child)라는 아이디어는 무대에 선 개그맨의 풍자 소재감이나 라디오 토크쇼의 비판거리가 되고 있다. 우리 사회는 중독 문제를 해결하기보다는 키우고 확대시키는 데 훨씬 더 많은 돈을 계속 쏟아붓고 있는 것이다. 성적 학대의 희생자들을 치료하는 데 관심을 두면서도 가해자들은 치료받지 않은 채 돌아다니게 계속 버려두고 있다. 다양한 분야의 전문가들은 여전히 중독이 원죄인지, 범죄인지 혹은 질병인지를 놓고 논쟁을 벌이고 있다. 몇몇 중독 전문가들은 (코카인이나 니코틴과 같은 물질과는 대조적으로) 섹스와 사랑과 같은 하나의 과정이 과연 중독될 수 있는가에 대해 의문을 제기하고 있다.

이제 우리가 하는 노력의 의미나 방법론에 대한 논쟁을 중단할 때다. 현실적으로 볼 때 우리 모두 정도의 차이는 있지만 각자 두려움과 차이를 초월해야만 하는 엄청난 문제를 가지고 있다. 우리 모두 보다 건강한 생활방식에 대한 지식을 얻으려고 애쓰고 있는 사람들을 변모시키기 위해 도움을 주어야 한다.

지난 10년간 일어난 일련의 사건들은 이 책의 초판에서 썼던 사실을 더욱 확실하게 해 주고 있다. 거의 모든 사람이 중독 성향을 지니고 있다. 우리가 모두 알코올이나 다른 약물에 중독될 수 있으며 그런 중독 문제를 치료할 훌륭한 프로그램을 갖고 있음은 주지의 사실이다. 또한 우리의 삶을 저해할 수 있는 여타의 중독 문제들도 엄연히 존재하고 있다. 하지만 그런 문제들을 언제나 잘 파악하고 다룰 수는 없다는 것도 사실이다. 그와 같은 문제들로는 음식, 운동, 소비지향주의, 미신적 신앙, 영적 흥분, 담배, 설탕, 카페인, 섹스, 도박, 업무, 컴퓨터, 텔레비전, 육아, 사랑의 대상, 연애 감정, 고통 및 질병 등이 있다. 아마도 여러분은 이들 가운데서 자신의 중독 문제를 찾아낼지도 모른다. 우리는 부모 세대보다 수백 배 더 많은 다채로운 경험을 가져다주는 세상에서 살고 있다. 우리는 끊임없이 수용하고 처리해야만 하는 정보의 홍수에 휩쓸리고 있다. 또 주어진 시간에 해야 할 많은 일에 쫓기고 있다. 우리는 매일 위협을 주는 뉴스를 접하고 있다. 이런 가운데 우리는 완벽하지는 않더라도 친밀한 사랑관계를 잘 맺고 싶어 한다. 나는 사람들에게 삶이란 수천 조각의 퍼즐을 맞추는 게임과 같으며 그 가운데 30%의 조각만 가지고 있어도 운이 좋은 편이라고 말하곤 한다. 이제 우리가 일상적으로 접하는 정보, 이미지 그리고 아이디어의 홍수 속에서 그 비율은 점차 더 낮아질 수밖에 없다.

이 책의 주안점은 사랑중독의 여부와 파악방법 등 사랑중독에 대한 이해를 증진하는 것이다. 그러나 그보다 더 중요한 문제는 어떻게 거기서 벗어날 수 있는지에 대한 이해를 증진하는 것이다. 이 책은 건강한 사랑의 특성이 무엇인지 파악하고 보다 풍부한 삶으로 안내하는 희망이 가득 찬 책이 되도록 하는 의도에서 만들어졌다. 앞으로 이 책을 읽으면서 깨닫게 되겠지만, 진정한 사랑은 중독이 되어서는 안 되며 더더욱 사랑중독이 되어서는 안 된다. 하지만 인간이 처한 조건을 보면 이러한 두 경험이 함께 일어날 수밖에 없고, 그렇게 되면 사랑중독자들은 엄청난 고통과 시련을 겪게 될 수 있다. 우리는 사랑을 표현하는 방식에서 보다 현명해져야 한다. 나의 바람은 여러분이 이 책에서 자신의 삶과 사랑에서 의미 있는 방식으로 영향을 미칠 한 조각의 지혜를 발견했으면 하는 것이다. 이 책은 특정한 문제를 치료하려는 의도에서 쓰이지 않았다. 그렇지만 그런 문제에 대한 인식이 늘어나게 되면서 보다 많은 공감과 지속적인 효과 속에서 관계 문제들을 해결할 수 있는 실마리를 얻게 될 것이다.

이 책을 통해 독자 여러분도 불가사의한 삶의 퍼즐에서 몇 개의 조각을 더 찾아내어 맞출 수 있기를 희망한다.

감사의 글

한 권의 책은 글쓴이의 마음속에 있는 창의적인 생각에서 비롯된다. 아이디어에서부터 출판에 이르는 길은 멀고 때로는 몹시 힘든 길이다. 내가 걸어온 이 길에는 감사의 마음을 표하고 싶은 너무나 많은 분이 있었다. 먼저 이 책을 쓰도록 격려해 준 뮤리엘 제임스, 장(Jean) 클라크, 퍼트리샤 다우스트에게 감사드린다. 나의 형제 마이클 퍼트먼, 친구인 바트 냅 박사와 라이넬 마이클슨은 이 책의 초고를 읽고 비판적인 검토를 해 주었다. 그들의 격려와 정직한 평가에 심심한 감사의 인사를 전한다. 창의적으로 편집을 해 준 팸 밀러에게도 감사한다. 타이피스트인 낸시 배릿에 대해서는 내가 손으로 쓴 글들이 잘 읽히게끔 경이로운 솜씨로 옮겨 준 데 대해 특히 감사한다. 내 원고를 열정적으로 지원해 준 에이전트 비키 랜스키, 원고 마감 일자를 맞추도록 일정을 잘 조정해 준 잰 요하네스(Johannes)에게 감사드린다.

이 책의 초판을 믿고 격려해 준 헤이즐든 교육자료 연구소 여러 분들—짐 히슬립, 베스 밀리건, 팻 벤슨—에게 감사드린다. 시간을 할애해 내 생각과 감정을 잘 정리해 준 편집자 주디 들레이니와 브라이언 린치에게도 감사한다.

시간을 내어 책에 나온 대로 실행에 옮기고 그 효과를 입증시켜 준 내담자들에게 가장 큰 감사의 말을 전하고 싶다. 특히 다른 사람들이 희망을 느낄 수 있도록 자신의 이야기를 기꺼이 써 준 이들에게 감사드린다.

영적 지도와 성원을 해 준 프레드 W. 허친슨 목사님께 감사드린다. 사랑하는 마음으로 나를 받아 주고 이 책을 쓰는 일에 몰두할 수 있도록 도와준 나의 아이들 하이디와 고디에게 특별히 고맙다는 말을 하고 싶다.

그리고 내가 더욱 성숙해질 수 있도록 사랑과 우정을 함께 나누고 있는 테드에게 특별히 감사의 마음을 전하고 싶다.

지난 10년간 내게 너무나도 소중했던 사람들과 이번 수정판에 여러 가지 아이디어와 영감을 불어넣어 준 이들을 언급하지 않을 수 없다. 아라파타 맥케이, 피터 R. 리처즈, 패트릭 칸스, 제니퍼 슈나이더, 샐리 스티븐스, 크리스티나 스토벡, 마크 라서, 헬렌 파머, 재클린 스몰, 바트 냅, 호머 미텔스페트, 배리 맥키, 제리 버카나가, 린다 피치텔리 울프에게 마음에서 우러나온 감사를 드리고 싶다. 마지막으로 글로 쓰인 단어의 중요성을 정성껏 이해해 주고 다듬어 준 헤이즐든의 편집자 스티브 리먼과 댄 오디가드에게 심심한 감사를 표하고 싶다.

다음 편집자들은 저작권이 있는 출판물을 내 책에 인용할 수 있도록 관대한 마음으로 허락해 주셨다.

칼릴 지브란의 『예언자 The Prophet』(칼릴 지브란 재산관재인과 메리 G. 지브란에 의해 1951년에 갱신된 1923년판, 알프레드 A. 크노프 출판사의 승인하에 발췌 인용)

클로드 스타이너의 『사람들이 사는 각본: 삶의 각본에 대한 교류 분석 Scripts People Live: Transactional Analysis of Life Scripts』(1974년판, 저자의 승인하에 발췌 인용)

리처드 바크의 『영원을 가로지르는 다리: 진실한 사랑의 이야기 The Bridge Across Forever: A Time Love Story』(1984년판, 저자의 승인하에 발췌 인용)

노먼 커즌스의 『인간의 선택 Human Options』(1981년판, W. W. 노튼 & 컴퍼니사의 승인하에 사용)

마저리 윌리엄스의 『벨벳 토끼 The Velveteen Robbit』(1975년판, 더블데이 출판사의 승인하에 발췌 인용)

스탠튼 빌의 『사랑과 중독 Love and Addiction』(1975년판, 태플링거 출판사의 승인하에 발췌 인용)

에리히 프롬의 『사랑의 기술 The Art of Loving』(1956년판, 하퍼앤드로우 출판사의 승인하에 발췌 인용)

헬렌 E. 피셔의 『성적 계약 The Sex Contract』(1982년판, 윌리엄 모로 & 컴퍼니의 승인하에 발췌 인용)

차 례

II. 어떻게 하면 **당신**을 **사랑**할 수 있을까

Ⅲ. 내일을 향한 희망

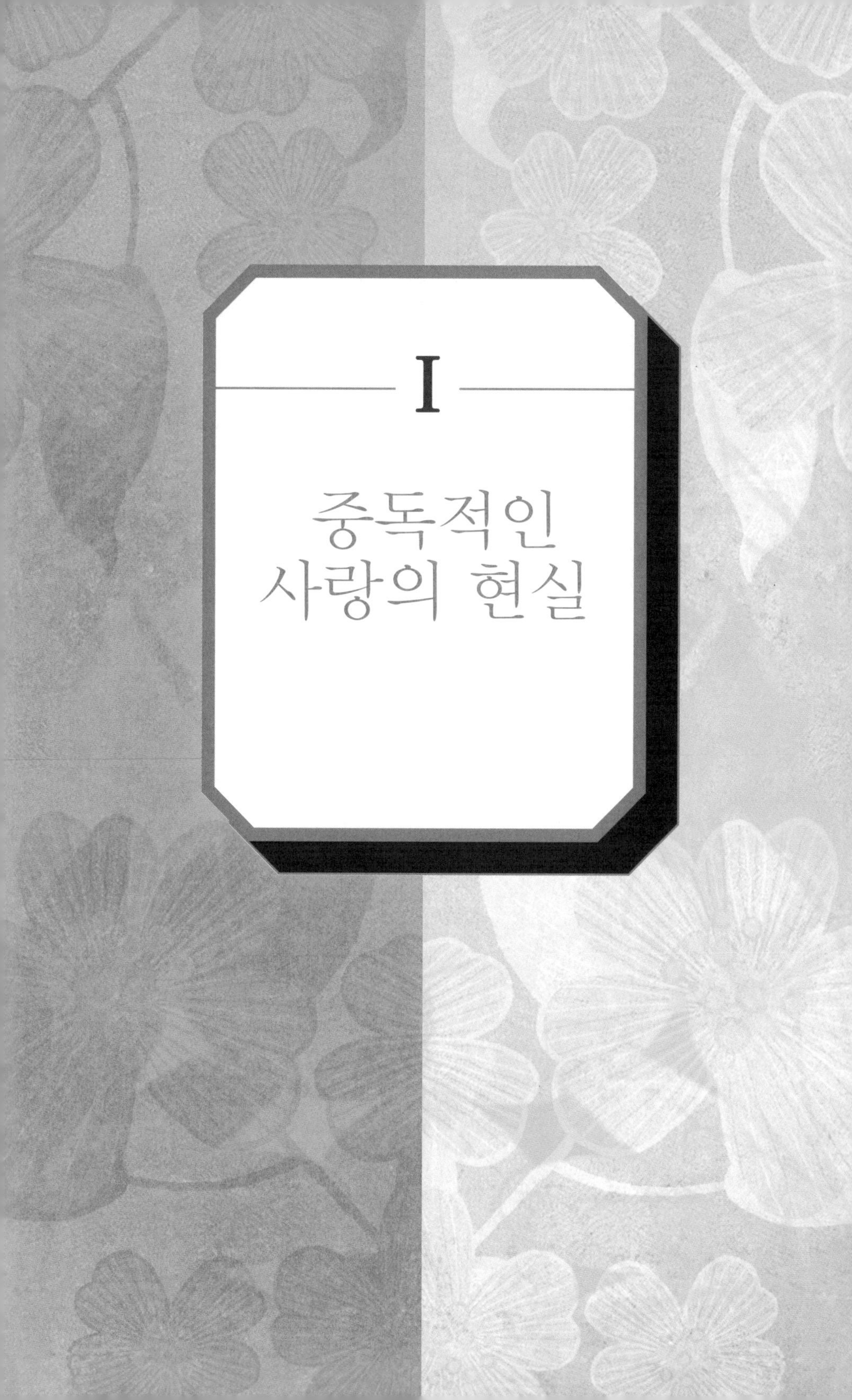

I

중독적인 사랑의 현실

사랑의 힘

건강한 사랑

독일 태생의 미국 정신분석가 에리히 프롬(Erich Fromm)은 『사랑의 기술 The Art of Loving』이라는 책에서 사랑에 빠진 사람은 자신이 가지고 있는 고유한 잠재력과 인격을 발전시키려고 적극적으로 애쓰지 않는다면 사랑을 위한 대부분의 노력은 실패할 수밖에 없다고 하였다. 프롬은 사랑이란 "돌봄, 존중, 책임감 그리고 앎을 수반하는 생산성의 표현이고, 사랑하는 사람의 성장과 행복을 위해 노력하는 것이며, 이는 사랑할 수 있는 개인의 역량(capacity)에 뿌리를 두고 있다."라고 하였다. 건강한 사랑과 관련된 개념은 애정, 돌봄, 가치 있게 여기기, 신뢰, 수용, 주기, 기쁨, 상처받기 쉬운 속성 등을 포함한다. 사랑은 우리 안에서 뿜어져 나와 외부로 뻗어

나가는 존재의 상태다. 사랑은 일종의 에너지로서 무조건적이며, 포용력을 지닌다. 그리고 사랑은 구체적인 대상을 필요로 하는 것은 아니다.[1]

어떤 사람들은 사랑이란 궁극적으로는 종교 체험과 비슷하다고 말하기도 한다. 사랑은 관계 안에서 한 존재가 쏟아붓는 영원한 선(perpetual goodness)에 흠뻑 빠져드는 것이다. 사랑은 기쁜 마음으로, 그리고 우리가 느끼는 고통으로부터 도피하려 애쓰지 않으며 모든 것을 할 수 있는 것이다. 깊은 사랑에는 경외심, 신비함, 감사, 비애, 환희, 황홀경, 우아함, 발광, 신성함이 들어 있다. 사랑에 빠진 사람들이 느끼는 감정의 거대한 강물은 그 이상 더 깊을 수 없고 그보다 더 넓을 수 없다. 사랑은 한계를 모른다. 사랑에 빠진 사람은 고귀한 품성을 드러내며 미덕과 장점이 넘쳐흐른다! 갓 태어난 아이를 바라보는 어머니, 사랑에 빠진 연인, 사랑하는 친구의 죽음을 비탄하는 사람, 그리고 새끼 고양이가 태어난 것을 보고 기뻐 어쩔 줄 모르는 아이를 보라! 사랑에 빠진 사람들이 누군가에게 깊이 소속되면 혼동과 의심의 시기에 있더라도 모든 것이 제자리에 있는 것처럼 보인다. 친밀감이 깊어지면 우리 안에 있는 어떤 것이 "바로 이거야."라고 말한다. 진정한 사랑은 어떤 말로도 표현되지 않는다. 어떤 말로도 형용할 수 없다. 사랑이 있으면 어떤 말도 불필요한 것이다.

깊은 동반자적 사랑(partnership love)이라는 개념의 효시는 타인에 대한 품격 있고 열정적인 사랑을 죄스럽게 여기지 않고 인간의 영혼에서 스며 나오는 고귀한 사랑으로 보기 시작한 12세기 초로 거슬러 올라간다. 열정(passion)의 어원은 고통이다. 신체적 합일에 대한 우리의 갈망을 의미하는 에로스(eros)는 이웃에 대한 보편적인 영적 사랑을

뜻하는 아가페(agape)와 합쳐져 심오하고 개인적인 애정관계인 아모르(amour)가 되었다. 이러한 심오한 감정은 어떤 신체적 합일에 선행하여 일어난다. 아모르 상태에서는 신체적으로 접촉하고 상대에게 성적인 관심을 갖는 것이 신성한 수준이 된다.[2] 이런 경험은 다행감(euphoria, 행복이 넘치는 상태)과 성적인 황홀감을 찬양하는 것과는 완전히 다르다. 다행감과 성적인 황홀감에서는 쾌락이 유일한 목표다. 하지만 건강한 사랑에서는 모든 감각들이 소중하게 여겨지고 애정관계의 의미 있는 부분으로 존중된다.

19세기의 많은 작가들은 이성에 대한 사랑보다는 좋은 친구에 대한 사랑을 더 순수하고 고상한 것으로 생각하였다. 당시에는 친구를 의미하는 말로 연인이라는 단어가 드물지 않게 사용되었다. 시인 랠프 왈도 에머슨(Ralph Waldo Emerson)은 1841년에 쓴 에세이에서 "세상의 새롭고도 고귀한 깊이를 나에게 알려 주고 내 모든 생각의 범위와 의미를 넓혀 준 데 대해 나의 훌륭한 연인들에게 숭고한 감사를 표하는 바다."라고 밝혔다. 또 에머슨은 『우정Frendship』이라는 에세이에서 "우정은 불멸의 영혼과도 같고 믿겨지지 않을 만큼 너무나 고귀하다."[3]라고 표현하였다. 월트 휘트먼(Walt Whitman)과 같은 미국의 초월주의 작가들도 우정을 영원하고 신체적으로 친밀한 경험으로 간주하였다. 1888년 '아메리카(America)'라는 시에서 휘트먼은 미국 정부가 겪고 있던 남북전쟁 직전의 타락상에도 불구하고 친밀한 우정을 나라의 희망으로 보았다. "오, 그대 민주주의를 위해/친구(동지)의 사랑을 통해 태양의 빛을 받으면서/가장 훌륭한 우주의 운행을 하고자 하며/신성한 자력을 지닌 대지를 만들고자 하네."[4] 휘트먼은 타인에 대한 깊은 애정은 우리가 할 수 있는 가장 고귀한 표현의 하나라고 보았다. 그러나 이러한 우정조차도 중독적 사랑의 요소를 띨 수 있다.

진정한 사랑은 실제적인 경험이 가능하며 마음으로부터 발산되는 것으로 느낄 수 있다. 많은 영적 학파들은 마음이 우리의 인간적 경험과 영적인 경험 사이를 어떻게 연결시키고 있는지를 강조하고 있다. 샬럿 캐슬(Charlotte Kasl)이 말한 것처럼, "사랑을 좇는다면 사랑을 찾을 수 없다. 우리는 단지 마음을 열어서 우리 안에서 그것을 발견할 수 있을 뿐이다."[5]

그러나 앞으로 살펴보겠지만 대부분의 마음은 상처받기 쉬워서 이렇게 치유되지 못한 마음의 상처 때문에 건강하지 못한 집착 상태에 빠지거나 '사랑중독'이라고 할 만한 도취, 로맨스 혹은 섹스에 빠지게 된다. 마음이 두 종류의 정서를 가지고 있다고 생각해 보라. 더 낮은 수준의 정서는 상처 혹은 상해와 연결되어 있어서 우리가 타인에게 주는 사랑에 조건을 둔다. 그러나 이런 조건은 거의 충족되지 않기 때문에 외로움, 고립감, 근심, 질투심, 절망감, 상심, 버림받은 느낌, 분노감, 불안감, 증오심, 냉담함, 마비된 듯한 감정 상태로 끝나게 된다. 이러한 감정의 뿌리를 이해하고 그것들을 통합하는 방법을 배우게 되면 마음속에서 더 높은 수준의 정서를 경험하게 되는데, 그것이 우리가 도달할 수 있는 가장 심오하고 무조건적인 사랑으로 이끌어 줄 것이다.[6] 그러면 우리는 더 이상 자신의 기분을 좋게 하기 위해 관계에 의존하지 않게 된다. 건강하고 무조건적인 사랑 안에서 우리는 상대에게 다가가고, 나누고 싶어 하며, 상대를 포용하고, 주고 돌보는 것이 가능해진다. 이 모든 것은 사랑의 이름으로 이루어지며, 그렇게 되면 에로스가 자연스럽게 되살아나게 된다.

우리가 경험하는 첫 번째 사랑은 부모에게서 나온다. 이상적으로 부모의 사랑은 아이의 가치와 삶을 무조건적으로 긍정해 주어야 한다. 어머니와 아버지는 기꺼이 그리고 손쉽게 아이의 욕구를 충족시켜 주고 아이에게 "살아 있어서 너무 좋다! 내가 나인 것이 너무 좋다!"라는 느낌을 주어야 한다. 이처럼 사랑은 끔찍이 좋고 대단한 것을 느끼는 것이다.

중독

『사랑과 중독 Love and Addiction』의 저자인 스탠튼 필(Stanton Peele)과 아치 브로드스키(Archie Brodsky)는 중독에 대해 "뭔가 새롭고 황홀한 경험을 좇아서 자신이 누구인지 혹은 누구여야 되는지를 망각한 채 강박적인 특징을 지니고 있는 불안정한 존재 상태"[7]라고 정의하였다. 우리의 주관적 경험에 영향을 주거나 그것을 변화시키는 어떤 활동도 중독이 될 수 있는 잠재력이 있다. 이 분야의 전문가들 사이에서 중독의 생물학에 대해서는 의견이 분분하지만 임상 진단의 영역에서는 일치된 견해가 있다.

임상가들은 중독에는 크게 세 가지 요소가 있다고 본다. 첫째는 해로운 신체적 혹은 정신적 결과에도 불구하고 특정 행동을 지속하는 것이고, 둘째는 강박관념과 집착에 빠지는 것이며, 셋째는 통제 불능감을 갖는 것이다. 두 가지 다른 요소는 내성(같은 효과를 얻기 위해서 중독 대상을 점차 더 필요로 하게 되는 것)과 금단 증상이다. 이러한 특징이 암시하는 것은 중독을 구성하고 있는 요소는 소비되고 경험되는 중독 대상의 양보다는 중독이 개인의 삶에 어떤 영향을 주는지와 더 관련이 있다는 것이다. 현재 앞과 같이 행동을 강조하는 기준을 사용하여 과정 혹은 행위 강박을 중독으로 받아들일지의 여부에 대해서는 중독 전문가들 사이에서도 의견이 분분하다. 하지만 섹스, 사랑, 로맨스가 행위중독의 대상이 되는 메커니즘은 어느 정도 잘 알려져 있다.[8] 어떤 연구자들은 과정중독에 의해 야기되는 쾌감이 약물이나 물질 중독에 의한 것과 비슷하다고 한다. 하비 밀크먼(Harvey Milkman)과 스탠리 선더워스(Stanley Sunderwirth)는 "황홀경을 얻는 방편이 물질이든 어떤 행위든 간에 각성, 포만감 혹은 판타지 경험에 신체적으로 의존할 수 있다."고 하였다.[9] 이러한 감각, 즉 각성, 포만감, 판타지를 불러일으키는 것은 사랑을 포함해서 어떤 행위라도 뇌의 생화학적 변화를 가져올 수 있다.

인간의 뇌는 인생을 좀 더 풍부하게 경험하는 수단으로 위의 세 가지 쾌락 감각을 자연스럽게 우리 인간에게 제공해 준다. 이 세 가지 측면은 수백 가지의 뇌 화학물질에 의해 통제받고 있고, 우리는 기껏해야 그 물질을 이해하는 초보적 단계에 와 있다. 이러한 화학물질이 없이는 우리 자신의 인간적 본성을 이해할 수 있는 능력이 제한적일 수밖에 없다. 예를 들어, PEA✚는 각성 상태를 일으키는 신경화학물질로 각성 상태와 어떤 행동을 하도록 동기화해 준다. 신경화학물질에 의해 유발되는 불편한 상태는 우리가 만족을 추구할 수 있도록 기본적 욕구를 인식시켜 준다. 화학적으로 통제되는 포만감은 우리가 이미 충분히 가졌다는 것을 알려 주며, 우리의 몸이 항상성(homeostatis)을 유지하거

✚ 페네틸라민(Phenethylamine)이라고도 한다. 뇌의 각성 상태와 주의력 집중을 도와주는 신경조절 작용을 하는 화학물질로 포유류의 중추신경계에서 합성되며 초콜릿 등에 함유되어 있다. 그 화합물은 항우울제, 환각제, 식욕감퇴제 등으로 사용되고 있다.

나 균형 상태를 갖도록 해 준다. 만족감, 창조적인 열정, 두려움, 성적인 흥분은 각각에 해당하는 신경화학물질을 지니고 있다.

중독은 이와 같은 쾌락 상태 혹은 '기분을 좋게 하는' 하나 이상의 화학물질에 의해 유발된다. 어떤 사람들은 각성과 흥분 상태를 갈망하면서 강박적 도박, 각종 불법 행위, 과속운전, 암벽 등반과 같은 위험하고 자극적인 것에 빠진다. 또 어떤 사람들은 다양한 판타지 생활을 선택하고 이내 거기에 빠져 허우적거린다. 마리화나, 환각제, 신비주의적인 집착, 연애 대상, 연애소설 등은 신경화학적인 고조 상태를 일으키거나 강화하는 수단이다. 또 어떤 사람들은 '지나치게 예민하게' 감정을 느껴서 고통, 스트레스, 두려움 등을 덜기 위해 진정제를 필요로 한다. 마음의 아편 성분인 엔도르핀은 고통을 없애고 불안을 감소시켜 주는 신경화학물질이다. 진정작용을 추구하는 사람들은 강박적인 음식, 알코올, 마약 사용이나 최면과도 같은 의식 상태의 변화에 빠져들면서 엔도르핀을 자극한다. 하나 이상의 신경화학물질의 도움으로 고통을 피하고 환상 경험을 끌어내며, 삶의 활기를 느낄 수 있는 매우 효과적인 한 가지 방법은 사랑하는 관계에 빠져드는 것이다.[10] 문제는 이 뇌 화학기제가 주는 효과가 한편으로 중독성이 강하다는 점이다.

편의상 우리는 중독을 무의식적으로 굳혀진 하나의 습관으로 정의하고자 한다. 중독에 빠지면 자발적인 의지가 아닌 강박적인 의식(ritual)에 몰두하게 되고, 대상에 대해 심리적 · 생리적으로 고착되며, 흔히 대상이 없어질 때 금단현상이 나타나거나 증상이 심화되는 특징을 지닌다. 중독 대상에 집착하게 되면 개인의 삶은 사회적, 직업적, 여가생활 면에서 그리고 정서적, 영적, 심리적 측면에서 장애를 초래한다. 이와 같이 집착에 빠지면 관계에서 일어나는 학대나 고통을 축소하거나 완전히 부인하는 일이 빈번하게 나타나고, 부정적인 결과에도 불구하고 계속 대상에 대해 비이성적으로 몰두하게 된다. 사랑중독은 각성 상태, 판타지, 포만감을 추구하는 인간의 보편적 성향이 빚어낸 유해한 부산물이다.

우리의 욕구는 충분히 타당한 근거를 갖고 있다. 그러나 때로 욕구 충족이 지나쳐서 삶의 다른 중요한 관심사로부터 시간과 주의를 빼앗아 가는 경우에 우리의 욕구는 중독성이 된다. 흔히 중독과 결부되어 있는 단어는 강박적, 과도한, 파괴적, 충동적, 습관적, 집착하는, 의존적 등과 같은 것들이다. 그런데 얼핏 생각해 보면 이런 용어들 중에 일부는 사랑중독을 얘기할 때에도 적용이 가능하다. 그렇다면 이런 의미에서 사랑은 우리가 멀리해야 할 습관이지 않을까? 아니, 전혀 그렇지 않다. 사랑을 하고 싶은 욕구는 현실적인 것이다. 우리가 이 책에서 의도하는 것은 우리의 사랑과 인생에서 건강하지 못한 중독적인 요소를 찾아내어 없애고 건강한 사랑을 다시 불러들이는 일이다. 사랑관계는 흑백논리, 즉 이것 아니면 저것 하는 식의 선택이 아니며 모든 요소들을 전부 가지고 있다. 대부분의 사랑관계는 중독적인 사랑과 건강한 사랑의 속성을 모두 가지고 있다. 건강한 의존성과 건강하지 못한 의존성을 다 보이고 있는 것이다.

중독적 요소를 갖고 있는 우리의 습관과 행동 대부분이 건강하지 못한 것은 아니다. 우리에게 필요하다고 생각되는 많은 것들은 생물학적 생존에 정말 필요한 것으로 우리의 주의와 관심을 받을 가치가 있다. 우리는 음식, 안식처, 신체 접촉, 기타 신체 자극, 인정, 소속감 등을 필요로 한다. 우리가 필요하다고 생각하는 다른 많은

것들은 그저 욕망(wants)일 뿐이다. 말하자면 없어도 살 수 있는 것이다. 집은 필요해도 차 세 대분의 차고를 갖춘 집까지는 필요치 않은 것처럼 말이다!

사랑을 말할 때 필요의 문제는 훨씬 더 복잡해진다. 생존을 위해 사랑을 필요로 하는 것은 아니라고 누군가 말하는 걸 최근 들은 적이 있다. 의존적인 유아라도 신체적 생존을 위해 사랑을 필요로 하는 것은 아니다. 유아가 필요로 하는 것은 신체 신경 시스템을 활성화하고 성장을 촉진해 주는 주의와 관심이다. 정서적이지는 않지만 신체적 접촉과 돌봄을 받은 아기는 매우 자상하고 부드러운 돌봄을 받은 아기만큼 잘 살아남을 것이다. 하지만 거의 또는 전혀 신체 접촉을 받지 못한 아기는 병들고 우울해지며 심한 경우 정신지체가 되거나 죽게 될 것이다.

따라서 가장 원초적인 의미에서 볼 때 우리는 생물학적인 생존을 위해 사랑을 필요로 하는 것은 아니다. 그러나 어린 시절에 타인으로부터 사랑받는 경험을 하지 못했다면 완전하고 건강한 인간으로 성장하지 못한다. 사랑을 받지 못해도 그럭저럭 살아갈 수는 있겠지만, 사랑받은 경험이 없다면 자기존중감이나 다른 이에 대한 사랑, 삶에 대한 애착과 같은 건전하면서 중독적이지 않은 사랑관계의 모든 기본적 요소들을 키워 나가기가 어려울 것이다.

그렇다. 사람은 사랑 없이 살아갈 수 있다. 하지만 내가 만나 본 사람들 중 자신과 다른 이를 사랑하는 것이 힘든 사람들은 통상 어릴 때 부모의 관심과 무조건적 사랑을 충분히 받지 못한 이들이다. 무조건적 사랑은 어린아이에게 "네가 말하고 생각하고 행동하는 게 항상 맘에 드는 것은 아니지만 그래도 너를 사랑한단다."라고 말하는 그런 사랑이다. 비록 아이를 위험으로부터 보호하는 방어벽 역할을 하는 행동의 제한조건이 있을지라도, 무조건적인 사랑에는 아이의 독특함에 대한 무조건적 수용이 기본으로 깔려 있다.

사랑관계는 그것이 우리에게 어떻게 작용하느냐에 따라 좋기도 하고 나쁘기도 하다. 여기에서 우리가 생각해야 할 문제는 다음과 같다. 사랑중독은 정말 존재하는가? 사랑중독은 무엇인가? 사랑은 어떻게 해서 중독적이 되는가? 어떻게 해서 그렇게 경이롭게 느껴지던 사랑의 감정이 몹시 나쁜 것으로 변질되는 것일까? 사랑일까, 아니면 중독일까? 그렇다면 어떤 것이 건강한 관계인가?

사랑중독에 대한 수많은 임상 경험을 통해 볼 때, 사랑중독이란 과거 아동기에 충족되지 않았던 욕구를 만족시키려 하고 내적 두려움과 정서적 고통을 피하고 문제를 해결하고 균형을 유지하려는 목적에서 자기 자신이 아닌 다른 누군가에게 의존하는 것으로 정의할 수 있다. 여기서 모순은 사랑중독이 삶에 대한 통제감을 얻으려는 시도에서 비롯된 것이지만 자신 외의 누군가에게 힘을 실어 줌으로써 오히려 통제감을 상실하게 된다는 것이다. 이러한 시도는 다른 사람에 대한 건강하지 못한 의존을 초래한다. 이는 흔히 '충분하지 못하거나 결코 충분할 정도로 갖지 못한' 느낌으로 이어지게 된다. 그 이유는 많은 사람이 어린 시절에 모든 욕구를 순조롭게 충족하지는 못하였기 때문이다. 중독적인 사랑은 안전, 감각, 권력, 소속, 의미를 충분히 얻지 못한 데서 오는 발달상의 결핍을 충족하기 위한 시도다. 사랑중독은 또한 자신의 문제를 직접적으로 해결하지 않고 다른 사람한테 의존해서 타인이 우리를 돌봐 주고 문제를 해결하도록 하려는 수동적인 양상을 띠고 있다. 우리는 우리 자신의 감정을 희생해서 기꺼이 다

른 이를 돌봐 주거나 혹은 다른 이를 희생시켜서 우리 자신의 욕구를 충족하고 다른 이를 통제하고자 한다. 어떤 식으로 행동을 취하게 되건, 사랑중독자들은 두려움, 고통, 불편함을 치유하기 위해 다른 이를 찾게 된다. 그리고 그 과정에서 학대적 행동을 참아내거나 그런 행동을 저지르기도 한다. 사랑중독의 대상이 되는 타인에는 흔히 우리 각자의 인생에서 무의식적으로 얽매여 있는 중요한 사람들, 즉 자식, 부모, 친구, 상사, 배우자, 연인 등이 포함된다. 또는 상상 속의 연애 감정이나 성도착증의 경우처럼 개인적으로 전혀 알지 못하는 사람이 그 대상이 될 수 있다. 관계가 건강한지 그렇지 못한지를 판단하는 핵심 요소는 그 대상이 우리를 인정하지 않고, 우리의 의견에 동의하지 않고, 심지어 우리를 멀리하고 위협하는 경우에 우리가 어떤 느낌을 갖느냐에 달려 있다. 사랑이 비정상적이고 역기능적인 행동으로 돌변하는 것은 의심할 여지없이 애정 대상이 우리를 떠나게 되거나 떠나겠다고 위협하는 경우에 발생한다.

사랑중독은 낭만적인 요소와 성적 요소를 모두 포함할 수도 있고 그렇지 않을 수도 있다. 사랑 대상이 낭만적 파트너와 성적인 파트너로 지속되어 왔거나 현재 그런 경우에는 위험이 더 커지게 된다. 뉴스에서 늘상 보듯이 섹스, 사랑, 연애 감정이 심해질수록 중독은 더욱 치명적이 됨을 알 수 있다. 살인, 자살, 스토킹, 강간, 근친상간, 에이즈, 가정폭력이 매일 신문 머리기사를 장식한다. 사랑중독은 사회의 제재를 받는 불건전한 의존에서부터 지탄을 받으면서도 바로 그 사회에 의해 부지불식간에 조장되는 폭력과 학대에 이르기까지 다양하다. 이런 모든 문제가 정도의 차이는 있지만 연속선상에 있다는 것을 인식하는 게 중요하다. 이 책에서는 심각한 사랑중독의 학대 사례뿐 아니라 심하지는 않지만 거의 대부분 일상적으로 우리의 삶에 영향을 미치고 있는 사례들도 제시할 것이다.

사랑중독의 유형

의존적 사랑, 연애 감정, 섹스중독의 심리적 씨앗은 사랑하는 이들로부터 공공연하게 그리고 부지불식간에 학대를 당했던 어린 시절에 뿌려진다. 건강한 의존관계로 출발한 것이 건강하지 못한 관계로 변질되는 일은 다반사다. 의존적 사랑, 연애 감정, 성적 중독의 기원은 동일하며 흔히 상호 결부되어 있다. 하지만 중독과정은 각기 다르다.

앞서 언급했듯이 개인의 의존적 사랑의 대상이 낭만적 대상 혹은 성적 욕망의 대상이기도 한 경우, 그 사람은 상대방이 애정을 철회하거나 철회하겠다고 위협하면 격렬한 감정과 행동을 드러낸다. TV에서 O. J. 심슨 재판✚에 관한 보도를 일일 드라마를 보듯 보면서 흥분하는 수백만의 사람들을 생각해 보면, 그런 드라마 같은 상황에 실제로 자기가 처하게 된다면 어떻게 될지 쉽게 상상할 수 있을 것이다. 사랑의 신경화학적 작용은 술이나 코카인처럼 중단하기 어려운 마약이 될 수 있다. 사랑을 철회당했을 때 발생하는 통제불능 행동의 수와 다양함은 실로 어마어마하다. 하지만 사랑중독의 문

✚ 미식축구 최고의 스타선수였던 흑인 O. J. 심슨이 백인인 자신의 전처와 그 정부를 잔인하게 살해한 혐의로 구속되어 재판을 받는 과정에서 최고 인기 스포츠 스타의 사생활을 둘러싼 전 국민의 호기심이 TV 드라마와 같은 흥미와 관심을 끌었다. 당초 O. J. 심슨의 유죄 판결이 확실시되었으나, 인종차별과 같은 사회 문제로 논쟁이 번지면서 체포와 재판 과정이 유례없는 TV 뉴스쇼처럼 중계된 끝에 최종 배심원 평결에서 무죄를 선고받았다. 하지만 실제로는 그의 범행이라고 알려져 있다.

제점은 우리가 사랑하거나 관계 맺는 것을 결코 그만둘 수 없다는 데 있다. 또한 절대 그만둬서도 안 된다. 따라서 우리는 무엇이 사랑이고 무엇이 중독인지, 그리고 이쪽에서 저쪽으로 선을 넘는 때가 언제인지를 알아야 한다.

낭만적 사랑

낭만적 중독은 사랑과 중독의 대상이 낭만적 대상인 경우를 말한다. 이 대상/사람은 낭만적 파트너이거나 사랑중독자의 환상 속에서만 존재할 수 있다. 마약중독자에 비유해서 설명하자면, '약물 주사'는 연애소설의 줄거리와 흡사한 잘 지어낸 환상적 삶이거나 새로운 연애 감정에 황홀하게 도취된 상태일 수 있다. 어떤 경우든 로맨스의 매혹 단계에서 경험하는 중독적인 감정의 분출은 리머란스(limerance)✚라고 불리는 낭만적 사랑중독 상태인데, 이는 실제적인 친밀감을 대체하는 약물과 같다.[11] 이러한 흥분 고조 상태의 추구는 중독 자체가 될 수 있다. 흔히 집착에 사로잡힌 사람이 연애 동경 대상을 스토킹하는 것으로 귀결되는 극적인 집착 상태가 나타나기도 한다. 사랑중독자는 현실이든 가상이든 낭만적 관계로의 전적인 몰입을 추구한다. 연애에 빠져 흥분된 상태가 관계의 새로움이나 어떤 사람의 존재에 의존하기 때문에 로맨스 중독은 흔히 희생자/가해자의 멜로드라마와 가학피학증(sadomasochism)으로 가득 차 있다. 흔히 비이성적이고 이상한 감정분출 행동이 로맨스 중독의 부산물이다. 다음은 로맨스 중독의 사례다.

✚ 심리학자 도로시 테노브(Dorothy Tennov)가 만든 말로, 애정 대상에 대해 무의식적인 강렬한 사랑중독을 보이는 인지, 정서 상태, 거의 강박적 형태의 낭만적 사랑을 말한다. infatuation과 비슷한 것으로 극단적으로 강렬한 기쁨과 강렬한 절망감을 왔다 갔다 한다. 비이성적인 열정 혹은 사랑, 중독적인 사랑에 휩쓸리는 상태를 말한다.

샤론은 17세의 평범한 고등학교 3학년생이었다. 샤론은 아르바이트로 일하던 가게에서 약간 이상해 보이지만 친절하게 대해주던 서른 살의 한 남자를 만났다. 머지않아 그 남자는 샤론을 스토킹하기 시작했고, 샤론의 부모에게 그녀와 결혼하게 해 달라고 간청하는 편지를 보내는가 하면 그녀 주변을 맴돌면서 성적인 관계를 포함해 순전히 공상에 입각한 가상 현실을 만들어 냈다. 샤론이 물러날수록 그의 행동은 점점 더 통제 불능이 되어 갔다. 그의 판타지가 강해지면서 편지, 협박, 스토킹은 더욱 심해져 갔다. 샤론과 가족들은 공포 속에서 살아야 했고, 이런 상황에 대응하기 위해 마침내 경찰을 불렀다. 경찰은 그 남자가 쓴 것으로 보이는 연애소설과도 같은 다량의 노트들을 발견했다. 샤론이라고 이름 적힌 포르노성의 그림들과 사진들이 그의 집 안 벽을 도배하고 있었다. 그는 샤론과 관련된 쾌락적인 감각을 스스로 만들어 내면서 중독적인 관계에 빠져 있었던 것이다. 엄중한 대가를 치를 것이라는 경고에도 그는 혼자 힘으로는 자기 행동을 멈출 수 없었다.

성적 사랑

성적인 사랑의 힘은 모든 인간 경험에서 다른 어떤 것과 견줄 수 없다. 실제 섹스는 우리의 신경화학에서 세 가지 쾌락(각성, 포만감, 환상) 모두에 철저하게 영향을 미치는 유일한 경험일는지 모른다. 섹스는 삶의 경험 가운데 저항할 수 없는 요소가 될 충분한 잠재력을 지니고 있다. 섹스가 어떻게 해서 사랑중독자의 필수적인 선택 약물이

될 수 있는지에 대해서는 쉽게 찾아볼 수 있다.[12]

작가이며 섹스중독 전문가인 마크 라서(Mark Laaser)는 종교적인 이유로 혹은 집안의 엄격한 제재로 인해 정상적인 성적 사랑이 왜곡되고 억압되고 금지되면 성적 중독을 초래할 수 있다고 한다. 그는 "섹스중독은 통제할 수 없는 성적 행동 양태와 관련되어 있고 부정적인 결과를 낳는 질환"[13]이라고 밝히고 있다. 강박적인 성적 행동을 잘 다루지 않으면 후일 당사자와 상대방 및 가족에게 불안과 절망을 초래할 수 있다.

우리는 섹스가 최고의 약물이라고 선전해대는 문화에서 살고 있다. 이는 TV, 잡지, 영화 등에서 얼마나 성적으로 문란한 이미지와 표현들이 나오는지 잘 살펴보기만 해도 알 수 있다. 얼마나 자주 섹스가 육체, 마음, 영혼이 교류하는 깊은 정서적, 영적 친밀감과 연결되어 있다고 회자되는가? 아마 자주는커녕 거의 드물 것이다. 우리 문화에서는 통제 불능의 성적 행동을 비정상으로 보지 않으려는 태도가 믿기지 않을 만큼 만연되어 있다. 게다가 통제 불능의 성적 행동들이 오히려 떠받들어지고 있다. 이러한 문화적 현상으로 말미암아 섹스중독자들은 현실을 왜곡하고, 문제를 외면하며, 자신의 문제에 대해 다른 사람을 비난하기까지 한다.

급증하고 있는 강박적인 성적 행동의 부정적인 사회적 결과가 너무나 엄청나서 더 이상 이 문제들을 그냥 내버려 둘 수 없는 지경이 되었다. 사람들은 에이즈로 죽어 가고 있다. 성폭력의 발생률은 계속 증가하고 있고, 내로라하는 전문직의 사람들이 성적으로 부적절한 행위와 불법 행위를 해서 공개적으로 망신당하고 심지어 법정에 서고 있다. 그리고 그 결과로 원치 않는 임신, 감옥행 및 가정 파괴가 연이어 일어나고 있다. 권력을 가진 이들에 의한 성적 학대는 유행성으로 퍼져 있다. 이런 중독 행위가 우리 사회에 미치는 폐해는 금전적 손실 이상의 것이다. 우리의 영적, 정서적, 관계적 삶의 많이 그 어느 때보다 타격을 받고 있는 것이다.

섹스중독 분야의 선구적 연구자인 패트릭 칸스(Patrick Carnes)는 섹스가 도덕적, 사회적, 심리적 맥락에서 좋으냐 나쁘냐의 문제가 아니라고 강조한다. 오히려 중독이냐 아니냐를 결정짓는 것은 섹스에 수반되는 행동이라고 한다. 칸스에 따르면 다른 사람을 성적으로 학대하는 행동은 일방적이며 상대방을 대상화하여 불만족스럽고 수치스럽게 만드는데, 이러한 행동은 두려움에 기반을 둔 것으로 섹스중독이 있다는 증거가 된다.

칸스는 연구에서 섹스중독의 근본 원인과 관련된 몇 가지 암울한 사실을 지적하였다. 조사된 섹스중독자 가운데 97%는 어릴 때 정서적 학대를 경험했고, 81%는 성적 학대를, 그리고 72%는 신체적 학대를 보고했다. 성인 섹스중독자들의 경우 어린 시절의 외상 경험을 통해 관계의 기본 구성 원리가 되는 핵심 신념이 형성된다. 이러한 핵심 신념은 '나는 기본적으로 나쁘고 쓸모없는 인간이야.' '아무도 지금의 나를 사랑하지 않아.' '다른 사람에게 의지해 봤자 내 욕구가 충족될 리 없어.' '섹스는 가장 중요한 내 욕구야.' '모두가 자기 자신만 생각해.' 등과 같은 것이다. 건강한 사랑과 성을 경험하려면, 섹스중독자들의 이런 외상과 상처는 치유되어야 하고 과거에 잃어버렸던 신뢰감이 회복되어야 한다.[14]

의존적 사랑

심리치료자로서 나는 매번 상담을 하면서 내담자들이 성인기에 맺는 사랑관계는 어린 시절의 사랑 경험, 특히 부모와의 아동기 관계의 그늘에 놓여 있다는 것을 깨닫곤 한다.

안나의 이야기는 어린 시절의 외상(trauma)이 강력하면서도 보이지 않는 유령처럼 많은 성인기 관계 안에 맴돌고 있다는 사실을 분명하게 보여 준다. 안나의 이야기가 극단적인 사례 같지만 중요한 진실, 즉 사랑에는 성적 매력, 로맨스, 잘 어울리는 관계 이상의 것이 존재한다는 것을 여실히 보여 주고 있다.

32세의 안나는 매력적이고 지적인 여성이자 네 아이의 엄마였다. 그녀는 만성불안과 우울증 치료를 위해 나를 찾아왔다. 안나가 겪고 있는 우울증의 원인에는 직장 상사인 50세의 앤드루에 대한 혼란스럽고 복잡한 감정이 들어 있었다. 안나는 앤드루를 좋아하고 존경하고 있었지만, 그가 직장에서 성적 요구를 하기 시작하면서 매우 힘들어하고 있었다. 안나는 왠지는 알 수 없으나 앤드루의 힘에 압도되어 거부할 수 없을 것 같다고 믿고 있었다. 그녀는 앤드루의 요구에 따르는 수밖에 없었고, 그가 자신 때문에 의기소침해지지 않도록 해야 한다는 강한 의무감을 갖고 있었다. 안나는 앤드루를 사랑한다고 인정하면서도 상사의 지위를 가지고 힘을 행사하는 직장 내 근무시간 중의 성적 요구는 내키지 않았다. 안나는 그와의 애정관계가 각자의 결혼생활을 위협하고 있다는 점과 그런 관계는 불건전하다는 점을 잘 알고 있었다. 하지만 안나는 왠지 앤드루에게는 정서적으로 저항할 수 없었고 스스로를 통제할 수 없었다.

어느 날 저녁 마음이 복잡하고 심란해진 안나가 내게 전화했다. 그녀는 공적인 업무와 관련된 것 이외에는 앤드루와 만나지 않기로 며칠 전 치료 회기 중에 나와 약속을 했었다. 그런데 지금 앤드루가 자신에게 전화를 걸어 만나 달라고 애원하고 있다며 어떻게 해야 할지 모르겠다고 하였다. 갈등과 갈망 사이에서 심한 고통을 느끼면서, 안나는 앤드루를 다시 만나지 않겠다는 결심이 몹시 흔들리는 것을 알았다. "그를 만나지 않으면 안 될 것 같은 느낌이 들어요!" 안나는 내게 말했다. "너무 고통스러워요. 통제가 안 될 정도로 떨리고 있어요. 마음이 산산이 부서지는 느낌이 들고 그를 만나지 않으면 안 될 것 같아요. 지금 만나지 않으면 병이 나거나 미칠 것만 같아요. 제발 절 도와주세요. 어떻게 해야 할지 모르겠어요."

나는 그녀에게 물었다. "안나, 앤드루를 만나지 않으면 어떨 것 같아요?"

"모르겠어요. 하지만 정말 끔찍한 일이 일어날 것만 같고 정말 겁이 나요." 그녀는 말했다. "그리고 이런 게 너무 터무니없게만 느껴져요."

나는 안나에게 끔찍한 일은 일어나지 않을 거라고 다시 안심시켜 주었다. 그녀는 약간 진정이 되었고, 잠시 동안 위기는 지나갔다. 그 이후 치료기간 동안 안나는 앤드루를 만나지 않겠다는 약속을 다시금 분명히 했다. 하지만 그녀는 "그를 더 이상 만나지 않겠어요."라고 말하면서도 몸을 심하게 떨며 울었다.

"왜 그렇게 무서워해요?"라고 내가 물었다.

안나는 설명하려고 애썼다. "미친 짓이라는 거 알아요. 앤드루를 만나지 않는다면…… 만일 제가 그 사람을 차 버린다면 그에게 왠지 나쁜 일이 일어날 것 같아요. 아마 앤드루는 너무 화가 나서 상처를 받게 될 거예요. 그 사람이 나를 몹시 필요로 한다는 걸 절실하게 느끼거든요."

"안나, 앤드루에 대해 뭔가 무서워하고 있군요." 나는 말했다. "하지만 안나, 자신에 대해서는 뭐가 두려운가요? 당신이야말로 화가 나 있고 두려워하고 있는 장본인이에요. 이러한 관계에서 얻는 게 뭐라고 생각해요? 왜 당신은 그 사람에게 그토록 집착하고 있는 걸까요?"

이 질문에 대한 답은 쉽게 나오지 못했다. 하지만 이후 치료를 계속 받으면서 안나는 자신의 어린 시절을 떠올렸고, 현재 앤드루와의 관계에서 겪고 있는 문제에 대한 실마리를 찾을 수 있었다. 안나가 앤드루에 대해 느낀 두려움은 어린 시절 지금의 앤드루와 아주 비슷했던 아버지에 대해 느낀 것과 같은 친숙한 감정이었다. 안나의 아버지는 정신질환을 가진 폭력적인 안나의 어머니로부터 도피하는 심정으로 성적 요구를 포함한 너무도 많은 요구를 어린 안나에게 했던 것이다. 안나의 어머니는 안나를 돌보지 않고 자주 폭력을 행사했으며, 그녀의 아버지는 어머니 대신 안나에게 관심과 보호를 베풀어 주었다. 하지만 대신 안나는 엄청난 대가를 치러야 했다.

아버지는 안나를 필요로 했고 안나 없이는 살 수 없었다. 안나 역시 아버지를 행복하게 해 주어야 한다는 강렬한 의무감을 느끼면서 성장했다. 안나가 성인이 되어 느낀 우울증의 대부분은 비참한 어린 시절에서 비롯된 것이었다. 근친상간의 희생자인 안나는 고통과 죄의식으로 말미암아 성적인 관심이 없는 것처럼 스스로를 억압하고 살아왔다. 하지만 성적 감정을 느끼게 되었을 때는 그때까지 몹시 억눌러 온 욕망과 감정들을 통제할 수 없었다. 안나는 성적 감정을 갖게 되었다는 이유만으로 그 욕망에 반드시 따를 필요가 없다는 것을 깨닫지 못했던 것이다.

"왜 당신은 아버지의 정서적, 성적 욕구에 맞춰 주어야 한다고 생각했죠?" 내가 치료 중에 물었다.

"아버지는 폭력적인 어머니에게서 나를 지켜 준 유일한 사람이었어요." 안나는 어머니로부터 받았던 정서적, 육체적 학대 경험들을 들려주면서 말했다. "아버지는 나의 보호자였고 나를 사랑해 주었어요."

비록 아버지가 자신을 성적으로 이용했을지라도, 어린 안나는 아버지를 기분 좋게 해 주어야만 자신이 사랑받을 가치가 있다는 생각을 갖게 되었던 것이다. 나는 안나에게 어린 시절 아버지가 하라는 대로 행동했을 때 느낀 감정들을 이야기해 보라고 하였다. 이후 몇 개월에 걸쳐 어린 시절의 사랑에 대한 비극적인 첫 경험이 서서히 드러나기 시작했다. 그 비극은 아버지와 어머니가 안나를 성적으로 잘못 다룬 것에서 비롯된 것이었다. 아버지에 대한 사랑과 근친상간에 대한 안나의 분노와 죄의식이 항상 공존하고 있었다는 것이 분명해졌다. 그 결과 아버지에 대한 정서적인 혼란과 사랑의 개념에 대한 혼란이 혼재하게 되었다.

어느 날 치료 중에 안나가 말했다. "아버지를 옆에 붙잡아 둘 필요가 있었어요. 아버지를 행복하게 해 주어야만 했어요. 그렇지 않으면 나를 버리고 떠나지 않을까 두려웠거든요. 어린아이였기 때문에 아버지가 없다는 것은 바로 내가 살아갈 수 없다는 것을 의미했어요. 아버지의 욕구에 맞추어 주고 아버지를 행복하게 해 주는 것 외에 달리 무슨 수가 있었겠어요?"

바로 그랬다. 자신을 성적으로 학대하는 사람일지라도 그 사람의 존재와 인정이 인생의 전부를 의미한다는 믿음이 근본적으로 뿌리 깊이 박혀 있었던 것이다. 그리고 그것은 어느 정도 진실의 일면을 가지고 있었다. 어린아이인 안나는 보호가 필요했던 것이다! 그런 믿음이 성인기인 지금에 와서도 앤드루에 대한 사랑과 집착 이면에 깔려 있는 것이다. 이런 어린 시절의 성장 배경은 현재 앤드루의 성적 요구에 대한 공포와 무기력함을 상당 부분 설명해 주고 있다.

안나는 의식적으로는 자신이 앤드루 없이도 살 수 있다는 것을 알고 있다. 그러나 무의식적으로는 앤드루의 사랑과 인정 없이는 자신이 사랑받을 자격이 없고 자신의 인생은 목적과 존재 의미를 잃는다고 생각하고 있는 것이다.

어린 시절에 안나는 자신을 보호해 줄 수 있는 강력한 애정관계를 필요로 했고, 그렇지 않으면 자신의 정신적 균형과 안정 그리고 결국 목숨까지도 잃게 될지 모른다고 두려워했던 것이다. 나는 치료과정에서 이런 무서운 과거 이야기가 안나의 삶에서 다시는 되풀이되지 않도록 초점을 두었다.

치료를 통해 앤드루 같은 남자에 대한 강한 집착을 포함하여 이제는 성인인 안나의 감정을 상당 부분 지배하고 있는, 의존적이고 두려움에 떨고 있는 아주 오래된 어린아이 상태의 내적 자아를 파악해 나가기 시작했다. 안나는 그런 두려움을 만들어 낸 초기의 강력한 무의식적인 믿음들을 하나씩 발견하고 맞서 싸우기 시작했다.

"당신은 이제 더 이상 네다섯 살 어린애가 아니고 다 큰 성인이에요, 맞지요?" 내가 물었다.

"예, 맞아요. 하지만 늘 그렇게 느껴지는 건 아니에요. 그 사람이랑 같이 있게 되면 네다섯 살 어린아이가 된 것처럼 느껴져요."

"하지만 지금 몇 살이죠?"

"서른두 살이요."

"그럼 어떻게 생각하나요? 서른두 살의 안나를 보호하기 위해 그 남자가 여전히 필요한가요?" 내가 되물었다. 그녀는 잠깐 생각하더니 "아니요."라고 말했다.

"당신이 사랑받을 가치가 있다고 느끼기 위해서는 그 사람이 필요한가요?"

그녀는 망설이다가 대답했다. "난 그다지 사랑받을 가치가 있다고 생각되지 않기 때문에 확실하게 뭐라 못하겠어요!"

"앤드루 말고 당신을 사랑해 주는 다른 사람들이 있다고 생각하나요?"

"예, 나를 사랑해 주는 몇몇 다른 사람들이 있지요."

"앤드루가 당신 삶의 유일한 존재 이유라고 생각하나요?"

그녀는 망설이다가 "아니요."라고 대답했다.

"당신이 살아가기 위해서는 그 사람이 필요한가요?"

그녀는 아니라고 고개를 가로저었다.

이런 질문들을 통해 안나는 앤드루와의 관계에서 강렬한 두려움을 느끼게 만든 내적인 신념과 생각을 분명히 인식하게끔 되었다. 그리고 치료과정에서 어린 시절에는 그럴 수밖에 없었던 타당한 두려움과 행동들이 더 이상 그녀에게 영향을 미치게 할 필요가 없다는 것을 서서히 깨닫게 되었다. 얼마 후 안나는 앤드루에게 당당히 맞서 더 이상 치근덕거리거나 성희롱을 하도록 놔두지 않겠다는 말을 할 수 있게 되었다. 치료를 통해 안나는 앤드루와의 관계를 끝내고 자신의 결혼생활의 문제를 잘 해결했을 뿐만 아니라 가정과 직장으로 다시 에너지를 되돌릴 수 있게 되었다. 앤드루 역시 안나와 같은 여성 직장 동료를 성적으로 괴롭히는 것에 대해서 심리치료를 받게 되었다.

안나는 자신의 불안정한 성향이 힘들었던 어린 시절에서 비롯되었고 아주 뿌리 깊게 박혀 있던 탓에 자신이 욕구에 굶주린 학대 성향의 남자들에게 빠져들기 쉬운 경향이 있다는 것을 늘 인식하고 지내야만 했다. 하지만 이제는 그런 상황을 잘 헤쳐 나왔고 자신의 행동에 대한 깊은 내적 동기들을 뚜렷하게 인식하게 되었다. 이것만으로도 결코 작지 않은 성과였다.

사랑과 무의식적 마음

안나의 사례는 상당히 극단적인 것처럼 보일지 모르지만 유달리 특이한 것만은 아니다. 실제로 안나와 같은 가족체계 안에서는 육체적인 근친상간은 아니더라도 심리적으로도 유사한 경험이 나타날 수 있고 이 역시 성인이 되었을 때 좋지 못한 영향을 미칠 수 있다. 그런 사례는 때로는 정서적 근친상간의 일종이라고 볼 수 있다. 되풀이해서 어린아이는 부모의 감정과 욕구에 맞추기 위해 그러한 경험에 빠져들 수 있다. 때로는 공공연하게, 또 때로는 부지불식간에 말이다. 어린아이들은 흔히 이런 암묵적인 성적 유혹을 부모의 사랑과 혼동한다.[15] 이런 도착적 경험이 이성 부모와의 관계에서 발생할 경우 은밀한 근친상간이 되는 것이다. 이때 이성 부모는 아이에게 자신의 배우자 대역을 요구하게 된다. 그런 도착적 관계는 아이로 하여금 커서 의존적 사랑관계에 빠져들게 만들고 진정한 친밀함의 의미를 혼동하는 역할 전도를 야기한다.

중독적 사랑이라고 할 수 있는 강박적이고 파괴적인 관계 이면에는 그런 의존관계가 중요한 의도를 지니고 있다는 믿음이 도사리고 있다. 무의식적인 마음에서는 중독이 완전히 이해가 된다. 즉, 중독적인 사랑은 그 자체가 생존에 필수적이다. 그리고 사랑중독자들은 병리적 관계조차도 지극히 정상적이고 자신에게 필요하다고 믿고 있는 것이다. 우리가 가지고 있는 두려움을 인식하고 중독적인 사랑에 빠져드는 이유를 이해하게 되면 그런 것들이 갖고 있던 영향력은 사라지게 된다.

중독적 사랑은 자기중심적이며 자기만족적인 특성을 갖는다. 어린 시절에 안나는 이타적인 목적에서보다는 자기 자신의 욕구를 충족하기 위해 아버지를 사랑했다. 안나는 자신의 자존감, 곧 자신의 목숨을 지탱하기 위해 아버지의 관심과 인정을 필요로 한다고 믿었다. 어린 시절에는 그런 믿음이 합당할 수 있지만 성인이 된 지금에는 자신이 사랑받을 만한 자격이 있고, 살아나갈 수 있다는 확신을 얻기 위해 더 이상 아버지와 같은 누군가의 존재가 필요한 것은 아니다. 안나는 얼마든지 자유롭게 대등한 존재로 사랑할 수 있는 힘과 생존 능력을 갖고 있다. 자기중심적인 성향은 앤드루에 대한 안나의 강박적인 관계에서 분명히 드러나고 있다. 안나는 앤드루의 사랑과 인정이 없으면 자신이 가지고 있는 보잘것없는 자존감마저 잃어버릴 것 같고 절망의 나락으로 떨어져 죽지 않을까 하는 두려움을 가지고 있었던 것이다!

사랑중독의 강도는 흔히 어린 시절 경험한 충족되지 않은 욕구의 정도에 비례한다. 강한 사랑중독은 흔히 낮은 자존감을 수반한다. 앞서 언급했듯이, 그런 집착은 우리를 거대한 역설로 이끌어 간다. 우리는 자신의 인생을 찾기 위해 그런 집착에 빠져드는 것이다. 하지만 그렇게 함으로써 실제적으로는 자신의 인생을 외부의 다른 힘에 내맡겨 버리는 결과가 된다. 외부의 힘에 자신을 맡기려는 태도는 두려움에서 비롯된다. 고통에 대한 두려움, 박탈에 대한 두려움, 절망을 주는 사람에 대한 두려움, 실패의 두려움, 죄의식/분노/거부의 두려움, 혼자 내버려지는 것에 대한 두려움, 병들거나 미치게 될 것 같은 두려움, 죽음에 대한 두려움 등등.

사랑중독자들은 의존적 관계가 그런 두려움들을 '고쳐' 줄 것이라는 착각에 빠져 상대에게 애절하게 매달리는 것이다. 우리는 앞으로 사랑중독이 왜 그토록 사람들에게 강력한 영향력을 행사하고 쉽게 극복할 수 없게 만드는지 매우 복잡한 원인들을 파헤쳐 나갈 것이다. 안나처럼 많은 이들이 끊임없이 지속적으로 사랑중독에 빠져든다. 하지만 어떤 방식으로 그들이 사랑중독에 빠져들게 되는 것일

까? 사랑중독의 씨앗은 우리의 생물학적 특성, 사회에서의 교육, 영적 추구과정, 심리적인 믿음에 깊이 파묻혀 있다. 우리는 이러한 것들에 대해 하나하나 파헤쳐 나갈 것이다.

여러분이 앞으로 배우게 될 내용은 사랑중독 관계에 빠져든 사람들은 그럴 수밖에 없는 일련의 개인적인 로드맵을 밟아 왔다는 사실이다. 사랑중독에 빠진 희생자들에게 어떤 사유가 있었는지 이해하는 것이야말로 사랑중독에서 벗어나 성숙한 사랑과 소속감으로 이끌어 주는 로드맵을 만드는 데 필수적인 것이다. 이제 퍼즐로 다시 돌아가 보자. 어떻게 해서 한때는 정말 좋게 여겨지던 사랑의 감정이 이토록 끔찍이도 나쁜 것이 되고 말았을까?

여러분은 이후에 나오는 이야기를 통해 사랑중독의 세 가지 형태인 낭만적, 성적 및 의존적 사랑을 파악할 수 있을 것이다. 하지만 이 책의 주 초점은 의존적 사랑관계에 둘 것이다. 인간 조건의 특성상 우리 대부분이 가장 흔히 빠져들게 되는 것이 바로 의존적 사랑이다. 의존적 사랑이 우리의 애정생활을 황폐하게 만들어 버릴 때까지 그것을 알아차리지 못하는 일이 비일비재하게 일어나고 있다.

사랑중독의 뿌리 2

생물학의 역할

유대감의 생물학

다른 사람과 가까워지고 싶은 욕구, 즉 누군가에게 특별한 존재가 되고자 하는 바람은 생물학적이라고 할 정도로 인간에게 깊이 각인되어 있다. 인류학자인 헬렌 피셔(Helen Fisher)는 인류 역사의 초기부터 규칙적인 섹스와 자손 보호를 보장하는 정서적 유대감이 어떻게 진화해 왔는지를 잘 설명하고 있다. 진화과정에서 여성의 발정기가 없어지는 대신 정서적 유대감이 매우 중요하게 되었고, 배란 시기가 감춰지면서 여성은 섹스에 더 자주 응할 수 있게 되었다. 여성은 더 자주 임신하기 시작했고, 그 결과 남자들로부터의 정서적 지지와 신체적 도움을 더욱 필요로 하게 되었다. 남성과 여성은 서로 반대급부를 교환하고 노동을 분업하고 관계의 '매듭'을 더 조이게 되었다. 그리하여 남녀의 짝짓기 행동은 단순히 후손을 만드는 것 이상의 것이 되었다. 여성은 좋은 사냥꾼이면서 동시에 힘세고 자신들의 아이들이 성인으로 자라도록 보호해 줄 수 있는 남성을 찾기 시작했다. 남성은 그의 유전적 특질들을 계승하기 위해 섹스에 가장 자주 응할 수 있는 여성을 찾게 되었다. 이렇게 해서 남자와 여자 사이의 정서적 유대감은 단순히 성적 파트너와 의존적인 자손에 대한 기능적인 유대감 이상의 것으로 발전해 갔다. 남녀 공히 그들에게 쾌락과 보호를 가져다주는 것에 보상을 하기 시작했다. 어린 아기들은 엄마와 함께 자는 남자와 유대감을 갖기 시작했고, 이로써 가족의 기초인 인간적 관계가 형성되었다. 그리하여 다른 사람과의 유대관계를 규정하는 다양한 규칙들이 발달하게 되었다. 그런 규칙들과 함께 우리의 관계를 형성시키고 유지시켜 주는 기본적인 인간 정서들이 자리 잡게 되었다.

따라서 대부분 그런 규칙과 정서들은 보편적인 인간성의 건강하고 유쾌한 면을 이루게 되었다. 바라고, 나누고, 보호하고, 양육하고, 애정을 느끼고, 유기적 조화 속에서 살아가는 일은 건강한 사랑의 본질적인 측면이다. 이 과정에서 동반자 관계나 성적 유대감과 함께 다른 정서들도 자리 잡게 되었다. 남성은 자신의 유전적 특질을 보존하기 바라면서 질투심과 소유의식을 갖게 되었다. 여성은 자신과 자손이 배우자로부터 보호를 받지 못하면 살아갈 수 없다는 것을 두려워하며 버림받는 것에 대한 원초적인 두려움을 경험하게 되었다.

아주 오래전부터 자리 잡아 온 원시적인 다른 두려움과 습관처럼 관계를 규정하는 다양하고 강력한 정서적 행동이 인간의 마음속에 자리 잡아 왔다. 우리는 여전히 작업을 걸고, 애정관계의 초기에 사랑의 열병을 앓고, 관계를 맺고 있는 기간 중에는 충실함을 유지하며, 관계가 차츰 수그러들면 슬픔을 느낀다. 또 우리는 문란한 생활을 하면 죄의식을 느끼고, 배반을 당하면 질투심을 느끼거나 복수심에 사로잡힌다. 남자들은 여전히 아내들이 외도할까 봐 노심초사한다. 여자들도 여전히 버림받게 될까 조바심을 낸다. 섹스가 보장되고 우리의 2세가 살아나가는 데 있어서 더 이상 유대감이 필요 없는데도 여전히 그렇게 하고 있는 것이다. 왜 그럴까? 그건 우리가 인간인 이상 다른 사람들에 대한 애착을 바라기 때문이다. 추락/높은 곳/폐쇄공간/어두움의 공포와 같이 과거의 부산물로 생겨난 다른 행동 유형과 마찬가지로, 외로움의 공포는 공황과 절망을 낳는다. 다른 사람과 정서적 동맹을 맺고자 하는 강력한 욕망은 우리를 인간이게 만들고, 이는 의심의 여지없이 본래부터 타고난 특성이다.[1]

그래서 애착관계를 맺고 싶은 우리의 욕망은 본능적인 것으로 보일 수 있다. 동물의 왕국에서 벗어나면서 우리는 주변 환경에 대한 일정한 반응기제를 발전시켜 왔다. 생물학적 차원에서 이별은 격렬한 불안을 초래할 수 있다.

매력의 생물학

사랑을 화학적 성분으로 나누어 분석하는 것은 사랑에서 얼마간의 마법과 신비적인 측면을 추출해 내는 것처럼 보일 수 있다. 그러나 그렇게 하는 것은 건강한 소속감과 사랑중독을 구분하는 데 도움이 될 수 있다. 신경화학적 연구에 따르면 심각한 기분 변화를 초래하는 물질은 강박적 집착을 유도할 수 있다.[2] 뇌기능에 영향을 주는 화학물질은 300가지가 넘는다고 한다. 그중 60여 가지에 대해서는 과학적으로 꽤 실제적인 지식과 정보가 알려져 있다. 그 가운데 몇 가지 물질은 사랑과 관련된 삶에 관여하고 있다. 이에 따라 사랑관계가 우리의 뇌에 만들어 내는 화학적 흥분 물질에 중독될 수 있다는 점이 분명해지고 있다. 중독 상태에 빠지는 것은 엔도르핀과 기분 고조 성분의 신경계 분비와 연관이 있다. 마이클 리보위츠(Michael Liebowitz)는 『사랑의 화학 The Chemistry of Love』이라는 저서에서 특정한 신경화학물질인 PEA가 구애 활동에 중요한 역할을 한다고 지적하고 있다. 이 물질은 암페타민에 의한 것과 비슷한 높은 각성 상태를 만들어 낸다. PEA의 강력한 영향력은 시간이 지나고 애정 대상이 없어지면 점차 사라진다. 이런 점에서 이혼소송 법정에 선 사람들에게서 PEA가 다량 분비되는 것이 발견되었다는 사실은 매우 흥미롭다.[3]

위험 상태를 예견하는 것, 두려움, 흥분, 격심한 분노 등 사랑관계에서 흔히 나타나는 매우 위험한 감정들을 중독과 연결시킬 만한 상당한 증거들이 있다. 생물학적으로 공포를 느끼면 뭔가를 갈망하게 되는 현상이 나타날 수 있다.

우리는 생산적인 삶을 살고 삶의 고통을 덜기 위해 중독성 분비물을 체내에서 분비한다. 이는 자연스러운 방식이다. 중독현상이 발생하는 것은 우리의 삶이 균형을 잃게 될 때 유쾌한 감각을 얻기 위해 곧바로 체내의 중독성 분비물에 의존하게 되기 때문이다. 사랑중독은 약물중독과 마찬가지로 무의식적으로 사랑, 섹스, 연애 감정의 대상을 통하여 흥분을 제공하는 신경계통 내 화학물질을 자극한다.

마약에 중독된 것과 같은 상태를 지속하기란 불가능하므로(결국 주변 사람들은 우리의 신경화학적 중독 성향에 맞춰서 언제나 움직여 주는 것은 아니다) 결과적으로 절망감, 우울, 불안, 무기력, 무력감에 갇혀 헤어나지 못하게 되는 것이다. 정상적인 관계로 되돌리기 위해서 사랑중독자들은 다시 그 대상에 집착하며 대상을 사용하려 애쓴다. 혹은 사랑의 대상이 이런 갈망 상태를 지속시켜 주지 않으면 그 사람이 그렇게 해 줄 것이라는 강박적 망상을 키워 나가거나 사랑중독을 여실히 드러내는 격정, 두려움, 극심한 분노나 멜로드라마에서와 같은 흥분 상태에 빠져든다.

욕구의 생물학

우리는 육체적으로 내적 균형을 갈망한다. 유아들은 배고픔, 목마름, 따뜻함, 추움, 만족, 분노와 같은 육체적 감각과 갈망을 통해 생존 욕구를 표현한다. 아기들은 다른 사람으로부터 달래 주는 반응이 나올 때까지 불편함을 느끼면서도 울어댄다. 마침내 욕구가 충족되면 다른 욕구가 나타날 때까지 편안함과 안정감을 되찾는다. 이때는 기분 좋게 느껴지고 안전하며 누군가로부터 돌봄을 받고 있다고 느낀다. 그리하여 유아들은 자신, 다른 사람 그리고 삶에 대한 신뢰를 갖게 된다.

다음 도표는 이상적 상황을 나타낸 것이다.

욕구	→	감각	→	행동	→	반응	→	안정감
		고통을 통해 욕구를 느끼게 된다. (배고픔)		다른 사람들에게 손을 뻗친다. (아기가 운다.)		만족을 얻는다. (아기는 젖을 먹는다.)		자신, 타인, 삶에 대해 신뢰하게 된다. 성숙한 사랑의 기초(만족을 느낀다.)

때로는 어떤 연유로 부모의 돌봄이 충분하지 못해 욕구 충족이 안 되고 불편함이 쌓여 갈 수 있다. 부모는 욕구가 생길 때마다 항상 곁에 있어 주지는 못한다. 부모와 떨어진 채 낯선 사람이 돌봐야 하는 경우도 있다. 유아들은 어떤 욕구가 충족되지 않으면 본능적으로 죽게 될 것이라고 느끼게 된다. 그런 상황에서는 공포가 찾아온다. 이제 상황은 다음과 같이 정리된다.

욕구	→	감각	→	행동	→	무반응	→	불만족
		고통을 통해 욕구를 느끼게 된다. (배고픔)		다른 사람들에게 손을 뻗친다. (아기가 운다.)				불편함이 증가한다. 공포를 느낀다. 감각이 억압된다. 자신, 타인, 삶에 대해 불신하게 된다. 사랑중독의 기초

두려웠던 시절에 대한 회상은 우리의 신경계에 고스란히 저장된다. 우리는 어찌할 수 없는 그런 공포를 다시는 겪고 싶어 하지 않는다.

성인들 역시 어떤 절대적 욕구가 충족되지 않으면 고통스럽게 되거나 죽을 거라는 것을 무의식적으로 분명히 알고 있다. 따라서 누군가 우리를 버리거나 떠나가 버리면 흔히 강렬하고 비이성적인 두려움과 공포가 동반된다. 절망감을 느낀 사람들은 자신이 성인이기 때문에 이제는 스스로를 돌볼 수 있고 문제를 해결해 나갈 수 있다는 사실을 잊어버린다. 우리는 생각할 능력을 갖추고 있고, 따라서 욕구를 지연하고 욕구를 충족하기 위해서 문제해결을 할 수 있다.

흔히 우리가 욕구라고 생각하는 것들은 단지 바람일 뿐이며 없어도 살아갈 수 있는 것들일 뿐이다.

이제 성인의 문제해결 방식을 살펴보자.

욕구 또는 바람	→	감각 또는 느낌	→	이성적 판단	→	행 동	→	만족 또는 고통
				내가 무얼 느끼고 있으며 왜 그렇게 느끼는 걸까? 바람인가, 욕구인가? 현실적이고 가능할 것인가? 기다릴 수 있는 것인가? 어떻게 그걸 획득할 것인가? 나와 다른 이의 입장을 감안해서 어떻게 그것을 요청할 것인가? 어떤 종류의 행동을 할 것인가? 그것을 얻을 수 없다면 어떻게 할 것인가?		하거나 하지 않기		

이 도표는 흔히 문제에 부딪혔을 때 성인이라면 누구나 취하게 되는 정상적이고 건강한 반응의 예를 보여 주고 있다. 정서적 안정과 균형을 얻기 위해 적절한 행동을 취하려면 무엇보다도 자신의 욕

구와 바람을 이해하는 것이 중요한 치료목표이므로 이 도표는 매우 유용하다. 불행히도 많은 사람은 고통을 부정하거나 문제해결 시 자신이 해야 할 선택의 폭을 좁히는 데 익숙하다. 따라서 우리는 합리적 행동을 취하지 못한 채 육체적 · 정서적으로 계속 불편함을 느끼곤 한다. 논리적으로 반응하는 대신에 우리의 내면 아이로 하여금 공포에 반응하게 하고, 다른 사람들에게 매달리며, 다른 사람이 우리를 완전하게 만들어 주고 안정감을 주기만을 갈구하는 것이다.

때로 우리는 욕구를 인식시켜 주는 불편한 감각과 느낌을 차단하는 데 익숙해져 있어 내적인 욕구를 알아차리지 못하곤 한다. 때로는 불편함을 느끼면서도 내면의 욕구를 인식하지 못하곤 한다. 때로는 느끼고 생각하지만 불편한 상태를 그대로 견디면서 필요한 행동을 취하지 못한다. 또 때로는 우리의 욕구 사항을 충족시켜 줄 방법이 없는 가운데 균형감을 다시 찾기 위한 방편으로 욕구 충족이 이뤄지지 못한 것을 애석해하기만 할 뿐이다. 심지어 비통함이 너무 강해서 애간장이 끊어 죽을 것 같은 느낌이 들기도 한다. 사랑의 역설은 우리가 슬픔과 즐거움을 동시에 기꺼이 끌어안아야만 한다는 것이다. 사랑을 하다가 그것이 끝장나는 바람에 산산이 부서질 것 같은 슬픔을 겪고 있는 많은 이들은 칼릴 지브란의 "슬픔은 보다 큰 즐거움을 담기 위해 가슴을 도려내는 것이다."란 말을 새록새록 확인하면서 살아가고 있는 것이다.

문화의 역할

남성다운 매력과 다부진 체격을 가진 20대 후반의 단은 살아온 대부분의 인생 동안 많은 감정을 부인했다. 소년 시절에 그는 결코 울어서는 안 되며 '계집애 같은' 행동을 해서도 안 된다고 배웠다. 그가 제약받지 않고 드러낼 수 있는 감정은 분노, 흥분, 성적 욕망들이었다. 그는 친절함, 슬픔, 공포와 같은 감정을 드러낼 때 매우 어색해했다.

단은 그의 아내 페기가 자신을 떠나겠다고 위협하는 바람에 치료를 받으러 왔다. 페기는 결혼 내내 혼자 외톨이 같은 느낌을 받아왔다고 했다. 페기는 단이 좀 더 적극적으로 감정 표현을 해 주기를 바랐다. 단은 수치심을 느끼지 않고 부드러움을 표현하는 법을 배우려고 했지만 번번이 페기의 요구에 당혹스러워했다.

단과 페기의 관계를 신중하게 살펴본 결과, 페기는 항상 적극적으로 표현하는 배우자였음이 드러났다. 사실상 페기는 자신과 남편에게 충분한 감정 표현을 해 왔고 때로는 히스테리에 가까운 정서 표현을 하기도 했다. 그러나 단은 둘 다 감정적이 되면 뭔가가 부서질 것이라 생각했기에 자신의 감정을 억눌러 왔다고 하였다. 그들은 악순환 상태에 빠져 있었다. 단이 표현을 덜 할수록 페기는 그의 반응을 끌어내기 위해 더욱 감정적이 되어 갔다. 그리고 페기가 더 감정적이 될수록 단은 더욱 물러서곤 했다.

치료를 통해 페기는 감정형의 배우자로 행동하는 반면, 단은 전통적인 성역할인 사고형의 배우자로 행동해 왔기 때문에 마치 두 사람이 역할 분담을 하듯이 각자 자기 역할을 수행해 왔음을 깨닫게 되었다. 이런 역할 분담을 통해 서로 감정 표현을 제한하였고, 이것이 갈등의 원인이 된 것이다.

단은 성인으로서 느낄 수 있는 다양한 감정 영역을 느끼고 이를 표현하는 방법을 다시 배워야만 했다. 페기는 자신의 힘과 능력을 보다 편안하고 자신감 있게 표현할 수 있기 위해 스스로를 충분히 파악하는 것이 급선무였다. 그러나 단에게는 적극적으로 감정을 표현하는 방법을 배우기가 쉽지 않은 일이었다. 치료 초기에 단은 페기와 자신이 느끼는 감정에 대해 대화를 나누는 것은 남자답지 못한 것이라고 생각하였다. 그리고 페기는 혼자 생각하고 행동하는 방법을 배운다는 것이 매우 힘들다는 걸 알았다. 그렇다면 단은 남자로서 성공하려면 부드럽고 감성적인 감정 측면을 부인해야만 한다는 생각을 어디서 얻은 것일까? 페기는 어떻게 해서 남자라는 이유만으로 남편인 단에게 모든 의사결정을 맡겨야 한다고 배운 것일까? 이런 문제들은 가족과 문화적 역할 모델을 재검토하면 쉽게 파악할 수 있다.

어린아이 때 우리는 주변의 중요한 어른들이 관계 맺는 방식들을 유심히 살펴보게 된다. 우리는 주변 어른들을 통해서 특정 몸짓, 냄새, 독특한 행동, 옷맵시, 예의범절에 반응하는 방법을 배우고 생활방식, 질서 또는 혼란에 익숙해진다. 그리고 자라면서는 사랑, 권력, 남자 또는 여자가 된다는 것이 무얼 의미하는지의 개념을 배우게 된다. 이런 개념들은 어려서부터 마음속 깊이 침투하여 성인기가 되면 의심할 여지가 없는 보편적인 진리로 각자의 마음속에 자리 잡게 된다. 어려서부터 습득한 이런 개념을 바탕으로 사회 및 문화 속에서 각자의 역할을 살아내고 그것을 통해 권력 기반을 다져 나간다. 이런 방식으로 어린 시절의 아주 초기적인 문화 수용을 거쳐 누구를 사랑할 것이며 어떻게 사랑할 것인가를 결정짓는 중요한 '사랑 지도'가 만들어지게 된다. 그리고 오래지 않아 그 지도가 끊임없이 우리를 막다른 골목으로 몰아넣을 수도 있다는 것을 알게 된다.

서구 문화가 우리들에게 성역할에 대해 가르쳐 준 한 가지는 여성, 남성의 차이는 불평등이나 불완전함을 의미하는 것이며, 따라서 완전하게 되려면 다른 한쪽이 필요하다는 것이다. 여성들은 성, 아름다움, 모성(양육) 영역을 권력 기반으로 부여받게 되었다. 반면, 남성들은 정치, 금융, 과학기술, 군사, 의학, 법률, 스포츠 등과 같이 적극적이고 사고하는 영역을 할당받게 되었다.[4]

인류학자인 라이안 아이슬러(Riane Eisler)는 전보다 훨씬 많은 여성과 남성이 틀에 박힌 성 고정관념을 다시 면밀하게 뜯어보면서 성적 관계뿐 아니라 모든 관계를 제약하고 왜곡시키는 제반 사회적 측면들을 거부하고 있다고 지적한다. 현대 남성과 여성은 친밀감을 여성스러운 것으로 치부하면서 남성들에겐 성적 주도권을 강조하게끔 가르치고 여성들에게는 전 인생 동안 남성들과의 친밀한 관계에만 매달리도록 가르치는 것이 남성과 여성 모두에게 도움이 되지 않는 주입 논리라는 것을 인식하기 시작했다.[5]

우리는 진공 상태(아무것도 작용하지 않고 저절로)에서 사랑중독자가 되는 것이 아니다! 중독으로 이어지는 사랑, 연애 감정과 섹스에 대한 잘못된 생각을 어떻게 해서 그리고 어디서부터 습득하게 되는지를 이해하기 위해서는 우리 문화가 우리에게 가르치는 것이 무엇인지 재고해 봐야 한다. 메시지는 바로 알 듯 말 듯하면서도 너무나 확실한 것이다. 또한 어디에서나 여지없이 스며 있는 것이기도 하다. 다시 말하자면, 이 메시지들은 어린 시절부터 깊이 각인되어 우리 마음속에 무의식적으로 스며들어 있는 것이다.

우리는 이미지와 소유의 문화 속에서 살고 있다. 얼마나 좋은 인상을 주는가, 얼마나 많이 가지고 있는가, 그리고 좋은 인상을 뒷받침해 주는 누군가가 주변에 있는가에 의해 우리의 가치는 평가된다. 애석하게도 외면에서 비춰지는 모습으로 행복과 사랑의 척도가 평가되고 있다. 사랑에 대한 집착은 연애소설부터 록음악과 팝송 가사, 그리고 소설, 시, 드라마와 위대한 예술작품에 이르기까지 대중문화의 모든 측면에 침투해 있다. 매디슨 가의 광고업계부터 헐리우드 영화계, 디즈니월드의 동화 세계에 이르기까지 그런 현상을 목격하게 된다. 매일 수만 가지 방법으로 우리가 속한 사회는 사람들로 하여금 중독적 관계를 추구하도록 부추기고 있다. 우리 문화는 다른 사람이 없이는 전혀 살 수 없다는 의존성을 이상화하고 극적으로 미화하며 이상적 모델로 만들고 있다. 고전적인 대중 연애소설이나 연속극의 스토리가 남성과 여성 모두를 얼마나 현혹시키고 있는지 한 번 살펴보면 이해가 될 것이다. 그런 것들은 전형적으로 소비 시대의 사랑에 대해 예찬하고 있다. 사랑에 빠지면 당연히 낭만적인 기분을 갖게 되지만, 성숙한 사랑은 건강한 독립성과 자기 가치감이 바탕이 되어야 한다.

소유적 사랑은 당사자가 사랑 대상에 전적으로 얽매이고 빠져들게 만드는 문화적인 허상인 것이다. 그 사람과 함께 있고자 하는 열

망이 너무나 강한 나머지 우리는 흔히 비이성적으로 행동하게 된다. 점점 우리는 사랑 대상에 사로잡히고 만다. 그러면 자주 불안해지고 미칠 것 같고 우울해지며 자기 가치를 상실하게 된다. 결국 우리는 아이들, 직장, 친구들, 영적 성숙 등 삶의 다른 영역으로부터 멀어지게 된다. 우리는 가끔 임시방편의 은폐 계획 아래 자기혐오, 자기의심, 자기망각을 덮어 버린다. 우리 사회의 문화에 따라 스스로의 자존감이 좌우된다고 생각하기 때문에 필사적인 통제 방편으로 자신의 내적 불만족을 외부로 투사해 버린다.

사랑을 나누고자 하는 우리의 욕구는 너무나 당연한 것이다. 사랑을 맺고 싶은 욕구 자체는 문제가 되지 않는다. 문제는 우리 사회의 문화가 다른 사람에 대한 너무나도 비현실적인 욕구를 우리에게 주입하기 때문에 때로는 의존적이고 중독적이며 신경증적인 관계에 빠져들고 상대방에게 기생하도록 만든다는 데 있다. 그리하여 우리의 행복을 상대방이 좌지우지하도록 내맡기고 만다. 우리는 거의 무의식적으로 상대에게 의존적이 되고서는 그에 대해 속상해한다. 때로는 증오에 가득 차서 내면의 증오를 다른 이에게 투사해 버린다. 우리 사회는 우리가 갖고자 하는 것을 효과적으로 얻어야 한다고 가르친다. 그래서 우리가 원하는 것을 다른 사람으로부터 받지 못하면 불안하고 초조해진다. 그 근거는 뉴스를 틀어 보기만 하면 알 수 있다. 뉴스 보도나 드라마에서 나올 법한 이야기를 흔히 들을 수 있을 것이다. "젊은 여성이 자신을 학대하는 사람과 절교한 뒤 잔인하게 살해당했습니다." "직장 성희롱으로 법정에 서게 된 CEO" "헤어진 여자로부터 양육비를 소송당한 스포츠 감독" "유명 스포츠 스타, 부인으로부터 가정폭력 고소" 등등.[6]

우리는 모두 때때로 애정생활을 자기 맘대로 쥐고 흔들려는 시도에 대해 죄책감을 느낀다. 우리는 관계의 한계를 수용하고 맘대로 쥐고 흔들려고 하지 않는 법을 배워야만 한다. 왜냐하면 상대방을 맘대로 쥐고 흔들려는 욕구는 사랑중독의 가장 커다란 잘못 중의 하나이기 때문이다.

사랑중독: 여성만의 문제가 아니다

남성과 여성 모두 소속감을 갖고 친밀하고 싶고 사랑의 충족감을
경험하고자 하는 동일한 욕구를 가지고 있다.
남성과 여성은 각자에게 내재한 여성적인, 남성적인 측면을 지닐 권리를 갖는다.
남성과 여성 모두 영적, 정서적 유대감을 갖고 싶은 욕구를 갖고 있다.
남성과 여성 모두 사랑관계 속에서 아픔을 겪는다.

-「나를 사랑하고, 너를 사랑하기(Loving Me, Loving You)」에서-

너무 오랫동안 우리는 여자들의 고질병으로 공의존성(codependency) 혹은 중독적 사랑에 초점을 맞춰 왔다. 새로운 세기가 시작되면서부터 그런 잘못된 초점의 결과가 우리를 괴롭히며 다시금 나타나고 있다. 스포츠 영웅으로 떠받들어지던 남성 스포츠 스타들이 공공연하게 조장되지는 않더라도 은밀하게 부추겨지고 찬탄을 받던 자유분방한 성적 라이프 스타일의 결과 에이즈 환자로 전락하고 말았다는 뉴스가 심심찮게 보도되고 있다. 어떤 이들은 이별의 고통에 시달려 제정신을 잃고서는 배우자(또는 전 배우자), 아이들 혹은 자기 자신에게 폭력을 행사하곤 한다. 여섯 명 중 한 명꼴로 남성들이 성적 학대를 받고 있는 것으로 추정되고 있다. 남성들은 자신들과 관련되어 있기 때문에 감히 거론하기를 꺼린다. 만일 한 남성이 어떤 연상의 여인에게 차였다면 그저 '한 번 데었구나!' 하는 정도로 가볍게 넘긴다. 남성 동성애 집단은 사회가 그들에게 강요하는 역할 때문에 고통에 빠진 남성들을 격려해 주고 남성만의 유대감을 강화하기 위해 확산되는 추세다. 새로운 천 년이 시작됨에 따라 마침내 우리는 남성들도 실제로는 감성을 소유하고 있고 여성들도 영혼을 소유하고 있다는 점을 깨닫게 되었다.

남성들은 흔히 사랑 기피적인 것으로 알려져 있다. 하지만 실제로 사랑 기피와 사랑 의존은 동전의 양면일 뿐이며 사랑중독의 전형적인 스토리의 한 부분을 형성한다.[7] 다음 이야기는 각종 언론매체가 한 남자의 착각과 혼란에 얼마나 나쁜 영향을 주고 있는지를 잘 보여 준다.

매우 성공적인 사업가인 릭은 마지못해 치료를 받으러 찾아왔다. 잘생기고 온화한 서른여섯의 이 남자는 지금까지 그가 꿈꾸는 인간관계를 맺어 왔어야 했다. 하지만 그러기는커녕 정서적으로 학대적인 인간관계에서 빠져나오려고 안간힘을 쓰고 있었다. 그는 헤어지는 것에 대한 불안이 엄습하여 치료받으러 오지 않을 수 없었다. 현재 애정관계가 매우 치명적이며 진정한 사랑이 무엇인지 알 만큼 똑똑한 그였지만 불안을 겪을 때마다 이전의 학대적인 배우자를 강박적으로 찾곤 했다. 두 사람의 성적 관계는 너무 강렬했고 그런 이끌림을 중단하기가 어렵게 느껴졌다. 릭이 만나던 여자는 아름답고 감성적인 사회 통념에 걸맞은 여성이었으나, 릭은 매번 그녀가 공허하고 냉담한 성격이라는 것을 실감하게 되었다. 그녀는 거짓말을 하고 릭을 마음대로 조종하며 바람을 피워댔다. 다음은 릭의 일기 내용 중 일부다.

변화하기 시작했지만 내가 다른 남성들과 나눈 대화는 여성들에게는 아주 경멸스럽게 들릴 것이다. 프랭크 시내트라가 말했듯이, "얼굴, 몸매가 괜찮은 여자는 머리에 든 게 없이 그저 몸만 풍만한 여성이다." 여자의 몸매 하나하나가 내게는 일생 끊이지 않는 관심사항이었다. 그동안 여성이 나를 얼마나 육체적으로 즐겁게 해 주는가로 사랑의 크기를 재어 왔음을 솔직히 시인한다. 나는 여성이 나와의 섹스를 강렬히 원하는 게 나를 사랑하는 거라고 착각해 왔다. 그리고 여성도 남성을 섹스의 대상으로만 생각한다고 여겼다. 하지만 여성들은 남성들과는 사고 구조가 전혀 다르다는 생각이 든다. 여성들은 자기와 자기가 낳은 아이들의 안위에만 관심을 갖게끔 사고 구조가 짜여 있는 것 같다. 일반적으로 여성이 남성을 선택할 때는 경제적 능력, 즉 돈이 핵심 요소가 된다. 신체나 외적 매력은 일반적으로 남성이 여성을 선택할 때의 핵심 요소다. 남자들끼리 얘기할 때면 그런 이야기들로 넘쳐난다. 남성들은 새로운 데이트 상대의 몸매가 얼마나 끝내주는지, 얼굴이 얼마나 예쁜지에 대해 끊임없이 이야기를 나눈다. 남자들은 그 여자의 인생목표가 무엇이고 직업이 무엇인지는 거의 물어보지 않는다. 남자들은 그녀가 무슨 관심을 가지고 있고 어떤 생각을 하고 있는가보다 외모와 성적 매력에 훨씬 큰 관심을 갖고 있다. 이 모든 게 언론매체나 각종 광고물을 통해 활발히 확산되고 있다. 그런 것들이 섹스나 어떤 이미지가 아니라면 로맨스일 것이다.

드라마, TV, 잡지, 연애소설, 광고 등 모든 매체에서 정직하지 않은 남성과 매혹적인 여성을 널리 전파하고 있다. 캘빈 클라인 향수 광고에서조차 거의 벌거벗은 한 여자가 역시 거의 벌거벗은 남자 둘과 같이 있는 장면의 광고를 하고 있다. 남녀간의 정사는 매혹적이고, 여러 애인에게 둘러싸여 있는 것 역시 매혹적이며, 거짓말로 속이고 다른 사람을 몰래 만나는 것도 매혹적이고, 이혼은 더더욱 매혹적이다. 이 모든 쓰레기 같은 것들이 남자와 여자에게 팔리고 있는 세상에서 우리가 어떻게 정상적이고 정직하고 건강한 관계 맺기를 기대할 수 있겠는가?

나는 여성들에게 광고하고 선전하는 것이 어떤 것들인가 보기 위해 가끔 여성지들을 사서 본다. 그런데 정말 남성지들보다 훨씬 나쁜 내용들로 채워져 있다!

이런 내용들을 살펴보면 정말 전부 아수라장인 세상이구나 하는 생각이 든다. 차라리 내가 여성들한테 연기를 하는 게 나을 것 같다. 그러지 않으면 여성들은 더 낭만적인 상대를 찾게 될 테니까. 아주 온순한 고양이 같은 여자조차 가장한 사나운 암사자일 수도 있기 때문에 내 재산을 감춰 놓는 게 나을 것 같다. 바깥세상은 경쟁이 치열하다. 연애까지도 경쟁이 치열한 사업이다. 바로 이런 것들이 각종 매체들이 떰프질해대는 온갖 기사나 광고들을 살펴보면서 내 마음속에 강하게 떠오른 생각들이다. 여성들이 무성한 머리숱을 너무 좋아하니까 나도 모발 이식을 해야겠다는 생각이 들었다. 모든 남성 모델은 무성한 머리숱을 자랑하고 있으니까 말이다.

아마 내가 각종 언론광고 매체를 너무 진지하게 받아들였나 보다. 나는 이 모든 것이 우리 머릿속으로 밀려 들어와서 어딘가에 차곡차곡 쌓인다고 생각한다. (너무도 많은 에너지를 소모하는) 이런 것을 모른

채 놔두면 금방 머릿속에 자리 잡고 앉아서 우리의 일반적인 태도에 영향을 미치게 된다. 최소한 나의 의견은 그렇다.

나는 사랑관계에서도 이런 생존방식을 조장하는 사회 시스템을 혐오한다. 그리고 혼란스럽기 그지없다. 솔직히 정말 뭐가 사랑이고 중독인지 분간하지 못하겠다. 36세의 미혼인 나는 얼마간 매우 극적이고 고통스러운 사랑관계를 유지해 오고 있다. 그러면서 내가 섹스중독자가 아닌지 의심스럽기도 하다. 내 안 깊숙이 가정을 꾸리고자 하는 열망을 갖고 있으면서도 가정을 꾸리기가 두려운 게 사실이다. 때로는 마주하는 여자들에게 난 결혼에 관심이 없고 그저 화끈하고 즐겁게 성관계를 맺는 데 관심이 있을 뿐이라고 정직하게 밝히고 싶은 생각도 든다. 그런 게 거짓말하지 않고 사귀고 있는 여자에게 내가 무엇을 기대하는지 정확하게 알려 주는 방법일 것이다. 나는 정말 내가 1990년대의 시트콤에 나오는 인물 같은 느낌이 든다!

가족역할 모델

우리의 가족과 또래 친구들조차 우리를 관계중독으로 이끈다. 그런 이끌림은 대개 미묘하고 비언어적이지만 너무나 강력하고 광범위하다. 어린 시절부터 우리는 조용히 그리고 끊임없이 어른들이 문제를 해결하는 방식을 지켜본다. 우리는 주의 깊게 살펴보면서 역할 모델을 탐색한다. 그렇지만 흔히 우리의 역할 모델인 어른들도 건강한 관계, 문제해결, 개성과 자율성의 중요성에 대해 아는 바가 별로 없는 상태다. 한마디로 엄마 아빠가 언제나 좋은 선생님인 것은 아니다. 훌륭한 능력도 갖추고 있지만 한계도 지니고 있는 것이다.

초기 치료과정에서 환자는 흔히 부모님과의 관계에서도 비슷한 문제를 겪은 적이 있다면 그것을 어떻게 풀었는가 하는 질문을 받게 된다. 그 답을 들어 보면 대개 환자는 중독관계를 벗어나서 자존감에 바탕을 둔 건강한 관계를 키워 나가는 데 필수적인 기술을 어린 시절에 배우지 못했다는 것을 보여 주곤 한다. 사람들은 모든 조각을 다 갖고 있지 않은 채 계속해서 관계의 퍼즐 조각을 맞추려고 한다. 만일 당신이 100조각의 퍼즐 게임 가운데 40개 조각만을 가지고 있다면 퍼즐을 다 맞출 가능성은 얼마나 있을까? 전혀 없다! 퍼즐 조각들을 집어던져 버리거나 빠진 조각들이 없어도 퍼즐을 다 맞출 수 있다고 억지를 쓰기보다는 다른 60개의 조각들을 찾아내는 게 현명할 것이다. 애석하게도 많은 이들이 없어진 조각을 찾기보다는 퍼즐을 포기해 버리려고 한다. 혹은 마치 조각들이 다 있는 것처럼 둘러대기도 한다.

사랑관계가 가끔 매우 혼란스럽게 되는 것은 전혀 놀라운 일이 아니다. 많은 사람이 폐쇄적인 가족관계, 즉 어린아이들은 부모가 믿는 대로 믿고 행동하는 대로 행동할 것이라고 기대되는 가정에서 자라난다. 문제가 없는 완벽한 가정도 있겠지만, 문제에 대한 학습된 반응이 불행과 좌절로 이어진다면 보다 효과적이고 새로운 갈등 해결 방법을 배우기 위해 자기가 자란 가정 밖으로 나갈 필요가 있다. 마음은 마치 컴퓨터와 비슷하다. 필요시 사용하기 위해 데이터와 프로그램을 모으고 저장한다. 만일 컴퓨터가 충분한 데이터나 프로그램을 갖추지 못하고 있다면 문제를 해결할 수 없다.

영적 탐구의 가치

많은 사람들은 우리가 가지고 있는 영적 본성을 경험하는 것이 인간이 갖게 되는 가장 심오한 경험이라고 말한다. 물론 종교가 일정 역할을 하고 있기는 하지만 그렇다고 구체적으로 특정 종교를 믿어야 한다고 말하고 있는 것은 아니다. 영적 탐구는 보다 높은 삶의 목표를 향해 우리 개개인을 끌어올려 주고, 삶의 의미에 대해 매우 개인적이고 근본적인 탐색을 하게 해 주며, 물질적 욕구와 세속적 쾌락을 초월해서 개인을 이끌어 주는 것이라고 할 수 있다. 우리의 영혼은 지속적인 성장을 추구한다. 딱딱한 지면을 뚫고 햇볕을 향해 뻗어 나오는 새싹처럼, 우리는 경외, 경탄, 신비 등 신과의 소통 경험을 끊임없이 추구한다. 영적으로 우리는 장소와 대상을 초월해서 사랑을 경험한다. 사물과 사람에 대해 친밀감을 느낄 때, 우리는 바다, 해돋이, 그림, 아이들, 연인, 친구, 창조적 탐구, 심지어 원수에게조차 사랑을 느낄 수 있다.

영적인 탐구는 행복을 찾기 위해 더 이상 자기 이외의 다른 것에 눈을 돌리는 것을 그만두게 해 준다. 사랑관계에서 행복이 비롯되기보다, 연민 · 슬픔 · 감사 · 즐거움 등 보다 차원 높은 감정과 우리가 지니고 있는 행복을 표현하고 나누어 주는 것이 진정한 사랑이다. 사랑은 우리 내부에서 발생하는 것이다. 영적 관점에서 우리는 사랑을 전달하는 매개체일 뿐이며 본질적으로 사랑을 나누고자 하는 마음을 지니고 있다. 나누는 사랑에 참여할 때 우리는 일체감 또는 단일의식을 경험한다. 우리는 다른 사람 속에서 우리 자신을 또 우리 자신 속에서 다른 사람을 경험한다.

이런 의미에서 볼 때 영혼은 스스로를 나눌 것을 갈망한다. 일단 우리가 그런 성스러운 경험을 할 수 있다는 것을 알게 되면 그것을 추구하게 된다. 어떤 사람은 절정, 지고지순한 행복, 경외심 그리고 자기 초월과 같은 영적 고양에 중독되어 평범한 일상생활보다 그런 영적 삶 속에서 사는 것을 선택한다. 영적 존재로서 보다 위대한 것과 일체가 되기 위한 초월적 경험을 갈구하는 것이 자연스러운 일이긴 하지만 이는 점진적으로 균형 잡힌 과정을 거쳐 추구되어야만 한다. 어떤 사람들은 이런 경험에 지나친 절박함을 느껴 영적인 추구를 하다가 마치 화학물질 실험에서 나타나는 것과 같은 심리적 흥분 상태가 되기도 한다. 영적인 각성이 목적이라면 그 사람은 중독이 될 수 있다. 영성은 세상으로부터의 도피가 아니며 그 자체가 삶을 영위하는 수단인 것이다. 우리가 이 지구에서의 고통스러운 삶의 현실로부터 도피하기 위해 또 다른 형태의 영적 탐구를 이용한다면 그 결과는 파괴적이 될 것이다. '천국의 문'✚ 종교 집단 자살 사건은 이런 파괴적인 결과를 여실히 드러내고 있다.

✚ 1997년 3월 미국 LA 인근 샌디에이고의 한 고급 주택에서 '천국의 문'이라는 사교 집단 소속의 20세 전후의 컴퓨터 전문가들 39명이 집단 자살한 사건이다. 그들은 애플화이트라는 교주가 가르친 대로 지구를 떠나 그때 접근해 오던 혜성 뒷편의 우주선으로 가서 영생을 얻으려 한 것으로 알려졌다. 현대과학을 근거로 한 미신이 그들을 죽음으로 이끌었던 점에서 사회적으로 큰 충격을 주었다.

영성을 적절하게 개발시키는 방법을 아는 사람이 매우 드물기 때문에 사랑중독이야말로 한 사람이 다른 사람과 의존적인 합일을 이루는 최고의 영적 체험이라는 잘못된 믿음으로 받아들여질 수 있다. 그리고 사랑에 빠지면 거의 신비스러울 지경의 절정감과 행복감을 느끼게 되고 합리적 사고가 줄어들기 때문에 이런 현상이 다반사로 나타날 수 있다.

자기실현

성격과 동기 이론에서 건강한 정상 발달을 강조하고 연구했던 심리학자 에이브러햄 매슬로(Abraham Maslow)는 신체적, 본능적 동기에서 보다 합리적, 초월적 동기로 나아가는 욕구발달 단계를 고안한 바 있다. 영적 탐구의 중요성을 파악하는 데 유용한 매슬로의 자기실현 이론은 인간 존재는 가능한 모든 단계로 성장 · 발전해 나가는 경향이 있다는 것을 밝혔다. 매슬로의 인간욕구 단계는 다음과 같이 구분된다.

자기실현에 근접한 사람들의 특성은 다음과 같다.

1. 현실을 받아들인다.
2. 자신과 다른 사람들 그리고 세상을 있는 그대로 받아들인다.
3. 자발적이다.
4. 자기중심적이기보다는 문제 중심적이다.

5. 다른 사람들과 거리를 유지하며 사생활 보호 욕구를 지닌다.
6. 자율적이며 독립적이다.
7. 사람과 사물에 대한 인식이 정형화되어 있지 않고 신선하다.
8. 반드시 종교적인 성격을 띠진 않아도 대부분 깊이 있고 신비롭고 영적인 체험을 한다.
9. 인류와 자신을 동일시한다.
10. 소수의 애정 대상들과 각별한 관계를 맺으며 이러한 관계가 피상적이지 않고 매우 깊이 있고 감성적이다.
11. 가치와 태도가 민주적이다.
12. 수단과 목적을 혼동하지 않는다.
13. 남을 조롱하고 적대적인 유머가 아니라 인생철학이 담긴 유머를 구사한다.
14. 기성문화에 대한 무조건적인 답습을 거부한다.
15. 환경에 그저 끌려가기보다는 초월해서 살려고 한다.[8]

매슬로는 자기실현 인간형을 초월하지 않은 유형과 초월한 유형의 두 가지로 구분하였다. 초월하지 않은 이들은 '현실적이고 실제적이며, 일상적이고 유능하며, 세속적인 사람들이다.' 그들은 건강한 삶의 개혁가들이지만 초월적인 높은 단계를 경험하지 않는다. 반면에 초월한 이들은 자신과 다른 사람들의 삶을 변화시키도록 이끄는 '깨달음이나 통찰력을 지니고 있다.' 그들은 운명의 힘을 느끼고 진실을 추구하며, 함부로 평가를 내리지 않고 자신들의 삶과 사랑에서의 고통을 성장을 위한 기회로 삼는다. 매슬로는 절정 경험, 신비로운 비전, 자기 창조를 자기발견의 최고 단계[9]에서 나타나는 자연

스러운 현상으로 보았다.

우리 인간의 본성은 생존과 안전에 초점을 두고 있는 반면에 우리의 영적 천성은 개인적 성장과 다른 사람과의 합치를 추구한다. 매슬로는 우리의 본성이 소속감의 욕구, 즉 인간 사회의 일원이 되고자 하는 욕구를 느끼게 한다고 믿었다.

강박적이고 성적인 사랑은 흔히 우리가 깊이 갈망하는 그런 합치를 이루려는 잘못된 노력의 발로인 것이다. 우리는 살아오면서 진정한 친밀감에 반하는, 학습된 자기 족쇄에서 비롯된 고립감을 끊고 싶어 한다. 성적으로 흥분된 상태에서 사람들은 흔히 다른 사람과 하나가 되기 위해 그런 제약을 일시적으로 넘고자 한다. 그런 합치된 상태가 의존적이고 미성숙한 것이라면 결과는 자기실현의 장애가 되고 만다. 이 상태에서 우리는 삶의 에너지를 성장을 향해서가 아닌 만족을 추구하는 데 쏟게 된다. 에리히 프롬은 이렇게 말했다. "사람 간의 합치를 향한 갈망은 인간에게 가장 강력한 바람이다. 인류를 하나로 묶어 주는 힘이자 가장 근본적인 열망이다. 성적 사랑은 철저한 합일을 갈망한다. 그 본질상 배타적이며 보편적이지 않다." 아가페, 즉 다른 이를 향한 이타적 사랑 없이는 성적 사랑은 자기도취적인 상태에 머무르고 만다. 다음 캐리의 이야기가 이런 사실을 보여 준다.

어렸을 때 사랑과 정서적 지지가 부족한 가정에 입양된 캐리는 성적 학대와 정서적 · 신체적 학대를 겪었다. 그 결과, 캐리는 어느 누구와도 가깝게 지내지 않으리라는 다짐을 하였다. 유년기 경험을 통해 볼 때 그렇게 하는 것이 너무 위험했기 때문에 그녀는 그렇게 믿게 되었던 것이다.

그러나 성인기에 접어들면서 그동안 자기 방어적인 맹세에 의해 무시되었던 친밀감에 대한 욕구가 일어나면서 캐리는 내적으로 갈등을 겪게 되었다. 다른 사람과 가깝게 느낄 수 있는 유일한 방법은 섹스를 통해서였고, 그렇기에 모든 애정관계에는 깊이가 없이 성적으로만 이끌렸으며 길게 가지 못했다. 반복적으로 그녀는 공허감을 느꼈고, 이제는 자신이 좋아하고 자신을 좋아해 주는 사람과 사귀고 싶다는 욕구를 호소하였다.

확실히 성적 사랑은 성숙한 사람들이 하는 영적 사랑을 완벽하게 보완해 준다. 그러나 슬프게도 많은 사람에게 성적 욕망은 단지 혼자가 되는 두려움을 덜어 주고 공허함을 메우려는 행위에 지나지 않을 뿐이다. 이런 경우에 사랑은 중독이 된다.

심리학의 역할

사랑중독은 채워지지 않은 아동기적 욕구를 충족하고 아동기부터 생겨난 잘못된 내적 믿음을 강화하려는 무의식적 갈망에서 비롯된다. 우리 각자는 '나는 누구인가?' '주변에 있는 다른 사람들은 누구인가?' '어떻게 하면 내 삶에서 필요로 하는 것을 얻을 수 있을까?'라는 질문에 답하려는 한 편의 드라마를 연기하고 있는 것이다. 그 드라마는 의식 세계에서 펼쳐지지는 않지만 우리의 의식적 사고, 정서, 선택, 행동에 영향을 미친다. 그리고 유아기의 생존 욕구를 해소하기 위해 어린 시절에 우리가 만들어 낸 신화, 역할, 제약을 연출해 낸다. 캐리의 경우와 같이 정서적 외상이 생길 때 자기도 모르게 형성된 자기 약속은 커서도 우리의 행동을 지배한다. 어린 시절에 우리는 자신의 안락과 생존을 보장받기 위해 해야 할 것과 하지 말아야 할 것을 결정하려고 최선을 다해 세상을 판단하고 평가한다. 그리고 캐리와 같은 사람들에게는 그것이 친밀감, 자율성, 자발성을 획득할 수 있는 능력을 제한하기도 한다.

우리 모두는 자신이 누구인지 명확히 알고 있다고 생각한다. 그렇지만 사실상 우리는 자신이 어떤 존재인지를 정확히 인식하지 못하고 있다. 우리가 우리 자신에 대해 알고 있는 것은 빙산의 일각일 뿐이다. 한 사람의 인생 경험은 몸의 신경계에 저장된다. 유년기 경험에서 좋든 나쁘든 우리가 배우고 지각한 것은 성인기에 와서 어떤 선택과 결정을 내리게 하는 논리적 믿음체계로 연결된다. 물론 이런 선택과 결정에는 의식적이든 무의식적이든 사랑에 대한 의사결정도 포함되어 있다. 일생 동안 우리는 진정한 사랑에 필요한 신체적, 정서적, 지적, 영적 잠재력을 지극히 일부밖에 사용하지 않는다. 왜 우리는 자신을 그렇게 제한하고 있는가? 그리고 어떻게 해서 그런 제약이 사랑에 연루되어 있는가? 이와 같은 질문에 대한 답은 사랑중독의 심리적 요인을 이해하는 데 도움이 될 것이다.

3 사랑중독의 심리학

저자는 약물중독 치료, 다이어트 클리닉, 금연 프로그램, 몇 차례 연애 실패를 겪은 사람들의 심리치료를 같이 해 오고 있다. 한때 고통스러운 행동 패턴을 그만두었던 사람들은 다시 중독 행위를 지속하거나 그것을 대체할 만한 어떤 것을 찾으려는 강박적 충동에 사로잡히곤 한다. 지적으로는 그런 행동이 자기 파괴적이라는 것을 잘 알면서도 육체적 · 정서적으로는 중독 대상에 여전히 이끌리는 사람들이 많다.

어떤 사람이 특정 중독 행위를 포기하고도 또 다른 중독 행위로 대체하는 모습을 보인다면 그 사람은 **중독적인 성격**(addictive personality)을 가지고 있다고 볼 수 있다. 그런 행동이 여러 번 반복해서 나타나고 있다면 그 사람은 외부의 도움을 요청해야만 한다. 건강하지 못한 대인 의존에는 심리적 원인이 자리 잡고 있다. 중독 문제를 극복하려면 그런 행동의 심리적 원인을 찾아내는 것이 급선무다. 앞서 언급한 바처럼, 심리적 중독은 충족되지 않은 의존 욕구와 그것을 채우려는 무의식적 추구의 결과로 나타난다.

카렌의 이야기는 강박적 행동의 몇 가지 유형이 한 사람한테 동시에 나타날 수 있음을 여실히 보여 주고 있다.

30세인 카렌은 청소년기와 청년기에 걸쳐 몇 번의 의존관계를 경험한 적이 있다. 그녀의 연애 경험은 정서적으로 끔찍한 경험이었고 가끔 신체적 학대를 겪기도 했다. 카렌은 그녀를 성적으로 이용하고 정서적으로 학대하는 남자들에게 빠져드는 경향을 보였다.

카렌이 치료를 받기 위해 찾아왔을 때, 그녀의 자존감은 매우 낮은 상태였다. 쾌활한 성격과 예리한 통찰력, 아름다운 용모를 가졌는데도 카렌은 68kg의 과체중이었다. 그녀는 왜 자신이 체중을 줄이고 나서도 그 상태를 유지할 수 없는지 알고 싶어 했다. 왜냐하면 그동안 몇 차례 다이어트를 시도했고 자신이 원했던 신체 이미지 — 평균 체중과 좋은 신체 분위기 — 를 달성하는데 성공했지만 결국 몇 개월 만에 이전 체중으로 되돌아가 버리는 악순환에 빠져 있었기 때문이다.

카렌은 치료 회기에서 한 남자와 지속적인 사랑관계를 맺고자 하는 바람에 대해 이야기하였다. 그러는 한편 헤어진 옛날 애인이자 현재는 기혼자인 학대 성향의 남자에게 강렬하게 끌리고 있었고 그가 만나자는 요청을 하면 거절하지 못했다.

치료과정에서 카렌에게 그녀의 '뚱뚱한 모습의 자기'로부터

'날씬하고 건강한 몸을 원하는 다른 자기' 에게 보내는 편지를 쓰도록 하였다. 이에 그녀는 다음과 같은 편지를 썼다. "내가 너를 계속 뚱뚱하고 보기 싫게 만든다면 넌 새로운 이성관계를 맺는 두려움을 느낄 필요가 없게 될 거야. 그러면 넌 불안해하면서 다른 사람을 기쁘게 하려고 신경 쓸 필요가 없게 되는 거지. 난 네가 이끌리는 그런 부류의 비열한 인간들로부터 상처받지 않게 할 수 있어. 내가 이렇게 하지 않으면 넌 도저히 참을 수 없을 지경까지 너를 지배하려고 하는 지나친 마초 근성의 남자와 어울리게 되거나 너무나 애정이 결핍된 자신감 없는 남자를 선택하게 될 거야. 난 네가 좋은 남자를 선택할 수 있을 거라는 확신을 갖지 못하겠어. 그래서 네 몸을 뚱뚱하게 해서 널 보호하려는 거야. 난 네가 자신을 망치지 않을 거라고 믿을 수 있을 때까지 어디에도 가지 않고 네 옆에서 지키고 있을 거야!"

카렌의 편지는 그녀가 가지고 있는 중독적인 성격의 한 측면인 음식에 대한 강박적 행동이 사실은 그녀 자신을 보호해 주는 친구 역할을 한다는 깊이 잠재된 신념을 드러내 주었다. 카렌의 섭식중독은 학대와 고통으로부터 무의식적으로 자신을 보호하려는 행위였으나, 아이러니하게도 그토록 피하고 싶은 경험을 맞닥뜨리게 해 주었다. 카렌은 뚱뚱한 몸에 부끄러움을 느꼈기 때문에 누가 자신을 매력적으로 여길 거라고 꿈도 꾸지 못했다. 그렇기 때문에 자신에게 성적 관심을 보인 남자들에게는 쉬운 먹잇감이 되곤 하였다. 카렌은 자기 가치감이나 내면의 힘을 개발시킬 필요가 있었다. 치료는 몸무게가 아닌 자신에 대한 기분과 생각을 재정립하는 데 중점을 두었다.

무의식적 차원에서 보면 중독 성향이란 자기를 보호하려는 목적에서 비롯되지만 결국 정서적 안정과 생존을 위한 왜곡되고 비효율적인 수단으로 작동된다. 심리치료나 이 책과 같은 자가 치유서의 목적은 카렌과 같은 사람들이 치료자 없이도 좌절감을 덜 느끼면서 보다 만족된 삶을 살도록 도와주기 위한 것이다.

의존성에 대한 심리학적 이해

에릭 번(Eric Berne) 박사에 의해 1950년대와 1960년대에 개발된 교류분석 이론은 중독적 관계를 이해하는 데 특히 효과적인 것으로 드러난 성격발달 모델이다. 이 이론은 중독적 행동을 반복하게 만드는 근본적인 인생 드라마를 뿌리 뽑는 데 도움이 된다. 교류분석 이론을 적용해서 우리의 인생 각본이 사랑중독과 어떤 관련이 있는지 이해할 수 있도록 그 근본 원리를 짧게 살펴보겠다.[1]

교류분석 이론은 우리 인격이 세 가지 자아, 즉 아동 자아 상태, 성인 자아 상태, 부모 자아 상태로 이루어져 있다고 보고 있다.

- 아동 자아 상태: 욕구를 느끼고 파악하는 역할을 한다.
- 성인 자아 상태: 사고하고 문제를 해결하는 역할을 한다.
- 부모 자아 상태: 구조화하고 양육하고 보호하는 역할을 한다.

아동 자아 상태

아동 자아 상태는 우리가 태어날 때부터 갖게 되는 유일한 성격이면서 차츰 형태를 갖춰 나가게 되는 인성의 첫 번째 영역이다. 아동 자아 상태는 가장 강력한 감각과 느낌의 원천이다. 아동 자아 상태에서 우리는 주로 감각, 즉 강한 느낌과 욕망을 통해 삶을 경험하게 된다. 우리가 필요로 하고 바라는 것을 파악해서 욕구가 충족되리라 믿으면서 세상을 향해 손을 내미는 것이 바로 아동 자아 상태다. '내면 아이(inner child)'라는 개념이 광범위하게 사용되기 오래전부터 교류분석 이론가들은 이 개념의 중요성을 이미 알고 있었다. 아동 자아 상태에서 바로 사랑중독을 뒷받침하는 믿음이 생겨난다. '사람들과 가까이 지내는 것은 안전하지 않아.' '난 사랑받을 만한 자격이 없어.' '사랑은 언제나 상처를 줘.' '남자들은 믿을 수 없어.' '여자들은 남자를 쥐고 흔들어.' 등이 그런 믿음이다.

성인 자아 상태

다음으로 펼쳐지는 성격의 두 번째 부분인 성인 자아 상태는 정보를 수집하고 처리하고 답을 주는 컴퓨터와 매우 흡사하다. 감정이 아닌 합리적 문제해결이 성인 자아 상태의 특징이다. 성인 자아 상태는 정확한 정보를 받게 되면 해결 가능한 대안을 제시한다. 그런데 불행히도 우리가 접하는 정보는 흔히 부정확하다. 따라서 단순히 성인 자아 상태 안에서 움직인다고 해서 반드시 문제해결이 척척 이루어지는 것은 아니다.

부모 자아 상태

마지막으로 형성되는 성격의 한 부분은 부모 자아 상태로 부모의 인격과 닮은 기능이라고 할 수 있다. 부모 자아 상태는 삶을 위한 지침, 규칙, 허가 사항들로 이루어진 하나의 마스터플랜이다. 이러한 부모 자아 상태는 해로운 것으로부터 자아를 보호해 준다. 또 생산적 삶을 살기 위해서는 무엇을 해야 할지를 알려 준다. 때로 부모 자아는 통제하고 비난하며 유아적인 부분을 가로막기도 한다.

우리는 각각의 자아 상태에 따른 세 가지 종류의 관계 의존성을 경험하지만 모두 다 중독적인 것은 아니다. 성인들은 대개 세 가지 자아 상태에 모두 접하고 있지만 어린아이들은 그렇지 못하다. 당연히 유아들은 스스로 생각하고 자신을 보호할 수 없다. 따라서 유아들은 부모와 건강하면서도 필요불가결한 의존관계를 맺어서 부모와 하나인 것처럼 기능한다. 유아들은 자신의 것을 갖게 되기 전까지는 부모가 가진 성인 자아 상태와 부모 자아 상태를 빌려서 활용한다. 정상적이고 건강한 부모-자식 관계에서 부모는 사랑, 보호 및 보살핌을 제공한다. 이것은 **일차적인 의존관계**라고 불린다. 어린아이가 잘 자라고 친밀하고 자발적이고 독립적이며 궁극적으로 상호 의존적인 관계를 맺으려면 이런 초기 의존관계가 필수적이다. **자율적인 의존관계**에서는 두 사람의 성인이 건강한 방식으로 세 가지 자아 상태를 주고받는 것이 원칙적으로 가능하다. 어린아이가 절대적 의존 단계에서 자율적인 단계로 나아가기 위해서는 발달의 매 단계에서 아이가 가진 구체적 욕구가 부모에 의해서 충족되어야만 한다. 발달 단계마다 아이는 중요한 경험을 하고 자신의 가치, 능력과 권리를 인

정해 주는 말을 들을 필요가 있다.

우리 대부분은 유아기와 아동기에 걸쳐 일차적 의존관계로부터 자신이 필요로 하는 모든 것을 다 얻지는 못하기 때문에 생존과 성장을 추구하면서 부가적인 시스템을 발달시키게 된다. 내가 **중독적 의존관계**라고 정의 내린 이런 의존관계는 성인의 사랑중독의 근거가 된다. 학대로 얼룩져 있는 어린 시절로 말미암아 자존감과 자기 충족감을 습득하지 못한 안나의 사례를 다시 생각해 보자. 안나의 경우 중독적인 의존관계라는 시스템 안에서만 자존감과 자기 충족감을 얻을 거라는 무의식적 기대를 가지고 다른 사람을 대했으며, 이것이 성인인 안나의 행동을 지배하고 있었다.

내면의 어린아이: 중독적 의존관계

아동 자아 상태는 사랑중독을 파악하는 데 있어 매우 중요하므로 보다 면밀히 검토할 만한 가치가 있다. 번 박사는 아동 자아 상태에는 자연 아동(natural child), 작은 교수(little professor), 아동 안의 어른(parent in the child)이라는 세 가지 구성 요소가 있다고 하였다.

태어날 때는 생존에 필요한 것을 알려 주는 감각과 느낌의 원천이 되는 자연 아동만이 존재한다. 자연 아동은 자신이 필요로 하는 것을 얻으리라는 희망을 가지고 세상을 향해 손을 내민다. 그리고 욕구가 중단되거나 무시당하거나 위협받지 않는 한 계속 그렇게 할 것이다.

생후 약 6개월 정도에는 작은 교수가 등장한다. 창의적이고 직관적인 인격의 측면인 작은 교수는 '어떻게 하면 사람들을 주변에 붙잡아 둘까' 고심하면서 질문과 호기심을 가지고 세상을 탐색한다. 유아적 계산의 달인인 작은 교수는 생존하려는 본능적 충동에 의해 움직인다. 자연 아동은 살아나가기 위해서는 음식, 배변, 따뜻함, 보호, 자극, 어루만짐과 같은 것이 필요하다는 것을 안다. 간단히 말해, 자연 아동은 생존을 위해 큰 어른들을 주변에 붙잡아 놓아야 한다는 것을 안다. 어떻게 해서 그들을 주변에 붙잡아 놓을까 하는 질문에 대한 답을 찾는 것이 작은 교수의 일이다.

세 살 무렵 아동 자아 상태의 세 번째 부분인 아동 안의 어른이 발달한다. 예닐곱 살까지 이어지는 이 단계는 산타클로스, 귀신, 괴물의 신화와 마법의 왕국이다. 따라서 아이는 엄마가 "네가 날 미치게 하는구나." "네가 날 정말 기분 좋게 만들어 주는구나!"라고 말할 때 그 말을 액면 그대로 받아들이며, 자신이 엄마의 기분을 통제하는 힘을 가지고 있다고 믿고 엄마 역시 자신을 통제하고 있다고 믿는다. 아이 때는 그런 방식으로만 마음이 움직일 수 있기 때문에 중간지대 없이 그저 흑백논리에 따른 사고를 한다. 아동 안의 어른은 사랑중독을 지속시키는 잘못된 신념을 사실이라고 믿고 간직하고 있는 존재다.

여기서 내 어린 시절의 이야기를 하겠다. 아마도 그것은 여러분의 이야기일 수도 있다. 내가 네 살쯤 되었을 때 어른의 허락 없이 혼자 길을 건너면 나쁜 일이 일어날 거라는 말을 들었던 기억이 난다. 하루는 다섯 살 반 된 언니와 길가에 앉아 있었다. 길에는 자동차가 한 대도 보이지 않았다. 나는 갑자기 길을 건너 보고 싶은 마음

이 들었다. “혼자 길을 건너도 아무 일도 일어나지 않을 거야.”라고 내가 말했다. 언니가 그러지 말라고 만류했지만 나는 말을 듣지 않고 길을 달려서 건너갔다가 왔다.

“봤지? 아무 일도 없잖아!” 하지만 나의 허세는 오래 가지 못했다. 어린 나는 잘못된 행동을 해도 아무런 나쁜 일이 생기지 않을 거라고 스스로 확신할 수 없었다. 잘못을 저지른 것 같아 어쩔 수 없는 겁이 스멀스멀 생겨났다.

그날 오후 우리 가족이 차를 타고 가고 있을 때 갑자기 사이렌 소리가 들렸다. 나는 겁이 나서 물었다. “뭐예요?” 아빠가 장난 삼아 말했다. “야, 경찰이다. 너희들 중에 누가 나쁜 짓을 했나 보다.” 나는 겁이 덜컥 났다. ‘이제 잡혔구나!’ 라고 생각하면서 의자 밑으로 숨으려고 했다. 부모님은 그전에 무슨 일이 있었는지 몰랐기 때문에 내가 울고불고하는 이유와 내 안의 어리고 마법적인 생각이 그 상황을 어떻게 해석하고 있는지 알 턱이 없었다.

부모님은 결국 나한테 물어보고 나서야 내 잘못된 현실 판단을 바로잡아 줄 수 있었다. 부모님은 내가 한번 잘못을 저지르기는 했지만 원래는 착한 아이라고 말해 주셨고, 사이렌은 불이 나서 소방차가 달려가면서 내는 소리라고 달래 주면서 거리를 혼자 건너는 건 아주 위험할 수 있다고 하셨다. 그리고 이웃 아이가 차에 치인 적이 있었기 때문에 그런 주의를 주었다고 설명해 주셨다.

친절한 설명과 함께 재차 안심을 시켜 주시면서 부모님은 내가 현실과 ‘지어낸’ 생각을 구별할 수 있게끔 해 주셨다. 그때는 이런 것을 혼자 힘으로 이해하기에는 너무도 어렸다. 만일 부모님이 나를 나무랐거나 엉덩이를 때렸다면 난 내가 정말로 나쁘다고 믿었을 것이다.

'가끔씩'이라는 단어야말로 '언제나' '영원히' '절대'라는 극단적 단어를 흔히 생각하는 어린아이들한테는 매우 중요한 것이다. 이 말은 나중에 성인기 망상으로 이어지게 만들기도 한다. 네댓 살 먹은 아이들에게 부모님들이 내 경우처럼 상황을 잘 설명해 주지 않게 되면 성인이 되어서 아무 문제가 없는 일인데도 어떤 일은 절대로 해서는 안 되고 그렇지 않으면 자신과 다른 사람들이 위험에 처할 거라는 잘못된 믿음을 갖게 된다.

자연 아동은 뭔가를 필요로 한다는 것을 알고 있다. 작은 교수는 그것을 어떻게 얻는가를 생각해 본다. 아동 안의 어른은 그 어떤 것, 즉 중요한 어른들을 붙잡아 두기 위한 행동 계획을 실행한다. 아이였을 때 그런 역동은 지극히 정상적인 현상이다. 하지만 어른이 되어서도 인간의 감정 중 가장 소중한 부분인 사랑을 건강하지 못한 의존관계로 만들어 버리는 생각을 계속 가지고 있다면 문제가 될 수밖에 없다.

사랑중독 뒤에 숨어 있는 신화

중독적인 사랑관계 뒤에는 언제나 마법 이야기처럼 터무니없는 생각과 확고히 자리 잡은 잘못된 신화와 같은 어린 시절의 개인사가 자리 잡고 있다. 브렌트의 사례가 바로 그런 경우다.

지역에서 존경받고 있고 돈을 잘 버는 전문직에 종사하는 브렌트는 치료에 들어왔을 때 겉으로 보기에는 자존감이 매우 높아 보였다. 그의 문제는 정서적 지지와 친밀감의 욕구를 충족시켜 주는 인간관계를 맺기가 어렵다는 것이었다. 브렌트는 늘상 요구 수준이 너무 높거나 자기 주관이 강해서 그의 욕구는 아랑곳하지 않고 자기들의 욕구만 강조하는 여자들만 반복적으로 만나고 있었다. 브렌트는 자신의 반복적인 연애 패턴과 상대방을 고르는 방식을 머리로는 잘 알고 있었다. 그리고 그런 자신의 습관들을 이해할 수가 없었다. 의식적으로는 거의 대부분 잊어버렸거나 별일 아닌 것으로 치부하곤 했던 성장 배경을 파악해 보니 다음과 같은 사실이 드러났다.

어느 평범한 날, 네 살짜리 브렌트는 엄마를 한번 껴안고 나서 놀기 위해 밖으로 뛰어나갔다. 인생은 즐거웠다. 시간이 한참 흐른 뒤 대부분의 어린아이들이 그렇듯 자신의 주변이 안심할 수 있는 상태인지 확인하기 위해 엄마를 보러 집으로 달려갔다. 집으로 들어갔을 때 엄마가 울고 있었고 엄마 품에 안겨 있는 동생도 같이 울고 있는 것을 보았다. (브렌트는 당시에는 무슨 일 때문인지 알아채지 못했지만 엄마가 아버지와 전화상으로 말다툼을 벌였던 모양이다.) 브렌트의 주변 세계는 갑자기 불안해 보였고, 따라서 어린 브렌트는 두려움을 느끼게 되었다. 내가 무슨 일을 했던가? 뭘 안 했던가? 그는 스스로 물어보았다. 불안한 가운데 안심과 안정을 찾기 위해 브렌트는 엄마에게 물어보았다. "엄마, 무슨 일이야? 괜찮아?" 엄마는 말했다. "아, 얘야. 네가 와서 기분이 좋구나. 엄마한테 모든 게 괜찮아질 거라고 얘기해 주렴." 브렌트는 잠깐 혼란스러움을 느끼고서는 곧바로 엄마 말대로 행동했다. 어린 브렌트는 엄마의 팔을 토닥거리고 엄마의 눈을 보고 웃으면서 짐짓 자랑스러운 표정으로 마술을 부리듯 말했다. "괜찮아, 엄마. 다 괜찮을 거야. 그렇고말고." 엄마는 미소를 띠면서 말했다. "우리 훌륭한 꼬마 신사님이 없으면 내가 어떻게 살까?"

브렌트의 세상은 다시 제자리로 돌아오게 되었다. 그러나 이때 중요한 일이 내면에서 일어난 것이다. 네 살 먹은 어린 소년은 그 사건이 그저 자연스럽고 우연하게 일어난 일이라는 것을 알지 못했고, 더구나 자신이 마법 같은 힘을 지녀서 엄마를 안심시켜 준 것이 아니었다는 사실을 깨닫지 못했던 것이다. 이로써 하나의 잘못된 믿음이 만들어지게 되었고 스스로 대단하다는 생각이 마음속에 자리 잡게 되었다. 즉, 브렌트는 자기가 엄마(어쩌면 모든 사람)를 즐겁게 만들 수 있는 힘을 어느 정도 지니고 있다고 믿기 시작했다. 더구나 그는 자신의 욕구를 충족하기 위해서라도 그렇게 해야만 했다. 이렇게 해서 브렌트의 마음에 확고히 자리 잡은 아동기 신념은 '사람들을 기쁘고 언짢게 만드는 권한과 책임이 나한테 있어. 내가 말하고, 생각하고, 느끼고, 행동하는 것이 사람들을 내 옆에 붙들어 두거나 멀어지게 만들 수 있어.' 와 같은 것이었다.

브렌트의 어린 시절 이야기는 달콤하면서도 다소 씁쓸한 느낌을 준다. 우울증인 엄마를 위안해 주는 브렌트 역시 옆에서 자신을 돌봐 주는 큰 사람, 즉 엄마가 필요한 어린아이에 불과했다. 현실과 가

상을 아직 분간할 수 없었던 또래의 다른 아이들처럼 부모한테 뭔가가 일어나면 자신의 세계도 끝날지도 모른다고 두려워했던 것이다. 그는 또 자신이 엄마의 고통의 원인일 수도 있다고 믿었다. 부모는 흔히 무신경하게 어린아이가 액면 그대로 받아들이는 것을 의식하지 않고 "너 때문에 기분이 안 좋아." 따위의 말을 하곤 한다. 브렌트가 어른이었다면 '엄마가 화가 났구나. 다 좋게 만들 수는 없지만 엄마한테 위로를 건넬 수는 있을 거야.' 라고 합리적으로 추론하면서 상황에 대처할 수 있었을 것이다.

그러나 어린아이인 브렌트는 그러한 상황에서는 오히려 엄마로부터 안심하는 말을 들었어야 했다. 이를테면 그 순간 엄마는 브렌트에게 "신경 써 줘서 고맙구나. 난 괜찮단다, 얘야."라는 말을 들려주었어야 했다. 두려워하고 있는 브렌트의 아동 자아 상태에게 엄마가 위안을 해 주기보다는 브렌트가 오히려 자신의 두려움과 욕구를 억누른 채 엄마의 슬픈 아동 자아 상태를 챙겨 줘야 했다. 브렌트는 자신의 감정을 희생하고서 엄마를 보살펴 주어야만 했다. 그는 성인이 되어서도 인간관계에서 여전히 그렇게 행동했다. 어린아이의 관점에서 브렌트의 결정은 창의적인 적응력을 가진 것이었다. '난 이제 두려워하고 욕구불만이어서는 안 돼. 엄마를 돌봐 주어야 하니까.' 그리고 그건 잘 먹혀든 것처럼 보였다! 엄마가 그에게 매달리고 의지하였다. 심지어 엄마가 자기 때문에 웃을 수 있었던 것이다!

자기 감정과 욕구를 억누르는 무의식적인 패턴을 되풀이했기 때문에 브렌트는 무의식적으로 그런 신념체계를 지지하는 욕구불만인 여자를 만나곤 했다. 그렇게 해서 브렌트는 사실상 문제가 많은 중독적 관계에서 자신이 원하는 바를 얻곤 했다. 이런 관계는 심리적으로 자기 이득적인(self-serving) 기제인 것이다. 의존적인 상대 여성은 브렌트가 자기 욕구를 충족하는 것을 가로막았다. 다양하고 미묘한 방식으로 브렌트의 여자친구들은 브렌트에게 '내 욕구는 중요치 않아. 난 여성(엄마)을 기분 좋게 만들 힘을 가지고 있어.' 라는 그의 어린 시절의 확고한 신념을 확인시켜 주었다.

여기서 비극은 브렌트 역시 마음 깊은 곳에 있었던 자신의 기분, 욕구를 표현할 필요가 있었고 그럴 권한을 갖고 있었다는 데 있다. 항상 다른 사람을 먼저 돌봐 주기보다는 브렌트 역시 누군가가 자신을 돌봐 주고 관심을 가져주기를 원하고 있었던 것이다.

사랑중독에서 의존관계의 끈은 한 배우자의 내면 아이에서 상대방의 내면 아이로 연결된다. 사랑중독에 빠진 연인들 안에 있는 뭔가가 그들이 살아나가기 위해서는 다른 사람과 애착관계를 맺어야 하고 그 사람이 자신들을 비로소 완전하게 만들어 주는 마법 같은 힘을 가지고 있다고 믿도록 만든다. 중독에 빠진 연인들은 자신들이 혼자서는 완전해질 수 없다고 믿는다. 뭔가 빠진 것 같다는 생각이 깊게 깔려 있어서 이미 성인인 그들로 하여금 과거에 충족되지 않은 욕구를 충족하기 위해 무의식적으로 다른 사람을 찾게 만든다. 문제는 자신의 진정한 욕구로부터 멀어져 있는 사람들은 대개 자신의 욕구를 충족시켜 줄 수 있는 힘과 능력이 부족했던 원래의 사람들(즉, 부모)과 흡사한 사람들을 찾게 되는 경향이 있다는 것이다. 이런 식으로 스스로의 머리를 벽에 갖다 박는 것 같은 자승자박의 행태를 보이게 되는 것이다.[2]

안나나 다른 많은 사람들처럼 브렌트도 새로운 성인의 관점에서 충족되지 못한 욕구와 연관된 자신의 무의식적 두려움과 믿음을 파악하고 나서야 비로소 여성과의 건강한 상호 의존관계를 자유롭게 심리적으로 쌓아 나갈 수 있게 되었다.

미성숙한 유아기의 사랑은 이렇게 믿는다. '네가 날 사랑해 주기를 바라는 그대로 내가 너를 돌봐 주고 사랑해 주면 너 역시 날 그렇게 사랑해 줄 거야.' 우리는 어린아이의 사랑을 관대하고 순수한 것으로 여길지도 모른다. 하지만 보통은 그렇지 못하다고 할 수 있다. 어린아이들은 아직 영적인 사랑을 할 수 있는 준비가 안 되어 있고 그저 자기중심적일 뿐이다. 그들은 생존을 위해 사랑을 하고 고통과 두려움 그리고 결핍을 피하기 위해 사랑을 한다. 그런 패턴은 우리가 흔히 보듯이 성인기 사랑중독자들에게 답습되곤 한다.

브렌트의 이야기는 우리가 이전에 지적한 요점을 분명히 보여 주고 있다. 사랑중독은 여성에게만 해당된 이야기가 아니다! 일방적인 의존관계는 성립하지 않으며 관계는 항상 상호적이다. 사회적으로는 남자들이 독립적이거나 반의존적인 성향을 가지고 있고 여자들은 의존적인 성향을 가지고 있다고 알려져 있다. 그러나 심리적으로는 남자들 역시 감정적으로 공허하고 의존적인 성향이 있다. 독립적이 되도록 키워지는 것은 오히려 여자들인 것이다. 흔히 여자들보다 남자들이 더 일찍 죽고, 우울증을 겪고, 자살을 시도하고, 배우자가 사라지면 일 년 반 이내에 새로운 배우자를 구한다고 알려져 있다. 어떤 남자가 화난 목소리로 나한테 이렇게 말한 적이 있다. "그 여자가 내 곁을 떠나기 전에는 내 감정이 어땠는지조차 몰랐어요. 이제 그런 감정이 드는데 지금은 도대체 내가 이 감정을 어떻게 해야 할지 알 수가 없단 말이에요. 그럼 어디에서 도움을 받으면 좋겠나요? 남자들은 친한 친구도, 지지 집단도 없고, 신은 우리

남자들에겐 감정을 느끼는 것도 금지했잖아요! 제기랄. 그러니 남자들이 사람들과 친하게 지낼 수 없는 것은 전혀 이상한 일이 아니라니까요."

여자들은 감정을 느끼고, 욕구를 느끼고, 울고, 심지어 우울해지고, 두려움을 느낄 수 있도록 문화적으로 허용받고 있다. 여자들은 남자들보다 더 오래 살고 지지망을 발달시키고 흔히 슬픔에 빠진 뒤에도 곧 회복해서 잘 살아간다. 결국 여자들은 원래부터 누군가를 돌봐 주는 사람들인 것이다. 여자들은 돌봐 주는 대상에 그저 자신들만 포함시키면 되는 것이다.

남자들도 인간관계에서 고통을 받지만 터놓고 고통을 시인하지도 않고 도움을 잘 청하지도 않는다. 남자들도 여자들과 똑같이 소속감을 갖고, 유대감을 느끼며, 친밀해지고, 사랑의 충만감을 경험하고 싶은 욕구를 가지고 있다.

II

어떻게 하면 당신을 사랑할 수 있을까

4 사랑 중독자들

모두가 보는 가운데서 나를 찢어발긴 이 야수,
이 사랑, 이 갈망, 이 망각의 대상,
마지막 잎사귀가 떨어질 때 나를 같이 떨궈내리고
한껏 욕망을 채우고 싫증을 내면서
결국 봄이 올 때 사그라질 존재여.
언젠가는 상처는 치유되고, 열병은 가라앉고,
매듭처럼 단단히 묶인 마음의 상처는 저절로 풀리게 되리니;
오늘은 어디에 가든 너의 모습이 아른거리지만
눈 깜짝할 사이에 너를 잊기로 했어요.
너무 깊이 박힌 발톱으로부터 상처받지 않으려면
다시 사랑해야 한다고 할지라도 그러지 않기로 했어요.
잠들어 있는 동안에도 어렴풋이 깨어나
내 육체의 곳곳에 스며 있는
날카로운 키스, 눈처럼 차가운 손, 칼처럼 예리한 이 만남의 상처는
나와 고통에 빠진 나의 주인 사이에
가로놓여 있어요.

- 에드나 세인트 빈센트 밀레이 「숙명적인 만남」 -

중독적인 사랑을 구별하기

전부는 아니겠지만 거의 대부분의 사랑 관계는 중독의 요소를 지니고 있다. 이에 대해 한번 생각해 보자. 조화롭고 성숙한 상호 의존관계는 우리가 갈망하는 하나의 이상일 뿐이다. 성숙한 사랑을 하려면 어린 시절에 우리 스스로를 사랑할 줄 아는 능력을 갖추어야 하는데, 이런 능력의 바탕이 되는 것은 안정감 있고 일관성 있는 부모의 사랑이다. 부모의 사랑은 우리에게 확고한 안녕감을 제공해 주고 진정한 사랑의 즐거움을 얻기 위해 누군가에게 줄 수 있는 경험을 하게 해 준다. 또한 부모의 사랑은 성인이 되었을 때 우리가 다채로운 감정과 욕구를 경험하고 표현할 수 있게 해준다. 우리는 명확하게 생각하고, 현실과 환상을 구분할 수 있으며, 자신 있게 우리의 생각을 밝히고, 우리의 욕구를 가장 잘 충족시킬 수 있는 방법을 찾을 수 있다. 성인이 되었을 때 성숙한 사랑을 할 수 있으려면 우리는 무조건적 자기 사랑, 현명한 자가 지도 능력, 자기-지지 능력을 갖춘 내면의 자가 양육 시스템을 발달시켜야 한다.

견고한 부모의 사랑 외에도 절대적인 안전감, 무조건적인 신뢰, 즉각적인 만족, 힘 그리고 영원한 위안과 같은 약속이 충족되는 삶을 살려면 타인이 그 열쇠를 쥐고 있다는 환상과 착각에서 자유롭게 해 주는 문화적 환경에서 자라날 필요가 있다. 현실적으로 인간 존재는 본래 다른 이와 친밀한 관계를 맺는 데 필요한 모든 수단을 갖지 못한다는 사실을 직시하고, 완전히 새로운 차원의 인생 커리큘럼을 구성할 필요가 있음을 정직하게 인정해야 한다. 비틀즈 노래의 가사를 통해 우리가 믿게 된 사실과는 반대로, 이런 인생 커리큘럼은 사랑만이 우리가 필요로 하는 전부가 아니며 사랑하면서 삶을 살기가 항상 쉽지만은 않다는 것을 가르쳐 준다. 사랑은 우리에게 많은 것을 요구한다. 하지만 인생의 커리큘럼은 우리에게 "스스로에게 여유 있게 대하면서 살자! 의식적이고 친밀한 사랑관계는 여태까지 존재하지 않았어."라고 알려 준다. 우리는 사랑의 거부를 경계심을 가지고 바라보아야 하며 사랑관계에서 우리 내면의 조건 형성이 얼마나 파괴적인 영향을 미치는지 인식해야 한다.

성숙한 사랑을 위한 이런 요구조건이 완벽하게 충족되었다면 성인기에 들어와서 자립적이면서도 친밀해지고 싶은 내면의 깊은 욕구를 충족시켜 주는 그런 사랑을 할 수 있게 된다. 견실하고 확고한 부모의 사랑과 현실주의적인 문명의 계도가 아동들의 성숙한 자기 사랑을 키워 주어, 성인이 되면 웰빙을 만끽하면서 상대에게 사랑을 주는 진정한 즐거움을 경험할 수 있게 한다. 이것이 바로 우리가 추구하고자 하는 이상이다. 그러나 불행히도 완전하게 성숙한 사랑을 하는 데 필요한 모든 것을 갖출 만큼 복받은 사람은 극히 드물다. 그렇지만 성인이 되어서도 사랑과 자유에 대해 여전히 많은 것을 배울 수 있는데, 바로 이것이야말로 이 책에서 우리가 추구하는 목표다.

유아기의 사랑은 '사랑받고 있기 때문에 사랑을 한다.' 는 원칙 아래 움직여진다. 성숙한 사랑은 '내가 사랑이므로 사랑을 받는다.' 라는 생각을 갖게 하고, 미숙한 사랑은 '난 네가 필요하기 때문에 널 사랑할 뿐이다.' 라는 생각을 갖게 한다. 성숙한 사랑은 각자의 개별성을 허용하고 생각과 느낌의 자유로운 표현을 허용한다. 성숙한 관계에서는 서로 간에 다양한 가치관과 상반된 가치관이 부딪쳐도 논쟁과 대결이 수용된다. 미숙한 사랑은 서로에게 치명적일 수 있지만, 성숙한 사랑은 삶의 풍부함을 가져다준다.[1]

건강하지 못한 의존성은 최고로 성숙한 사랑관계에서도 잠재하고 있다. 여기서 우리가 직면하고 있는 문제는 중독적 요소를 파악하고 그 뒤에 숨어 있는 잘못된 생각을 밝히는 것이며, 그런 생각을 바꾸기 위해 우리가 할 수 있는 일을 하여 관계를 다시 좋게 만드는 것이다. 우리의 사랑이 중독인지 아닌지는 어떻게 구분할 수 있을까? 그 해답을 찾기 위해 사랑중독 관계에서 나타나는 스무 가지 두드러진 특징을 살펴보자.

사랑중독의 특징

중독관계에 있는 사람들은 아래의 특징을 지니고 있다. 어떤 사람은 이 중 두세 가지만 가지고 있고, 어떤 사람은 여러 가지를 동시에 지니고 있다. 일반적으로 중독적 관계에 있는 사람들은 다음과 같다.

1. 자주 소모되는 기분을 느낀다.
2. 자아의 경계를 긋지 못한다.
3. 가학피학성(사도마조히즘), 즉 자신과 남을 학대하는 성향을 보인다.
4. 마음 편히 상대방을 놓아주지 못한다.
5. 위험, 변화, 미지의 것을 두려워한다.
6. 자기 성장 경험을 거의 하지 못한다.

⑦ 진정한 친밀함을 느끼지 못한다.

⑧ 심리 게임을 한다.

⑨ 일대일의 정확한 계산 속에서만 남을 상대한다.

⑩ 상대방을 바꾸려고 한다.

⑪ 완전함을 느끼기 위해 상대를 필요로 한다.

⑫ 자기 바깥에서 해결책을 찾는다.

⑬ 무조건적인 사랑을 기대하고 요구한다.

⑭ 헌신을 거부하거나 과도하게 떠안으려 한다.

⑮ 안정감을 느끼고 가치감을 갖기 위해 상대에게 의지한다.

⑯ 일상적으로 잠시 헤어져 있을 때도 버림받은 듯한 기분을 느낀다.

⑰ 습관적이고 익숙한 부정적인 감정을 끊임없이 되살려 낸다.

⑱ 친밀함을 바라면서도 두려워한다.

⑲ 상대의 감정을 '바로잡으려' 한다.

⑳ 파워플레이를 즐긴다.

이제 보다 구체적으로 이들 특징을 하나씩 살펴보겠다.

자주 소모되는 기분을 느낀다

사랑중독자들은 사랑하는 이를 너무나 끔찍이 갈망한 나머지 그 사람을 소유해야 하고 그렇지 못하면 살 수 없다고 생각한다. 이것은 특히 관계의 초기 단계에 해당된다. 직장 상사인 앤드루와 관계를 끊으려고 할 때 자신과 앤드루가 위험에 빠질지 모른다고 두려워 떨곤 했던 안나의 사례를 기억하는가? 우리의 관심 대상이 성적이거나 낭만적이지 않을 때라도 상대방의 욕구와 생각을 파악하기 위해 주변을 살피고 다시 자기의 욕구와 바람을 챙기느라 늘 마음이 분주하기 때문에 이런 사랑은 정신적 에너지를 상당히 많이 소모하게 된다. 더 중요한 삶을 추구하기 위한 에너지는 소진되어 성장이 지체되거나 가로막히게 된다.

자아의 경계를 긋지 못한다

자아 경계가 없다는 것은 다른 사람이 우리의 자아를 완전히 지배해서 누가 무엇을 생각하고 있는지, 누가 어떤 감정을 느끼고 있는지, 누가 어떠한 행동에 대해 책임을 가지고 있는지를 구분하기 어려운 상태를 뜻한다. 우리의 자아 경계는 생각과 감정의 자유로운 흐름을 허용할 수 있을 만큼 열려 있어야 한다. 그렇다고 해서 우리가 가진 에너지가 점차 소모되고 우리의 정체성이 다른 사람의 정체성과 혼동될 정도로 과도해서는 안 된다.

한 예로 어떤 커플은 치료 중에 내가 남편에게 어떤 느낌인지 물어볼 때마다 부인이 남편 대신 대답하고 또 부인에게 무슨 생각이 드냐고 물어보면 남편이 대신 대답하곤 했다. 처음에 그들은 서로 상대방 대신 대답하고 있다는 사실을 모르고 있었다. 하지만 곧 느낌에 대한 질문은 부인이, 생각에 대한 질문은 남편이 맡고 있다는 것을 알아차리게 되었다. 그런 역할 분담 상태를 감안해 볼 때, 그 부부가 그동안 한 몸같이 움직이면서 무의식적으로는 각자 상대방의 반쪽인 것처럼 행동하고 서로 헤어지는 것을 몹시 두려워했다는 것이 분명해졌다.

두 사람이 하나가 된다는 낭만적 생각은 이상적인 것으로 보일지 모른다. 그러나 실제 관계에서는 불가능한 것이며, 이런 개념은 낭만적이지도 않고 추구할 만한 가치가 있는 이상도 아니다. 다른 사람과 친밀해지기 위해 우리 자신까지 버릴 필요는 없는 것이다.

개념상 경계란 한 영역을 다른 영역과 구분하는 표지판으로 볼 수 있다. 관계에서 경계는 각자의 심리적 영역을 분명히 표시하면서 자신만의 독특한 영역을 갖고 있다는 것을 의미한다. 눈에 보이는 담장은 식별하기 쉽지만 심리적 구분선은 식별이 간단하지 않다. 우리는 이런 애매한 경계에 대해 "(내 기분을) 침해받았어." "내가 어디서 멈춰야 할지 또는 어디서 시작해야 할지 모르겠어."라고 표현한다.

건강한 경계는 투과성이 있어서 생각, 행동, 단어, 느낌 등을 자유롭게 교환하게 해 주고 심리적 침해로부터 우리를 보호해 준다. 경계는 너무 약하거나 너무 경직될 수 있다.[2]

약한 경계의 사례

- 아직 신뢰감을 형성하지 못한 사람과 허물없이 대화한다.
- 주변에 있는 아무나하고 사랑에 빠져 버린다.
- 다른 사람의 욕구와 욕망을 충족시키기 위해서만 성적인 관심을 보인다.
- 첫 번째 성적 충동에 따라 행동한다.
- 다른 사람의 욕구나 기대에 맞춰 주기 위해 자신의 개인적 가치를 포기한다.
- 원하지 않는 음식, 섹스, 접촉 등을 받아들인다.
- 자신의 경계가 침범받았을 때 알아차리지 못한다.
- 다른 사람이 자신의 경계를 침범하지 못하게 막지 않는다.

- 속으로는 '아니요'라고 생각하면서 '예'라고 대답한다.
- 학대하는 사람과 계속 어울려 지낸다.
- 아무나 믿어 버린다.
- 모든 걸 말해 버린다.
- 다른 사람에게 지나치게 입바른 소리를 한다.

경직된 경계의 사례

- 아무도 믿지 않는다.
- 흑백사고를 한다.
- 삶을 통합하지 못하고 따로 떼어놓고 생각한다. 사람들과 떨어져 지내고 고립된 활동을 하고 삶의 다양한 측면을 하나로 통합하지 못한다.
- 완고하게 버틴다. 양보나 타협을 거부한다.
- 장벽을 세워 놓는다. 다른 사람과 생각, 느낌, 에너지를 나누지 않는다. 신체적으로 경직된 자세를 견지하고 마음의 문을 걸어 잠근다.
- 공감 능력이 결여되어 있다.
- 성욕을 느낄 때만 친밀함을 보인다.
- 다른 사람에게 영향 받을까 봐 마음을 터놓지 않는다.
- 거짓된 감정을 나타낸다.
- 사랑받기를 거부한다. 다른 사람의 보호나 관심을 기피한다.
- 자기 생활을 다른 사람에게 드러내지 않으려고 한다.
- 경직된 삶의 태도를 보인다. 자신의 방식에 갇혀 공감을 나타내거나 감정을 보이지 않는다.

가학피학성(사도마조히즘)**, 즉 자신과 남을 학대하는 성향을 보인다.**

건강하지 못하고 의존적인 관계에서는 일반적으로 한쪽은 받기만 하고 다른 한쪽은 더 주는 경향이 있다. 가학피학성은 굉장히 미묘하게 일어나는데, 한 사람은 늘 조롱거리가 되거나 '골칫거리'로 비춰지기도 한다. 한 사람이 무의식적으로 상대방에게 상처를 주거나 좌절감을 안겨 주는 것을 즐기는 한편, 그 상대방은 부지불식간에 상처를 받거나 좌절감을 느끼는 것을 즐기게 된다. 심한 경우는 한쪽이 다른 한쪽에 대해 신체적 학대, 즉 폭력을 행사하기도 한다. 제리의 이야기가 그런 사례다.

제리는 젊고 잘생기고 활력이 넘치는 사람이었다. 제리는 사랑과 평안을 희구하였지만 반복적으로 자신을 애타게 하고 조롱하고 다른 사람과 바람을 피우는 여자들을 만나 왔다. 어릴 때 제리는 주변 사람들로부터 나쁜 녀석이라는 비난과 사랑받을 가치가 없다는 얘기를 자주 듣곤 했으며 지금도 여전히 무의식적으로 그것이 사실이라고 믿고 있었다. 제리는 이런 내적 신념에 따라 상대방을 고르고는 그 자신의 표현대로 '도저히 견딜 수 없을' 정도가 될 때까지 감정적인 고통을 견디어 내곤 했다. 그때쯤 되면 그는 신체적으로 상대방을 학대하곤 했다. 그 결과로 나타나는 상처와 죄의식은 자신이 더더욱 쓸모없는 존재라는 느낌을 확인시켜 주었다.

치료과정에서 제리의 목표는 자신이 사랑받을 자격이 없다고 믿고 있는 밑바닥에 뿌리 깊이 박힌 생각을 바꾸는 것이었다. 진정으로 사랑해 주고 돌봐 주는 상대방을 선택하기 위해서는 자신이 사랑과 관심을 받을 만한 존재라고 깨닫는 것이 필요했다.

마음 편히 상대방을 놓아주지 못한다

사랑중독은 너무 강해서 상대방을 놓아주는 것을 두려워한다. 그리하여 어떤 경우에는 누가 봐도 병리적인 관계가 수년 동안 지속되기도 한다.

데니즈와 래리의 관계는 수년 동안 정서적으로 죽은 상태나 다름없이 유지되어 왔다. 그들은 자주 이혼 문제를 꺼냈지만 구체적으로 행동에 옮기지는 못했다.

회복하기 어려울 정도로 사랑이 식었음에도 이혼하는 것을 두려워하는 이유를 탐색하면서, 두 사람은 혼자되는 것에 대한 두려움 그리고 이별과 변화에 대처하는 능력에 대한 자신감 부족 때문에 함께 있으면 불행할 수밖에 없는 상태를 지속하고 있다는 것을 알게 되었다. 두 사람은 모두 어릴 때 부모로부터 신체적 · 정서적으로 버림받았기 때문에 어린 시절의 결핍과 거부의 고통을 다시금 되살리고 싶지 않았다. 불행한 관계이지만 없는 것보다는 낫다는 생각, 즉 현재 가진 것이 보잘것없어도 그들이 두려워하는 것보다는 나아 보였던 것이다.

데니즈와 래리 모두 독립을 하고 이별에 대처하고 미래에 만족스러운 관계를 다시 맺을 수 있는 각자의 능력에 대해 믿음을 갖지 못했다. 현재 두 사람은 헤어진 상태다. 우울한 결정이기는 하지만 어쨌든 올바른 결정이었다.

우리 모두는 살면서 이별의 상실감을 경험하고 상처를 받게 된다. 우리는 성장과정에서 거부를 경험하고 상처를 받는다. 대부분의 사람들은 이런 일을 견디지 못할 거라고 생각하고는 무슨 수를 쓰더라도 이별만은 피하려고 하면서 고통을 키워 나간다. 고통에 맞서 그것을 끝낼 수 있다고 믿는 대신, 헤어진 뒤에 갖게 될 상실감과 비통함을 피하기 위해 건강하지 못한 관계에 매달리게 된다.

하지만 이별의 상실감을 경험하고 이별을 하는 것은 삶의 자연스러운 일부일 뿐이다. 우리가 그런 것을 피할 수 있으리라는 생각은 마법에 의지하는 비이성적 사고일 뿐이다. 애통함과 슬픔은 이별의 상실감에 대한 자연스러운 치유적 반응인 것이다. 우리가 믿고 있는 것과는 달리, 우리는 고통을 해결하는 능력을 가지고 있다. 중독은 우리에게 거짓된 위로를 제공해 주려는 잘못된 시도에 불과하다.

위험, 변화, 미지의 것을 두려워한다

사랑중독의 또 다른 특징은 외견상으로는 안전하고 예측 가능하게 보이는 것이다. 한번은 어린 아들에게 이렇게 물어보았다. “왜 승자가 패자보다 패배를 더 많이 겪게 된다고 생각하니?” 아이는 잠깐 생각해 보더니 말했다. “왜냐면요, 승자가 더 많은 기회를 찾아 더 많이 도전해 보기 때문이죠.” 바로 맞는 말이었다. 승자는 실패하더라도 포기하지 않는다. 그들은 실패를 해도 “여기서 뭘 배울 수 있을까? 다음번엔 어떻게 다른 식으로 할 수 있을까?"라고 자문한다. 하지만 의존적 사랑은 적어도 사랑중독자에게는 안전하고 예측 가능한 것으로 여겨지기 때문에 언제고 계속해서 붙잡고 매달리게 되는 것이다.

캔디는 "성숙해지는 방법을 배우기 위해서 심리치료를 받고 싶어요."라고 말하면서 상담실을 찾아왔다. 그녀는 자신에게 항상 어린아이 같다고 놀리고 다른 사람한테 들러붙는 사람이라고 비난을 해대는 마이크와 교제하고 있었다. 마이크는 캔디가 좀 더 '자라지' 않으면 그가 만나 오던 다른 여자에게 갈 거라고 겁을 주곤 했다. 캔디가 변화하고 싶은 동기를 갖게 된 것은 이런 마이크에게 맞춰 주려는 심산에서였다. 그녀는 마이크를 잃고 싶지 않았다. 그러나 실제로 마이크는 그녀가 변화하기를 바라지 않았다. 그는 캔디가 성숙하지 못하다는 문제를 빌미로 다른 여자와 사귀는 걸 정당화하려고 했을 뿐이었다. 캔디는 마이크가 사실은 자신의 의존 성향을 좋아하고 있다는 것을 깨닫고는 그를 잃게 될까 봐 전전긍긍하면서 치료과정을 중단해 버렸다.

일 년쯤 지난 뒤 캔디는 이번에는 자신의 의지로 자발적으로 온 거라고 하면서 다시 치료를 받으러 왔다. 이제 그녀는 자신을 성숙하고 행복하다는 것을 느낄 가치가 있는 존재로 인식하고 있었다. 캔디는 마이크가 이런 자신의 뜻을 존중해 준다면 좋지만 그렇지 않다면 앞으로 두 사람의 관계가 위험해지더라도 그것을 무릅쓰고 자신의 삶을 개선하려는 자세가 되어 있었다.

자기 성장 경험을 거의 하지 못한다

중독적 사랑에 빠진 당사자들은 내적으로 성장하는 경험을 하지 않는다. 그들은 흔히 단조로운 생활방식에 만족하곤 한다. 사랑중독자들은 개인적 성장, 즉 자기실현보다는 관계에 대한 근심에 더 많은 에너지를 쏟는다. 에이브러햄 매슬로가 밝혀낸 바처럼, 인간은 성장하려는 자연적 동기를 지니고 있다. 중독적 관계 때문에 그런 동기가 무시된다면 우리는 어떤 의미에서는, 가령 육체적으로는 아니더라도 영적으로는 죽어 가고 있는 셈이다.

의존적 관계에 휩싸여 있는 사람들은 자신의 개인적 재능과 능력을 억압하면서 타고난 잠재력을 발휘하지 못하고 살고 있는 것이다. 자신의 성장을 부정하는 것은 자기 학대다. 스트레스가 어느 수준까지 쌓이게 되면 이러한 자기 성장의 부정은 흔히 정서적 고통과 육체적 질환을 낳게 된다. 그 이유는 우리 각자가 생각, 느낌, 행동으로 표현되는 일정한 생의 에너지를 갖고 있기 때문이다. 에너지는 어딘가로 분출돼야만 한다. 억압되거나 차단된 경우에는 결국 둘 중 하나의 경우가 벌어진다. 즉, 에너지가 내부로 향하게 되면서 육체적으로나 정신적으로 병들게 되는 상황에 빠지거나 아니면 에너지가 외부로 폭발해서 다른 사람들을 공격 대상으로 삼을 수 있다.

바버라는 똑똑하고 창의적인 여성이었다. 그녀는 아이들이 취학 연령이 되었을 때 남편 게리의 지원과 격려를 받으며 대학에 다시 들어갔다. 바버라는 제때에 학사학위를 취득하고 관심과 활동 범위를 넓혀 나가기 시작했다. 여러 방면에서 그녀는 남편의 교육과 성공 수준을 뛰어넘은 것처럼 보였다.

그러자 게리의 불안감이 표면에 떠오르게 되었다. 그는 바버라가 결혼보다는 일을 더 중요하게 여긴다고 불만을 늘어놓기 시작했다. 남편에게 맞춰 주려는 마음에서 바버라는 친교 활동과 사회 활동을 줄이기 시작했는데 바로 그때 병에 걸리게 되었다.

그 시점에서 바버라와 게리는 상담자를 찾아왔다. 상담과정에서 먼저 남편인 게리로 하여금 자신의 두려움과 불안정의 원인을 살펴보도록 하는 데 중점을 두었고, 부인인 바버라의 창의성과 성공을 열린 마음으로 인정하고 격려해 주도록 도왔다. 또한 바버라에게는 욕구를 부정하는 경향이 있음을 파악하게 한 후 일과 가정의 요구 사이에 중용을 취할 수 있도록 도와주었다.

진정한 친밀함을 느끼지 못한다

친밀함(intimacy)이란 무엇인가? 친밀함이란 단어는 여러 사람마다 각기 다른 함축적 의미를 갖는다. 어떤 이들에게는 친밀함이 진정한 정서적 친근감, 즉 깊은 인간적 유대감을 의미한다. 또 어떤 이들에게는 **사랑**이라는 단어와 같은 의미로도 다가온다. 다른 이들에게는 종종 부정한 것을 연상시키는 것, 즉 성적 교제(성교)의 완곡한 표현으로 들리기도 한다.

친밀함이란 "지금 여기에서 생각, 느낌, 행동을 심도 있게 교류하는 것"이라는 에릭 번의 정의를 받아들인다면 거의 삶의 모든 경험을 포함할 수도 있다.[3] 번의 정의에 따르면 친밀함은 지금 여기서 발생하고 있기 때문에 우리가 꺼리는 개방성, 취약성, 위험 감수, 예측 불가능성을 의미하며 미래 혹은 과거로 숨지 않는 것을 뜻한다. 또 기분이 좋게 될 수도 있고 나쁘게 될 수도 있음을 의미한다. 전쟁터의 군인들은 높은 친밀함을 느낀다. 사랑하는 이가 죽는 것을 곁에서 지켜봐 주는 것 역시 친밀함이다. 해를 끼치는 행동을 중단시키기 위해 분노를 표출하는 것도 친밀함이다. 갈등을 해결하는 것도 친밀함이다. 가정 내 학대와 폭력도 친밀함과 관련이 있다. 이 모든 것은 지금 발생하고 있는 것이다!

친밀함을 느끼는 순간에는 상처받기 쉬운 취약성으로 인해서 그 순간의 경험이 그 사람의 마음에 깊숙이 스며들게 된다. 실제로 아주 어린 시절의 외상(트라우마)도 친밀함의 일면인 것이다! 어떤 경우에는 친밀함의 고통이 너무 커서 다시는 사람들과 사귀지 않겠노라 다짐하기도 한다. 그런 자기 다짐으로 말미암아 우리는 친밀한 사랑의 기쁨에 대해 문을 걸어 놓게 된다.

그래서 누군가와 친밀해지면 우리 모두는 벌거벗은 상태에서 각자가 가지고 있는 정서적 상처, 두려움, 심리적 장벽을 포함해서 자신이 어떤 존재인지를 적나라하게 보여 준다. 친밀한 관계는 완벽한 결과가 아닌 연속적인 과정인 것이다. 개방과 신뢰의 분위기 속에서 생각, 느낌, 행동을 상호 교류하게 만드는 친밀함은 우리를 행복이 충만한 상태로 이끌어 주는 심오한 정체감의 표현인 것이다. 그렇지만 건강한 상태에서도 친밀함을 경험하는 것은 매우 드물고 고귀한 선물이다. 번은 우리 인생에서 단 세 시간 동안만이라도 진정으로 친밀한 순간을 경험한다면 운이 매우 좋은 것이라고 하였다. 중독적 사랑에는 진정한 친밀함이 거의 존재하지 않는다. 진정으로 친밀한 상태에서는 황홀경만큼이나 상처와 실망감에 취약한 상태가 되기 때문이다.

앞서 이야기한 아동 자아 상태의 '자연 아동'을 상기해 보자. 진정한 친밀함은 두 사람 안의 자연 아동 간에 접촉이 일어나는 것이다. 하지만 의존적 사랑의 당사자들은 흔히 상대방을 더 신경 쓰려는 태도 때문에 이런 상태를 억누르게 된다. 그리고 흔히 건강하지 못한 의존성을 친밀함으로 착각하곤 한다. 중독적 사랑은 우리 스스로를 완전히 드러내지 않아도 친밀해질 수 있다는 헛된 생각을 갖게 만든다. 서로 위험을 감수하지 않고도 인간적인 친밀함을 느낄 수 있다는 그런 헛된 생각은 의존적 사랑이 가장 그럴듯하게 보이도록 하는 부분이다. 하지만 모든 중독의 경우처럼 그런 믿음은 머지않아 우리를 속이고 마는 허상이 된다.

심리 게임을 한다

겉으로는 친밀하게 보이지만 사실은 그렇지 않은 경우가 있다. 중독적 관계에서는 멜로드라마적인 심리적 게임이 친밀함을 가장하곤 한다. 그런 게임을 통해 밀고 당기는 상호작용과 드라마를 벌이면서 각자의 희망과 욕구를 우회적으로 충족하려고 한다. 아마도 여러분은 두 사람 간의 그런 행위를 본 적이 있을 것이다.

심리적 게임을 통해 간접적으로 뭔가를 요청하는 것이 대놓고 직접적으로 요청하는 것보다 덜 위험해 보일 수 있다. 하지만 이런 식으로는 우리가 원하는 것을 얻게 될 성 싶지 않다. 그렇기에 사랑중독자들은 흔히 좌절을 느끼곤 한다. 보통 사랑중독자들은 희생자, 구원자 혹은 가해자의 세 가지 역할 가운데 하나를 맡는다. 제삼자의 눈에는 그런 게임이 무얼 뜻하는지 금방 이해되지 않고 터무니없어 보이지만 당사자들에게는 지극히 정상으로 보인다. 아무 날에 아무 TV 연속 드라마를 보면 여러분은 내가 무슨 말을 하는지 금방 알 수 있을 것이다. "톰[구원자]이 정말 신디[희생자]를 사랑할까요? 내일 계속됩니다!" 내일 톰은 신디에 대한 사랑을 확신시키지만 신디는 이제 자신이 톰이 생각하는 그런 여자가 아니라는 것을 털어놓을 수밖에 없다. 그녀는 우리가 알지 못하는 이런저런 이유로 자신의 실체를 숨겨 와야 했다. 하지만 다음 주에는 그녀가 사실은 톰의 가장 친한 친구인 필을 사랑하고 있는 조안이라는 것(이제 그녀가 가해자로 밝혀진다)이 밝혀진다. (이제 희생자가 된) 톰은 분노하면서 가해자인 두 사람에게 복수를 다짐한다.[4]

실제 생활은 평범하고 멜로드라마적인 요소가 덜하기에 우리가 하는 심리적 게임은 모호해서 쉽게 알아챌 수 없는 경우가 많다. 우리는 이런 게임이 벌어지는 역동을 의식적으로는 전혀 알아내지 못할 수도 있다. 적어도 그런 심리적 게임이 주는 고통을 느끼게 될 때까지는 말이다. 더구나 그런 경우에도 우리는 무슨 일이 벌어지고 있는지 완전히 파악하지는 못한다. 다만 혼란감을 느낄 뿐이다. 그러다가 다시 힘을 내어 고통을 억누른 채 심리적 게임을 계속 벌여 나가곤 한다.

지나와 랜디는 이런 심리 게임에는 아직 서투른 사람들이었다. "그 사람 정말 구제불능이지 않니?"라는 식의 심리 게임을 하던 지나는 우울하고 성적으로 별 감응을 느끼지 못하는 젊은 여성이었다. 물론 지나는 자신과 다른 여자들에게 성적으로 아주 적극적으로 들이대는 남편 랜디를 가리켜 얘기하고 있는 것이다.

랜디가 흔하게 내뱉는 말은 "난 참 불쌍한 놈이야."이다. 그는 "어떻게 자기를 건드리지도 못하게 하는 아내만 바라보고 살 수 있겠어?"와 같은 상투적인 자기연민의 말투를 늘어놓곤 했다. 지나는 남편에게 성적으로 무반응이 될 수밖에 없는 이유로 자신이 느끼는 분노와 좌절감을 내세우곤 했다. 랜디도 좌절감과 분노 때문에 외도를 할 수밖에 없다고 스스로를 합리화시켰다.

사실 두 사람 다 실제로는 자신들이 꾸며 놓은 드라마 줄거리에 만족해하고 있었다. 둘 다 위험한 헌신과 친밀감을 두려워하고 있었고, 그들의 게임은 뒤틀린 상호작용과 멜로드라마적인 요소를 담고 있었다. 그러는 한편 둘 사이의 문제가 불거져도 더 이상 대응하기 어려워졌고 변화를 위한 힘든 결정을 내릴 필요를 못 느끼고 있었다.

일대일의 정확한 계산 속에서만 남을 상대한다

중독적 사랑관계에서는 이타적인 사랑보다는 조건부적인 사랑을 한다. 사랑중독에 기본적으로 깔려 있는 희망 사항은 '내가 올바른 행동을 하면 난 원하는 바를 얻게 될 거야.' 이다. 솔선해서 주려고 하지만 결국 자기 것을 포기하고 굴복하고 자신의 일부를 상실하게 된다. 이런 일이 생기는 원인은 주는 사람이 무의식적으로 상대에게 통제권을 주지 않기로 다짐하기 때문이다.

흔히 거부나 상실로 슬픔에 빠지게 되면 자신을 보호하려는 다짐을 하고, 우리의 무의식은 액면 그대로 그것을 받아들인다. 사랑에 상처받았다면 내면에서 올라오는 자신의 말에 귀 기울이는 것이 무엇보다 중요하다. "다시는 그런 사랑을 하지 않을 거야."라는 내면의 소리가 들리면, 대신에 "이런 아픔은 아무것도 아니야. 털어 버리고 다시 사랑할 거야."라는 말을 해 보라. 여러분이 아주 깊이 상처를 받으면 무방비 상태가 되고, 스스로에게 다짐한 정서적 메시지는 진실이 되며, 나중에는 그것에 구속돼 버린다는 것을 명심하라.

상대방을 바꾸려고 한다

무의식적으로 자신이 불완전하다고 생각하는 사랑중독자들은 보다 완전해지기 위해 다른 사람을 찾으려고 하기 때문에 상대방을 바꾸려고 하고 타인의 흠집을 찾으려고 요모조모 뜯어본다. 내담자들은 흔히 "바버라만 집에 있어 주면 행복하겠어요." "지나가 성적으로 냉담하지 않다면 외도하지 않을 거예요." "캔디가 좀 더 성숙한 모습이 된다면 좋을 거예요." "톰이 좀 더 민감하게 반응해 주면 난 행복할 거예요." "여자들이 나를 사랑해 주기만 한다면 난 살아 있는 느낌을 되찾을 수 있을 거예요."와 같이 말한다. 거듭 말하자면, 사람들은 자신의 두려움과 결핍감을 감추기 위해 다른 사람들을 바꾸려고 한다.

캔디의 파트너인 마이크는 겉으로는 자신감 있어 보였지만 유독 의존적이고 불안정한 여자들에게만 끌렸는데, 이는 그 역시 매우 불안정하다는 것을 드러내 주었다. 마이크가 자신의 불안정한 면을 시인한 후에야 그들은 비로소 더 편안하고 정직하게 서로를 사랑할 수 있게 되었다.

생각해 보라. 여러분의 사랑중독은 장갑처럼 여러분에게 잘 들어맞는가? 사랑중독에서 벗어나려면 문제를 상대방에게 뒤집어씌우는 행위를 내려놓아야 한다. 왜 성적으로 냉담한 여자를 선택하였는가? 왜 화내는 남자를 선택하였지? 왜 폭군 같은 상사 밑에서 일하고 있는가? 여러분의 인간관계가 여러분에게 얼마나 잘 맞는지 살펴보라. 그러면 그 안에서 중독의 원인을 발견할 수 있을 것이다.

완전함을 느끼기 위해 상대를 필요로 한다

사랑중독은 대개 상호 공생관계를 기반으로 한다. 사랑중독자들은 완전함과 균형감 그리고 안정감을 얻기 위해 상대방을 필요로 한다. 이 건강하지 못한 공생관계가 위협받게 될 때마다 불안이 엄습한다. 흔히 그런 불안은 행크와 앤의 사례가 보여 주듯이 정서적인 혹은 신체적인 폭력으로 폭발하기도 한다.

행크는 냉정하고 편견이 강한 완벽주의자다. 어려서부터 그런 식으로 훈육을 받아왔다. 그는 외견상으로는 아무 문제가 없어 보이지만 실제로는 정서적 · 신체적 학대가 자행되는 가정에서 성장하였다. 행크의 부인인 앤은 온화하고, 불안정하며, 수줍음이 많고, 열정적이었다. 행크는 앤에 대한 자신의 감정 표현이 부족한 데 대해 "아내가 항상 옆에 있지만 난 아무 감정도 느끼지 못하겠어요."라고 무뚝뚝하게 말하였다. 앤이 관계에 대한 불만을 표현하고 행크를 떠나겠다고 하면, 행크는 격렬하게 화를 내면서 언어적 · 성적 · 신체적으로 그녀를 학대하였다. 행크는 앤을 사랑하지도 않고 원하지도 않는다고 분명하게 말하면서도 병적으로 그녀에게 집착하였다. 부인인 앤이 떠난다는 생각만으로도 그는 강렬한 불안감을 느꼈다. 앤이 이젠 이걸로 충분하다고 말하면서 헤어지자고 하면 원초적인 소유욕과 아동기에 충족되지 않은 욕구불만이 분출되었고, 은연중에 '남자는 원래 자신이 원하는 것을 괴롭히거나 거리를 두면서 얻는 거야.' '남자가 통제권을 쥐어야 해.' '여자는 남자를 행복하게 해야 해.' 라는 성역할 고정관념이 표면 위에 떠올랐다. 그러나 앤은 정말로 그를 떠날 의도는 없었다. 사실 행크의 행동은 이상한 방식으로 앤에 의해 강화되어 왔다. 그런 행동들은 앤에게는 자신이 행크에게 정말 필요한 사람이고 사랑받을 만한 사람이라는 것을 의미했다. 그녀는 행크의 비뚤어진 행동에서 이상한 안정감을 발달시켰다. 이것이 종종 폭력적인 결혼의 역설이다. 즉, 두 사람이 서로를 필요로 한다는 것을 강하게 느끼지만 그런 필요에도 불구하고 혹은 그런 필요 때문에 서로를 천천히 파괴하고 있는 것이다.

자기 바깥에서 해결책을 찾는다

우리가 인정하든 그렇지 않든 많은 사람들은 여전히 산타클로스를 믿고 기다리면서 소원을 비는 아이들처럼 마술적으로 생각하는 경향이 있다. 다음의 표현들을 얼마나 많이 생각하고 말했는지 스스로에게 질문해 보라.

- "내가 누군가를 만나기만 한다면……."
- "그(그녀)만 바뀐다면, 그러면……."
- "그(그녀)가 더 시간이 있으면, 그러면……."
- "아이들이 자란 뒤에, 그러고 나면……."

- "내가 조금만 더 사랑을 해 준다면, 그러면……."
- "내년에는 모든 게 더 좋아질 거야."
- "그(그녀)가 가버리면 나는 더 행복할 거야."
- "(어떤) 일이 곧 반드시 일어날 거야."
- "그(그녀)가 항상 이렇지는 않을 거야."
- "그(그녀)가 마음을 바꿔서 다시 돌아오기만을 기다리고 있어."
- "그(그녀)가 눈을 뜨기만을 기다리고 있어."
- "이것은 진짜 그(그녀)의 모습이 아니야."
- "나는 문제가 없어. 그 사람(그녀)도 그래."
- "그(그녀)가 빨리 변화했으면 좋겠어."
- "그(그녀)가 나를 진정 있는 그대로 보아 주었으면 좋겠어."
- "나만 더 노력한다면 그(그녀)는 떠나지 않을 거야."

우리는 상대방에게 직접적이고 확실한 요구를 하고 현실적인 평가와 행동을 하기보다는 유치한 마술적 믿음에 매달린다. 그러나 마술은 일어나지 않는다는 사실을 직시해야 한다. 우리는 우리 자신과 자신의 행동에 책임을 가지고 있다. 자신을 믿지 않으면 좌절과 불행이 찾아온다.

메건은 자신의 이야기를 특출하게 잘하는 내담자였는데, 기다리고 소원을 빌고 다른 사람이 행복을 가져다줄 것이라고 믿고 떠넘기는 것이 별 소용이 없다는 것을 알게 해 준 산 증인이었다!

메건의 개인사를 살펴보면 중독, 특히 여러 형태의 중독이 사람을 얼마나 괴롭히는지를 잘 보여 주고 있다. 마침내 타인에게서 거짓 위안과 위로를 구하는 것을 그만두고 자신의 내면을 보기 시작하기 전까지 그녀는 무수한 시행착오와 중독 행위를 겪어내야만 했다.

"5년 전 35세 무렵, 나는 마침내 오랜 알코올중독 상태에서 벗어나기 위해 치료에 들어갔고 회복과정을 시작했어요. 금주는 내 인생의 기적입니다. 절주하기 전에는 과도한 음주와 다른 약물 남용을 통해 모든 문제를 회피하려고 했어요. 술로써 인생을 풀어 나가려 했고 결국 알코올 중독자가 되었어요. 술을 그만두지 않는 한 내 인생에 변화가 일어날 수 없었지요."

"나는 알코올 중독자 가정에서 자랐기 때문에 말없이 소극적으로 불행에 대응했어요. 집안에서는 사람을 즐겁게 해 주는 역할을 했지요. 알코올 중독자인 아버지와 엄마 사이의 중재자 역할도 내가 해야 할 일 중의 하나였어요. 이 무렵 나는 아버지에게 성적으로 괴롭힘을 당했어요. 엄마는 이 사실을 알고 있었으면서도 그것을 막기 위한 어떤 행동도 취하지 않았고, 열 살밖에 안 된 날 비난하곤 했어요. 그 후 끔찍한 몇 년이 흘렀고, 나는 결국 집을 떠나야만 내 인생이 변할 것이라고 생각했었어요. 집을 벗어나서 도망가고 싶었고, 도망가는 길은 결혼밖에 없다고 생각했지요. 나보다 더 강하고 건강한 누군가로부터 구출받고 싶었어요."

"그러나 '구출'은 일어나지 않았어요. 20대 초반에는 음악에서 뭔가 성취하고 남을 능가하고 싶었어요. 그래서 지역 음악 그룹에서 연주하면서 내 고통을 달래려고 했지요. 연주하기 전에는 불안감을 덜기 위해 진정제를 먹었어요. 그리고 술을 아주 많이 마시기 시작했어요. 매우 낮은 자존감 때문에 음악도 별 성과가 없었어요. 대부분의 사교생활과 사람들과의 모임에는 꼭 술이 끼었지요. 이런 분위기에서 남편을 만났어요."

"술에 취할 때는 힘이 넘치고 통제감을 느꼈어요. 기분이 고조되고 행복했죠. '이렇게 사람들이 살아가는구나.' 라고 생각했어요. 술을 마시지 않는 사람들은 바보 같고 인생이 진정 어떤 것인지 도무지 알지 못하는 사람들이라고 여겼어요."

"그러나 얼마 안 가서 알코올이 더 이상 우울증을 없애는 데 도움이 되지 않는다는 것을 알고 놀랐어요. 어느 날 오랜 시간 동안 술에 취해 넋두리하면서 흐느껴 울다가 문득 무기력해지고 혼자라는 느낌이 들었어요. 그때 미래 남편인 마크가 나를 '구출' 해 주었어요. 마크가 내게 술을 갖다주었고, 약혼자로서 책임을 져 주었고, 나 대신 결정을 해 주었어요. 무엇보다 놀라운 것은 어린 시절 상처받은 것과 난잡한 내 과거 성생활에 대해서 듣고 나서도 여전히 나와 결혼하고 싶어 했다는 거예요."

"그런데 결혼식이 다가오자 마크가 내 과거를 물고 늘어지기 시작했고, 급기야 심각한 싸움으로 이어지고 항상 내가 울면서 용서를 구하는 것으로 끝이 나곤 했어요. 마크가 내 과거를 머리 위에 올려놓고 방망이를 휘두르게 했던 거죠. 난 아무도 나 같은 사람을 원하지 않을 거라고 생각해서인지 누군가와 맺어지는 것을 필사적으로 원했어요. 결혼을 하게 되면 이 모든 고통이 끝날 것이라고 믿었고, '남자들은 늘 사람을 학대하는 무서운 사람들이야.' '결코 아무도 나를 사랑해 줄 수 없어.' 라는 어릴 적 생각 따위는 잊어버렸어요. 그러나 오래지 않아 이러한 생각은 악몽

이 되어 되살아났지요."

"결혼한 지 한 달쯤부터 마크는 나를 때리기 시작했어요. 한 번은 여러 날 집을 떠났다가 나를 사랑해 줄 사람은 이 세상 어디에도 없다는 생각이 들어서 다시 돌아왔어요. 그 당시 내가 나 자신을 얼마나 사랑하지 않았던지, 지금 생각해 보면 정말 끔찍해요. 나만 잘하면 모든 게 괜찮아질 것이라고 믿으면서 마크를 즐겁게 해 주려고 엄청나게 신경을 써 주었어요. 그렇게 나를 낮추면서 그의 비위를 맞추는 행동으로 인해 한 가지 좋은 점은 내가 술을 많이 마시는 것을 마크가 좋아하지 않아서 그를 기쁘게 해 주려고 술 마시는 것을 줄였다는 거예요."

"내가 나에 대해 좋게 느낄 수 있는 한 가지 길은 아주 열심히 일하는 사람이 되는 것이었어요. 아이들이 태어난 후에 한편으로는 직업을 가지면 기분이 나아질 것 같고 다른 한편으로는 마크가 가족을 잘 부양해 줄 것이라는 확신이 없어서 계속 일을 했어요. 나는 내 월급을 순순히 남편에게 넘겨 주었고 뭔가가 필요하면 그 사람한테 사정해야만 했어요. 내가 벌어들인 수입이 내 것이고 돈 문제를 스스로 다룰 수 있다는 생각이 전혀 들지 않았던 거죠."

"그러는 동안 알코올 중독자인 아버지의 폭발적인 분노로부터 어머니를 보호하면서 구원자 역할을 계속했어요. 엄마를 집에서 도망치게 하거나 엄마 대신 아버지와 다툴 때는 나 자신이 중요한 사람같이 느껴졌지요. 진정한 친구가 주변에 없었고, 내 시간은 온통 마크와 엄마한테만 쓰였어요. 나는 엄마한테서 진정제와 항우울제를 받았어요. 마크는 약값을 내주려고 하지 않았기에 엄마가 대신 내주었어요. 마크는 나나 아이들을 위해 옷도 사 주지 않았어요. 그는 갚아야 할 청구서가 많다고 했어요. 엄마는 모든 돈을 대주었어요. 그런데도 나는 여전히 마크가 나를 돌봐 주고 있다고 생각했고, 우리 사이에 애정은 전혀 없었지만 두려움 때문에 그와 지내고 있었어요. 엄마와 나는 결혼생활에 대하여 서로 위로해 주곤 했죠."

"그 무렵 내 결혼 생활과 방식이 건강하지 못하다는 사실을 깨닫기 시작했고, 마크에게 결혼 상담자를 만나 보자고 요청했어요. 그는 내 부탁을 거부했고, 난 절망하면서 그 사람을 떠날 결심을 했지요. 그런데 며칠 뒤에 마크가 같이 상담을 받자고 해서 우리는 다시 화해했어요. 그 후 6개월간 집단상담을 받았어요. 집단상담 모임이 끝나면 밖에서 함께 술을 마셨는데 그건 연애 때 이후로는 해 보지 않았던 일이었어요. 마크는 더 이상 내가 술을 마시는 것을 막지 않았어요. 사실 부추기기도 했어요. 갑자기 불행한 결혼생활을 잊기 위해 둘 다 술을 이용하게 된 거죠. 결국 상담은 실패로 끝났고, 우리 두 사람은 관계 문제를 직면하기를 거부했어요."

"그때 엄마가 돌아가셨어요. 이 사건은 내 알코올 문제에서 전환점이 되었어요. 고통과 비탄을 피하기 위해 술을 마시는 것이 잘못이라는 걸 알고 있었으면서도 이를 무시하고 술을 마셨어요. 내가 느끼는 고통이 가장 비참하고 불행하다고 여겼어요. 그래서 매일 상당량의 술을 마셨지요. 네 번째 딸 다니엘라를 임신한 상태에서도 술을 그렇게 마셨는데도 아이가 태아 알코올 증후군을 갖고 태어나지 않은 것은 기적이라고 생각해요. 아이가 태어나기 전날엔 술을 너무 마셔서 걸을 수조차 없었거든요."

"다니엘라가 태어난 지 하룻밤이 지나서 마크와 나는 술에 취해 격렬하게 싸움을 벌였어요. 그는 결혼상담을 받는 수개월 동안 누가 힘을 쥐고 있는지 나한테 제대로 보여 줄 때를 기다려 왔다고 말하면서 나를 때렸어요. 어떤 경우든 이전에는 그 사람이 그 정도로 잔인한 행동을 하는 걸 본 적이 없었어요. 나는 충격을 받았죠. 그리고 다시는 마크를 믿을 수 없다고 생각했고 내 인생이 정말 두려워졌어요."

"나는 결혼생활을 끝내야 한다고 결심했지만 어떻게 해야 할지 몰랐어요. 아무도 믿을 수 없었어요. 여러 달 동안 마크와 거의 말을 나누지 않은 채 침묵 상태로 지냈어요. 나는 계속해서 술을 심하게 마셨고 마크도 심하게 술을 마셨죠. 그러다가 그는 도박 빚 때문에 심각한 경제적 어려움에 봉착해서 술을 끊겠다고 맹세했어요. 그런데 아이들이 보는 앞에서 다시 나를 때리는 끔찍한 사건이 벌어졌어요. 다음 날 나는 아이들을 데리고 도망쳤어요. 결국 변호사를 구해서 이혼을 했지요. 그제서야 마침내 모든 문제가 끝났다고 생각했어요."

"그러나 그렇지 않았어요. 나는 계속 술을 마시기 시작했고, 또 마크처럼 학대 성향이 있는 사람을 선택했어요. 그와의 관계도 술을 끊어야겠다고 결심하기까지 약 3년 동안이나 계속되었어요. 혼자 힘으로 술을 끊으려고 여러 번 노력했으나 소용이 없었어요. 직장 상사는 내가 자주 지각과 결근을 하는 것 때문에 불러 세워서는 뭐라고 하기 시작했고 일은 엉망이 되었어요. 술을 통제할 수 없었고, 사람들을 피하고 아이들을 방치했어요. 그 당시 몸도 자주 아팠는데, 마침내 음주 문제에 대해 전문가의 도움을 찾게 된 건 내 사촌이 나섰기 때문이었어요."

"치료를 받는 동안 나 자신에 대해 많이 배웠어요. 내가 내 문제를 놓고 다른 사람들을 어떤 식으로 비난했는지 알게 되었죠. 그동안 변화를 위한 어떤 행동도 취하려고 하지 않았던 것을 깨달았어요."

"6개월 동안 술을 마시지 않고 맑은 정신으로 지내고 나니 다시 감정을 추스를 수 있었어요. 갑자기 지난 모든 세월 동안 쌓여 온 슬픔이 솟아 나와 눈물을 아주 많이 흘렸어요. 쉬운 시간은 아니었지만 반드시 필요한 시간이었어요. 시간이 지나면서 서서히 내 인생을 제자리로 되돌리게 되었어요. 상담자를 만났고, 빚을 청산했고, 직장을 다시 잡았고, 아이들을 예전보다 더 잘 돌보기 시작했어요."

"비록 내가 살아온 삶이 고통스러웠지만 나 자신에 대해 솔직해지고 변화를 위해 노력한다면 내 삶은 앞으로 더 발전해 나가리라 믿어요. 시련은 길고도 힘들었지만 이제 처음으로 당당하고 자신에 찬 모습을 찾게 되었어요. 그리고 내 삶에서 처음으로 나 자신을 돌보기 시작했고 스스로 그냥 좋다는 느낌을 갖기 시작했어요."

무조건적인 사랑을 기대하고 요구한다

우리가 정말로 무조건적인 사랑을 필요로 하는 유일한 때는 유아기다. 이때는 자신을 스스로 돌볼 수 없기 때문에 당연히 살아가고 성장하기 위해 다른 사람의 돌봄을 필요로 한다.

성인이 되어서도 무조건적인 사랑을 원하고 받는 것은 전혀 문제되지는 않지만, 그것을 요구하는 것은 건강하지 못하며 비현실적인 기대다. 여러분이 아동기에 받지 못했거나 혹은 지금 자신에게 주기 꺼리는 것을 왜 타인이 여러분에게 주어야 한단 말인가? 중독적인 사랑관계에 빠진 사람들은 자기 자신을 무조건적으로 사랑하지 않으면서 상대방이 그런 식으로 자신을 사랑해 주지 않으면 격렬하게 분노하고 슬픔에 젖어 눈물을 흘린다.

도로시는 만성 우울증으로 상담치료를 받으러 왔는데 요구가 많고, 짜증이 많고 화가 나 있는 젊은 아가씨였다. 상담자인 나의 사랑과 인정을 받고 싶은 욕구는 만족할 줄 몰랐다. 치료비를 내야 하는 것에 대해서도 화를 냈고, 상담시간이 더 길지 않은 것에 대해서도 화를 냈다. "결국 사랑받는 것은 내 권리 아닌가요?" 그녀가 물었다. 구체적인 말로 표현되지 않았지만 나에게 전달된 그녀의 메시지는 "내 부모님은 내가 사랑받을 자격이 있다는 걸 충분히 느낄 수 있을 만큼 나를 사랑해 주지 않았어요. 그러니까 선생님은 그렇게 해 주셔야 해요!"였다. 나는 도로시에게 그녀가 유아기에 마땅히 받아야 했던 긍정적이고 무조건적인 사랑을 받지 못한 것은 정말 유감스러운 일이지만, 나는 그런 과거 사랑의 결핍을 채워 줄 수 없고 또 채워 주지도 않을 것이라고 말했다. 현실적으로는 이제 성인이 되었기 때문에 살아나가고 성장하기 위해 그와 같은 무조건적인 사랑이 더 이상 필요치 않은 상태다. 사실 도로시가 무조건적인 사랑을 요구하게 되면

가까워지기보다는 오히려 뒷걸음을 칠 수밖에 없다는 느낌이 들었다. 상담자인 나도 그렇게 느끼는데 그녀가 일생 동안 만난 다른 사람들은 어떻게 느꼈겠는가? 도로시는 과거 자신의 애정관계들은 모두 재앙과도 같았다고 말했다. 만족을 모르는 욕구로 인해 애정 대상들의 삶에서 언제나 자신이 가장 중요한 사람이 되어야만 한다고 분노에 찬 요구들을 지속해 온 결과, 도로시는 언어적 · 신체적 학대로 얼룩진 두 번의 결혼생활의 실패를 맛보게 되었던 것이다. 그녀의 현재 결혼생활도 살얼음판 위에 서 있는 것처럼 위태롭게 보였다. 불안감으로 가득 차 있는 수동적인 인물이었던 남편은 어떤 식으로든 도로시한테 맞춰 주려고 애를 썼다. 거의 만족을 모르는 도로시는 언어적으로 그를 비하하는 말을 자주 하곤 했다. 그런 말들은 남편의 열등감과 불안정감의 핵심을 건드려서 자신이 도로시에게는 마땅치 않은 사람이라는 느낌을 주었다. 남편도 질려서 도로시와의 관계를 접고 결혼생활에서 뛰쳐나오려 하기 일보직전이었다. 도로시와 남편은 각자 자신을 무조건적으로 사랑하는 방법을 배울 필요가 있었고, 학대를 멈추려면 자신들의 행동에 건강한 조건을 설정하는 법을 배워야 했다. 역설적이지만, 그렇게 해야만 각자 내면 깊은 곳의 선한 면이 상대방에 의해 표현되고 무조건적인 인정을 받을 수 있게 되는 것이다.

헌신을 거부하거나 과도하게 떠안으려 한다

중독적인 사랑은 종종 의존을 거부하고 공공연히 상대에 대한 헌신을 거부하는 것처럼 보인다. 현실적으로 이러한 의존 거부 성향은 의존성과는 동전의 양면과도 같다. 소속하고 싶은 우리의 욕구는 매우 실제적이다. "나는 나의 일을 하고 너는 너의 일을 하고, 우리가 함께 있어도 그건 변함없어."라고 말하는 사람은 거짓된 독립성을 표방하는 것이다.

자신이 독립적인 사람이라고 자랑스레 떠들어대는 대부분의 사람들은 어느 날 채워지지 않은 의존적 욕구가 내면에 자리 잡고 있다는 것을 발견하게 된다. 그들은 일찌감치 자기 욕구를 스스로 충족해야만 고통과 두려움을 피할 수 있다는 것을 배운 것이다. 그들한테 가장 중요한 것은 통제와 지배다. 어린 시절에 그들 부모 중의 한 사람 혹은 부모 모두가 억압적이고 서로 이기려고 했을 것이다. 모순적이지만, 통제에 집착하는 성향의 부모들은 아이의 기본적인 발달 욕구를 충족시키지 못하기에 이런 부모 밑에서 자란 아이들의 반응은 "안 돼, 안 할 거야. 나한테 억지로 시키지 마!" "난 됐다니까. 엄마(아빠)나 해요!"라는 식이다. 이러한 적응방식을 통해 불안정하고 건강하지 못한 상황에서 아이가 개인적 힘과 체면을 유지하려고 했던 것이다.

반대로 아동이 취약하고 무기력한 부모를 두고 있는 경우에도 결과는 비슷하다. 아동은 타인을 믿고 의존성을 보이기보다 스스로 자신을 챙겨야만 하는 상황에 처하게 된다. 그러나 타인의 도움 없이 자립적이 되어야 한다는 자기 다짐은 성숙한 사랑관계에 헌신하는 것을 어렵게 만든다. 의존 거부적인 입장을 견지하던 사람이 다른 사람에게 지나치게 헌신하는 의존적 자세로 돌변하는 일은 드물지 않다. '당신은 나한테 빚졌어.' '당신은 내 거야.' 와 같은 태도는 우리가 매일 듣는 터무니없이 많은 가정폭력 이야기로 몰고 간다.

의존 거부 성향, 즉 반의존성은 거짓된 독립성이다. 성인기의 건강한 독립성은 아동기의 건강한 의존성을 담보로 한다.

안정감을 느끼고 가치감을 갖기 위해 상대에게 의지한다

자기 자신을 무조건적으로 사랑하지 않으면서 다른 사람이 그런 식으로 자기를 사랑해 주기를 바라는 사람들이 꽤 많다. 우리는 어린아이처럼 전적으로 사랑해 줄 사람을 찾아 헤매고 애정관계가 끝나면 자존감이 땅에 떨어지는 경험을 한다. 앞에서 말했듯이 사랑을 잃은 후에 상심을 느끼는 것은 자연스러운 현상이지만, 관계가 끝나거나 삐걱거릴 때 사랑을 잃은 것을 개인적 가치와 자존감을 잃어버리는 것과 결부시키는 것은 건강하지 못하다.

매우 낮은 자존감을 가지고 있던 주디스는 여러 가지 나쁜 습관 뒤에 도사리고 있는 무의식적인 동기를 표현하기 위해 중독적인 자기(addictive self)로부터 건강한 자기(healthy self)에게 다음과 같은 편지를 보냈다.

"주디스, 네가 먹고, 담배 피우고, 술을 그렇게 많이 마시는 이유는 분명해. 그 밖에 무슨 일을 할 수 있겠니? 네가 쌓아 놓고 있는 방어벽 뒤에는 빈 껍질밖에 없지. 거기에는 주디스가 없어. 너의 집, 일, 가족, 차, 가구, 화초, 옷 등은 모두 금방 사라질 수 있는 것들이야. 이 모든 것들이 너라고 생각할 필요가 있었지만 지금은 네가 더 잘 알 거야. 거기엔 네가 없어. 알맹이가 없는 거야. 설령 있다고 해도 거기에는 이미 죽은 알맹이밖에 없어. 너는 존재감을 느끼지 못했어. 네가 존재감을 느끼는 유일한 때는 너를 사랑해 주는 누군가가 있거나 네가 누군가와 맺어져 있을 때뿐이었어. 그런데 너는 지금 옆에 아무도 없어. 그래서 담배 피우고, 먹고, 술 마시고 그러는 거 잘 알아. 적어도 그런 것만이 네가 살아 있다고 느끼게 해 주는 것들이지."

주디스와 같은 사람들은 삶의 개선이 바로 자신의 선택을 통해서 이뤄진다는 것을 알아차릴 필요가 있다. 우리 대부분은 지금보다 더 행복해질 수 있고 더 충만감을 느낄 수 있다. 여기서 장애물은 바로 외부의 누군가가 우리를 위해 그렇게 해 줄 것이라고 믿는 우리 자신의 생각이다. 그것은 자신을 발달시키고 개선시킬 선택을 할 수 있는 능력이 자기한테 있다는 것을 간과하고 있는 것이다. 우리는 스스로 선택할 수 있을 뿐만 아니라 그것을 통해서 새로운 기회도 만들어 낼 수 있다.

일상적으로 잠시 헤어져 있을 때도 버림받은 듯한 기분을 느낀다

병적인 헤어짐은 만성적인 공황, 분노, 절망, 공허감을 동반한다. 병적인 헤어짐은 지금 옆에 없는 연인에 대해 건강한 그리움을 느끼면서도 홀로 있는 것을 즐길 줄 아는 성숙한 헤어짐과 다르다. 사랑중독자는 사랑하는 사람에 대해 편안한 기억들을 유지할 수 없고, 일상적인 헤어짐에도 종종 유기불안이 수반된다. 사랑중독자는 다른 사람이 돌아올 것을 믿지 못하는 문제를 갖고 있다. 이러한 현상은 아동기에 중요한 발달적 교훈을 경험하지 못한 결과다. 유아기에는 우리 모두 부모가 언제든지 옆에 있어 주리라는 믿음을 발달시키는 것이 매우 중요하다. 건강한 대상영속성(object permanance)✚을 발달시킨 유아들은 부모가 안 보여도 다시 돌아올 것이라고 믿으면서 부모의 사랑에 대한 기억으로 안심하게 된다. 부모가 반드시 돌아오리라는 믿음을 발달시키지 못한 아이들은 부모가 없을 때 부모에 대한 좋은 기억을 불러낼 수 없다. 이런 아동들은 어른이 되어서 상대방이 항상 시야에 있지 않으면 믿지 못하는 문제를 갖게 된다.

✚ 대상영속성이란 대상이 더 이상 보이지 않더라도 그 대상이 계속 존재한다는 것을 안다는 개념이다. 생후 8~12개월경에 나타난다.

아동기에 진은 부모로부터 정서적으로 방치되었었다. 진의 부모는 그녀의 욕구에 거의 반응해 주지 않았고 가끔 신체적으로 그녀를 학대하였다. 몹시 머뭇거리고 의존적인 성향의 젊은 여성인 진은 치료과정에서 자존감과 자율성의 긍정적인 메시지를 이해하면서도 치료 밖에서는 그러한 메시지를 신뢰하거나 사용할 수 없다는 한계를 갖고 있었다. 그녀는 치료자가 없는 곳에서는 공황 상태에 빠졌다. 치료자인 내가 자신을 떠날까 몹시 두려워하였고, 새롭지만 아직은 취약할 수밖에 없는 자기 확신이 사라질까 두려워하였다.

진은 자신의 기억을 신뢰하는 것을 배울 필요가 있었고 치료 회기에서 배운 것을 일상생활에서 활용할 필요가 있었다. 우선 치료 중에 나와 나누었던 대화 중에서 좋은 감정을 갖게 해 주었던 내용을 머릿속에 다시 떠올린 다음 그것을 다시 말로 그리고 시각적으로 표현하는 과정에서 좋은 기억을 유지하기 위한 노력을 했다. 그녀는 우리가 좋았던 기억과 감정, 좋지 않았던 기억과 감정을 모두 회상할 능력을 가지고 있고 그 과정을 통제할 수 있다는 것을 배웠다. 나는 진에게 새로운 어떤 것을 주입시켜 줄 수는 없었다. 내가 할 수 있는 것은 이미 그녀 안에 있는 것을 확인시켜 주고 자기 가치감을 발달시키도록 격려해 주는 것뿐이었다.

습관적이고 익숙한 부정적인 감정을 끊임없이 되살려 낸다

중독적인 사랑의 또 다른 두드러진 특징은 공허감, 흥분, 우울, 죄책감, 거부감, 불안, 자기 정당화를 위한 분노, 낮은 자존감과 같은 감정이 되풀이되는 것이다. 반복해서 나타나는 그런 감정들은 일반적으로 의존적인 연인들에게서 자주 벌어지는 심리 게임의 결과다. 사람들은 대개 자신, 타인, 삶에 대한 무의식적인 신화에 의해 자주 느낄 수밖에 없는 감정 세트를 가지고 있다. 그러한 감정은 심리적 욕구를 충족하는 것을 방해하며 친밀감을 갖기 어렵게 한다.

칼라가 자주 느끼는 부정적 감정은 슬픔이다. 켄이 자주 느끼는 부정적 감정은 거부감과 자기를 정당화하는 분노감이다. 각자 자신의 나쁜 감정들이 어떤 결과를 빚어낼지 알고 있었다. 칼라와 켄은 함께 일했고 일이 끝난 후에는 다른 동료들과 함께 자주 술을 마시러 나갔다. 칼라는 남자들을 유혹하는 타입이었고 켄은 그에 반응했다. 어느 날 켄은 퇴근길에 칼라를 자신의 집 저녁 식사에 초대했다. 칼라는 켄의 친구가 되는 것에만 관심이 있었고, 켄은 그녀의 행동을 자신과 섹스를 하고 싶다는 것으로 받아들였다. 켄이 칼라한테 원치 않는 행위를 하려 하자 그녀는 섹스에 관심이 없다고 하였고, 이에 켄은 거부감과 수치심을 느끼면서 자기를 정당화하는 분노감을 표출하였다. 칼라는 오해를 받고 있다는 느낌이 들어 눈물을 흘렸다.

친밀함을 바라면서도 두려워한다

의존적인 사랑의 가장 큰 모순은 정말로 사랑하고 싶어 하고 사랑받기를 원하면서도 중독적인 자기의 한 부분은 친밀감을 두려워한다는 것이다. 지금껏 말해 왔듯이, 중독적인 사랑의 뿌리는 두려움이다. 거절에 대한 두려움, 고통에 대한 두려움, 통제감을 잃을 것에 대한 두려움, 자기 혹은 삶을 상실할 것에 대한 두려움 그리고 즐기는 것에 대한 두려움이다. 중독적인 사랑의 의도는 우리가 두려워하는 것을 피하는 것이다.

아동기에 매일 걸핏하면 싸우는 부모의 비참한 결혼생활을 보아 왔던 낸시는 사랑에 신중해야겠다고 스스로 다짐하면서 사랑에 빠지는 것을 피해 왔다. 그러한 맹세는 정상적인 여성이라면 지키기 어려운 것이었고, 결국 젊은 시절에 낸시는 사랑에 빠졌다. 낸시는 한 남자에게 깊이 빠져 있었는데, 그는 사전에 어떤 얘기도 없이 결혼 직전에 파혼을 해 버렸다. 어려서부터 신중하게 사랑하겠다고 스스로 한 약속을 깨뜨렸던 탓에 낸시의 고통은 배로 컸다. 남자로부터 차인 경험은 무의식적으로 사랑을 하면 반드시 고통만 겪게 될 뿐이라는 확신을 더 견고하게 했다. 부지불식간에 낸시는 그 맹세를 새롭게 다지면서 더 키워 나갔다.

몇 년 뒤 낸시는 다시 사랑에 빠졌다. 새로운 연인에 대한 깊은 애정에도 불구하고 정서적으로나 성적으로나 자신을 완전히 개방할 수 없었다. 친밀감에 마음을 열려고 할 때마다 그녀는 두려움과 죄책감 그리고 자신에 대한 분노감을 느꼈다. 자신의 감정을 주의 깊게 살펴보게 되면서 낸시는 위험한 사랑을 멀리해야 한다는 스스로의 무의식적인 다짐을 깨닫게 되었다. 낸시는 그런 다짐이 쓸데없음을 알게 되었고, 결국 고통이 따를지라도 사랑에 빠지는 위험을 기꺼이 감수하게 되었다.

우리 모두는 인생의 어느 시점에서 무엇인가 또는 누군가를 잃어버리고 상처를 받는다. 우리가 만나는 어떤 사람들은 우리를 통제하려 하고, 우리의 자유를 제한하고 두려움을 느끼게 한다. 심지어 우리는 곧 끝나 버릴까 봐 즐거움을 제대로 만끽하지 못하고 두려워하기까지 한다. 과거에 이러한 상처를 받은 사람들은 정서적으로 최상의 기분과 최악의 기분을 느끼기보다 그냥 감정이 메마른 채로 지내는 것에 더 만족해한다. 즐거움이란 그것에 익숙하지 않은 사람들에게는 혼란스러운 것일 수 있다.

팸은 심각한 우울증 때문에 얼마 동안 치료를 받은 적이 있었다. 상담을 통해 자존감이 향상되고, 남편과의 관계가 좀 더 좋아지고, 인생에서 처음으로 개인적 만족감을 느끼게 되면서 상담을 끝낼 준비가 되었다. 어느 날 밤 팸은 내게 전화를 걸어와서 우울감이 재발한 것이 아니라 현재 아주 행복하고 들뜬 기분이 든다고 얘기하였다. 사실 그녀는 가끔 너무 황홀한 기분을 느껴서 두렵다고까지 하였다. 그러면서 자신이 그렇게 계속해서 고조된 기분을 견딜 수 있을지 모르겠다고 하였다. 나는 팸이 그런 기분을 충분히 감당할 수 있다고 안심시켜 주었고 새로운 에너지와 자신감을 건강하게 쏟을 수 있는 방법이 많이 있다고 말해 주었다.

상대의 감정을 '바로잡으려' 한다

중독적인 사랑의 가장 뚜렷한 특징은 이러한 불문율이다. "네가 내 감정을 돌봐 줘. 그러면 나도 네 감정을 돌봐 줄게. 내가 완전하고 기분 좋은 느낌이 들게 해 주면 너도 똑같은 기분을 느끼게 해 줄게."

다른 성인의 감정을 돌보는 것은 누군가를 돌보는 것과 매우 다르다. 다른 사람의 감정을 돌본다는 것은 다른 사람의 마음을 읽고, 다른 사람의 욕구를 알며, 다른 사람의 아픈 감정을 '고치는' 것을 전제로 한다. 이것은 한쪽 연인이 상대의 정서적 안녕감을 책임지게 만든다.

그러나 누군가를 진정으로 돌본다는 것은 곧 "네가 어떤 감정을 느끼고 있는지 늘 관심을 가지고 있어. 너의 고통이 사라지게 하거나 너 자신에 대해 완벽하게 느끼게 해 줄 수는 없지만 네 곁에서 널 지지해 줄게."라는 것을 의미한다. 첫 번째의 믿음체계는 두려움과 죄책감을 기반으로 하고 있지만, 두 번째의 믿음체계는 연민과 현실주의에 기초하고 있다.

우리는 얼마나 자주 상대방이 우리 마음을 저절로 읽어내어 우리가 뭘 원하는지 알아주기를 바라 왔던가! "당신은 당연히 알아야 해. 나와 그렇게 오래 살아왔잖아."라는 말을 쉽게 하며 자신이 원하는 것을 말로 분명하게 요청해 보지도 않고서 상대방이 그저 알아주기를 바랐다. 아마 가끔씩은 상대방이 우리가 원하는 것을 알아내거나 정확하게 추측할 수도 있겠지만, 우리는 자신의 욕구와 필요를 스스로 잘 읽어내어 상대방이 잘 들을 수 있게끔 부탁해야지만 더 많은 것을 얻을 수 있다. 우리는 분명하게 그리고 상대방의 입장을 감안하면서 요구해야만 한다.

결혼생활이 실패하기 시작했을 때, 스탠은 부인 팻과 함께 치료를 받으러 왔다. 그는 자신이 언제나 '제대로' 했는데도 불구하고 왜 일이 잘 풀리지 않는지 이해할 수 없었다. 그는 착하고 충실한 남편이었고 아내를 즐겁게 하는 것을 좋아했다. 그는 열심히 노력했고, 정신적 · 육체적으로 건강했으며, 까다롭게 많은 것을 요구하지 않았고, 가족에게 사랑스러운 가정을 제공했다. 그러나 팻은 남편과 의사소통이 잘 안 되며 남편이 자신을 무시하고 수시로 아무런 이유 없이 분노발작을 하는 것 때문에 불행해했다.

더 복잡한 문제는 스탠이 자신이 필요로 하고 원하는 것을 요청하는 방법을 잘 알지 못한다는 데 있었다. 그는 아동기에 알았어야 했던 것, 즉 자기가 느끼는 감정이 자신이 뭘 원하는지에 대한 단서가 되며 그것이 무엇인지 다른 사람들이 알게 하는 것은 그의 책임이라는 것을 다시 배우게 되었다.

세 가지 P: 투사, 개인화, 파워플레이

중독적인 사랑은 **현실 부정**(denial)으로 가득 차 있다. 부인은 세 가지 P, 즉 역기능적인 관계의 세 가지 기본적인 원죄에 해당되는 투사(Projection), 개인화(Personalizing), 파워플레이(Power plays)의 온상지가 된다. **투사**의 사전적 정의는 '공간 혹은 표면에 이미지나 그림자의 형태로 드리우거나 내던지는 것' 이다. 이 정의는 은유적으로 심리적인 투사를 정확하게 기술하고 있다. 투사는 타인에게 비난을 돌리고 자신이 부인하거나 자신에게 속하지 않기를 바라는 어떤 속성이나 특징을 다른 사람에게서 지각하는 것을 말한다. 융(Jung)의 용어로 표현하자면 자신의 그림자 자기를 타인에게 투사하는 것이다. 개인화는 다른 사람들이 우리에게 하는 투사를 내면화하고 그것을 자신에 대해 진실인 것으로 받아들이는 것을 말한다. 심지어 다른 사람들이 우리에게 투사하려 하지 않은 경우에도 그들의 말이나 행동을 '개인적으로 받아들이는' 것을 말한다.

투사, 개인화, 파워플레이가 추는 춤의 첫 번째 스텝은 아동기에 나타난다. 꾹꾹 쌓아 둔 감정을 털어내기에는 너무 취약하고, 자기 인식 능력이 떨어지며, 두렵기 때문에 자신의 성격의 어두운 측면인 그림자를 타인에게 뒤집어씌우는 것이다. 그들은 자신들이 부인하는 어떤 것을 상대방에게서 보고는 그 사람 탓으로 생각한다. 이 모든 과정이 우리 모두 그 영향력이 어떤 것인지 충분히 알기 전에 내면에서 발생하는 것이다. 누구나 완벽하지 않고, 충분히 보호받지 못하며, 충분히 성공적이지 않다. 누구나 아프기도 하고, 불행하고, 잘못을 저지르고, 무모하고, 어리석고, 너무 민감하고, 너무 화가 나기도 하고, 너무 유혹적이다. 우리 모두 스스로 설 힘을 갖지 못한 채 사랑하는 사람에게 완벽하게 충실해야 한다는 잘못된 믿음에서 타인의 투사를 우리 안에 흡수하면서 그 시기의 아이들이 대부분 그렇듯 "당신이 맞는 것 같아요."라고 결론을 내리곤 한다.

춤의 두 번째 스텝은 우리에게 행해진 말과 행동을 개인적으로 받아들였을 때 발생한다. 그 결과 근원적으로 불평등한 관계에 빠져든다. 다름 아닌 자신이 '문제'이고 불완전함의 희생자가 되는 것이다. 이 불평등으로부터 개인적 파워와 온전함을 향한 지속적인 투쟁이 촉발된다.

5장에서 구체적으로 나오겠지만, 파워플레이는 춤의 세 번째 스텝이다. 파워플레이는 불평등한 관계를 유지하기 위해 꾸며진 조작적 행동이다. 이러한 파워플레이에서 한 사람은 위로, 다른 한 사람은 아래로 가는 힘의 불균형이 생긴다. 파워플레이는 하나의 생활습관이 될 수도 있는 관계 맺기의 습관이다. 만약 어릴 적에 우리의 역할 모델인 어른들이 파워와 사랑은 자신에게 맡겨진 특정 역할을 하거나 어떤 구체적 행동을 해야지만 얻게 되는 반대급부적인 상품과 같다는 사실을 은연중에 심어 주었다면 성인이 되어서 그런 파워플레이에 더 쉽게 빠져든다. 미묘하든 그렇지 않든, 의식적으로 만들어졌든 무의식적으로 만들어졌든 간에 파워플레이는 대개 적대적이며 항상 은밀하다. 본질적으로 파워플레이는 다른 사람으로 하여금 자신의 내적 필요와 욕구를 만족시켜 줄 행동을 하게 만드는 책략이다. 이런 행동 패턴은 서서히 그 사람으로 하여금 자신이 진정으로 어떤 사람인지를 직면할 수 없게 만들고 만다. 그렇게 되면 현실 부정이라는 가식의 춤이 생활방식으로 굳어진다.

크리스틴의 이야기는 이러한 역동의 몇 가지 측면을 잘 표현해 준다. 아이였을 때 그녀는 자신이 정서적으로 따뜻함, 관심, 애정을 필요로 한다는 것을 알고 있었고 또 직접적으로 그런 것들을 요구하였다. 그러나 주변의 다른 사람들이 이런 욕구에 반응하지 않으면서 그녀는 주변의 반응 부족을 개인적으로 받아들였고 조금씩 자존감이 부식되었다. 그 결과로 어른이 되어서는 자신이 어떤 사람인지, 자신이 해야 할 일과 하지 말아야 할 일이 무엇인지, 어떤 감정을 표현해야 하는지, 어떻게 하면 그녀의 삶이 성공할 수 있을지 알기 위해 늘 다른 사람에게 의지하곤 했다. 그리고 친구들이나 가족들은 크리스틴이 아이처럼 무기력하다고 비난하면서도 은연중에 그녀가 타인에게 순응하는 것을 강화시켰다. 그렇게 함으로써 그녀와의 관계에서 우위를 차지하며 파워와 통제에 대한 착각을 유지할 수 있었기 때문이다.

"글쎄요, 여기에 계속 앉아서 곰곰이 생각하다가 드는 의문은 항상 '어디서 다시 시작해야 할까?' 였어요. 시작이 반이라고 했지요. 처음 치료를 받으러 왔을 때 남편은 두 번째 심장발작을 일으켰고 심각한 음주 문제가 재발하였어요. 전 점점 더 우울해졌고 도움을 받지 않는다면 곤경에 처하게 될 것 같았지요. 내 중독은 진창 술을 마시고 헤어나지 못하는 거였어요. 내가 빠져나오고 싶은 것에 그대로 갇힌 셈이죠. 28년의 결혼생활에 갇혀 있는 느낌이었고 영적으로도 침체된 느낌이었어요. 교착 상태는 더 이상의 성장이 없는 상태를 의미하는 것이었어요. 몇 개월간의 치료과정에서 나 자신과 인간의 전반적인 심리발달에 대해 배우고 개인적 '진실' 들을 인식하는 방법을 알게 되면서 관계에서 커다란 변화를 진정으로 경험하게 되었어요. 치료를 받으면서 하게 된 일련의 일들, 예컨대 친한 친구를 방문하고 반복적인 꿈분석을 통해 내 인생 경험의 메시지를 분명하게 이해할 수 있게 되면서부터 그러한 변화가 나타난 것이죠."

"이때 친구 지나를 만나 이야기를 나누면서 내 문제를 직면할 수 있었어요. 지나는 완곡하게 말하지 않고 단도직입적으로 내 문제의 본질을 지적해 주더군요. 지나는 남편이 원하든 원치 않든 간에 자기를 만나러 올 용기를 내지 못한 것에 대해 나를 호되게 꾸짖었어요. 그녀는 내가 자존감이 너무 낮은 게 문제이고 친구인 자신을 정말로 만나고 싶었다면 진작 그랬어야 했다고 말하더군요. 지나의 비난을 개인적으로 받아들이거나 내 결점을 그 애에게 투사하지 않고 조용히 앉아서 끝까지 말을 들었어요. 그녀는 나와 파워플레이를 벌일 생각이었던 것 같았는데 난 미끼를 물지 않았어요. 과거의 나였다면 그런 상황에서 두려움을 느끼면서 땀을 흘리거나 심장박동 수가 올라가거나 눈물을 보이는 것과 같은 도피 반응을 보이며 그 상황을 빠져나올 궁리만 했을 거예요. 그러나 이번에는 귀를 기울이면서 내 행동에 대해 지나가 평가하고 해석하는 것을 저 나름대로 생각하려고 애쓰며 듣고만 있었어요. 지나가 말하는 내용을 속으로 되새겨 보면서 내가 생각한 것이 사실인지 아닌지 살펴보았지요.

"이틀이 채 지나지 않아 나는 생생한 꿈을 꾸었어요. 전에도 여러 번 꾸곤 했던 공포와 격렬한 분노로 끝나는 꿈이었어요. 어렸을 때 내 침실은 낚시 휴양지에 있는 부모의 선술집 뒤에 있었어요. 꿈에서 다양한 연령대의 사람들이 노크도 하지 않고 내 방에 드나드는 장면이 나오더군요. 그들은 소란스러웠고 술에 취해 있었으며 무서웠어요. 꿈속에서 나는 매우 짜증이 나서 선술집으로 들어가서 사람들을 쫓아내려고 했어요. 문 닫을 시간이 다 되었고 다음 날 학교에 가야 했으니까요. 내가 이러고 있을 동안 여동생은 내 방을 뒤져서 내 옷을 헤집으며 다음 날 무슨 옷을 입고 갈지 입어 보고 있었어요. 아버지와 친구들은 자동반주기를 크게 틀어 놓고 있었어요. 여름 동안 친구가 된 소녀들이 웃으면서 술을 마시며 즐겁게 놀고 있었지요. 내가 뭐라고 하건 아무도 내 간청에 신경 쓰지 않았어요. 꿈속에서 내가 시끄럽게 구는 사람들을 한두 명씩 술집에서 끌어내면 더 많은 사람이 술집으로 들어갔어요. 나는 완전히 녹초가 되어 힘이 빠지고 좌절하면서 꿈에서 깨어났죠."

"나는 그전에도 여러 번 깊은 우울감을 겪으면서 끝 모를 나락으로 빠져 들어갔어요. 나 자신을 붙잡고 내가 치료에서 배웠던 뭔가를 시도해 봐야겠다고 생각했지요. 나는 일어나서 꿈의 내용을 적어 내려갔어요. 의식적으로 성인 자아 상태에서 꿈속으로 되돌아갔어요. 꿈속에서 어른인 나는 술집에서 일하던 야간 바텐더를 데려와서는 바를 깨끗이 치우고 문을 닫고 손님들을 모두 내보내게 했어요. 그러고 나서 어린 크리스틴의 침실로 가서 그 애를 들어서 품에 안았지요. 그리고 내가 그 애를 얼마나 사랑하는지 말해 주고는 그녀가 느꼈을 나쁜 기분을 나도 똑

같이 느끼고 있다고 얘기해 주었어요. 나는 어린 크리스틴에게 이 사람들은 무례하고 술에 취해서 하지 말아야 할 것들을 하게 만드는 병에 걸렸다고 말해 주었지요. 나는 그 애에게 그녀의 허락 없이는 절대로 아무도 침실에 들어오지 않도록 하겠다고 말해 주었어요. 어린 크리스틴의 방에 들어오려면 사람들은 먼저 노크를 하고 들어가도 되는지 물어보게끔 하겠다고 했어요. 어린 크리스틴은 다른 사람들처럼 자신만의 프라이버시를 가질 자격이 있었던 거죠. 나는 그녀가 울음을 멈추고 잠이 들 때까지 함께 있어 주었어요."

"반복적인 꿈을 통해 알게 된 것은 어린 시절에 내겐 아무런 권한이 없다고 느낄 정도로 내 경계가 심각하게 침범당했다는 것이었어요. 내가 아무리 난리를 쳐 봐도 아무것도 달라지지 않았어요. 내가 할 수 있는 것은 아무것도 없으니 그런 침입 행위를 꼭 참아야 된다고 아주 어려서부터 배우게 된 거죠. 나는 엄마가 항상 나에게 "좀 더 상냥해질 수 없니?"라고 말하던 것이 기억나요. 아주 힘겨운 환경에서도 착한 아이가 되어야 한다는 생각이 각인되었고, 어른의 삶에서도 항상 그 말이 따라다녔어요. 난 누군가 나에게 '아니요'라고 거부할 수 있는 상황에서는 내 입장을 분명히 취할 수 없었어요. 내가 하고 싶은 일을 하기 위해서는 늘 누군가한테 허락을 받으려고 했지요. 그 누군가란 어린 시절에는 아버지였고, 커서는 남편, 그리고 지금은 가장 친한 친구인 거죠."

"3주 정도 지나면서 치료에서 배운 것을 토대로 늘 그래 왔던 수동적인 패턴에서 벗어나고, 뭔가 얼어붙는 느낌을 넘어서며,

항상 무기력하고 두려운 감정을 일으킨 반복적인 꿈을 극복할 수 있었어요."

"자기 이해와 인식을 통해 뭔가 마음 깊숙이 변화를 일으킬 수 있다는 것을 배웠어요. '당신이 듣고 경험한 진실이 마침내 마음속에 자리 잡게 될 때 그게 바로 당신의 진실이 되는 것입니다. 그리고 그 무엇인가가 일단 당신의 진실이 되면 당신의 영혼에게 말을 걸고 당신을 바꿀 수 있는 것은 오로지 더 많은 지식과 경험뿐이라는 것을 알게 됩니다.' 바로 이런 순간에 이르게 된 지금은 그동안 고통을 감내하면서 결과를 기다리도록 도와준 신에게 진정으로 감사하게 되었어요. 내 목표는 다른 누군가의 허락이나 인정을 구하지 않고서도 내적 진실에 따라 나 자신의 인생을 살아가면서 내가 성취한 것, 나의 경험, 그리고 관계에서 내가 베푼 것을 통해 스스로를 인정하면서 살아가는 거예요."

5 파워플레이

사랑에 파워가 없으면 우리는 자신을 희생해서 타인을 돌보게 된다.
파워에 사랑이 없으면 우리는 상처를 주고, 해를 끼치고,
타인을 학대한다. 종국에는 우리 자신을 대가로 말이다.

-「나를 사랑하고, 너를 사랑하기」

파 워

지나치게 의존적이고 건강하지 못한 관계의 핵심적인 특징 중의 하나는 상대방을 통제하려고 하고 파워플레이를 사용하는 것이다. 4장에서 언급하였듯이, 파워플레이는 두 사람이 동등하지 못한 관계를 맺게 하는 조종적인 행동이다. 그러한 행동을 파악하는 방법을 배우게 됨으로써 관계에서 파워플레이를

제거하고 파워플레이에 기초한 관계를 피하는 단계로 나아갈 수 있다.

파워라는 단어는 여러 가지 의미로 사용된다. 사랑 및 상호 의존과 관련하여 우리가 얻고자 하는 파워는 자존감(개인적 힘)에서 나오는 것이지 타인을 통제하는 것에서 나오는 것이 아니다.

파워플레이의 기저에는 두 사람에게는 충분한 힘이 없으므로 한 사람이 통제력을 유지해야 한다는 기본적인 생각이 깔려 있다. 이러한 생각은 파워를 가진 사람이 통제력을 가지고 있고 그들이 원하고 필요로 하는 것을 얻을 수 있다는 신념에 기초한다. 그러한 통제력이 없이는 삶은 보잘것없고 불확실하게 보인다. 게다가 인간은 누구나 명확한 것을 선호한다. '통제'라고 부르는 신비스러운 것을 놓고 벌이는 경쟁은 종종 전쟁처럼 격렬하다. 심지어 우리는 가끔 무엇을 통제하고 싶어 하는지조차 알지 못할 때도 있다. 더구나 파워플레이를 하는 사람들, 대개 '통제자'라고 불리는 사람들은 다른 사람이 자신들에게 파워를 제공해 주거나 혹은 파워를 빼앗아 가 버린다고 잘못 믿고 있다. 그러한 믿음은 대체 어디에서 비롯된 것일까?

파워플레이의 시작

생후 약 2세경부터 어린아이들은 부모로부터 이제 자신들이 더 이상 세상의 중심에 있지 않으며 '어른'들에게 협조를 해야 할 시기라는 것을 배우게 되면서 힘겨루기를 시작한다. 이 시기의 아동들은 사회적으로 협조적인 방식으로 말하고 행동하는 것을 배운다. 만일 어른들에게 협조하지 않는다면 종종 처벌 혹은 거부를 받을 수 있다는 것을 배워 나간다. 이 상황에서 아동은 세 가지 선택권을 갖게 된다. 즉, 그들은 힘에 저항하거나, 과잉 적응을 하거나, 협조적으로 변한다.

저항하는 아이들은 "아니, 나는 따라가지 않겠어. 어른들은 나에게 이래라 저래라 할 수 없어요."라고 말하며 자신만의 방식으로 행동하려고 싸울 것이다. 우리는 "싫어."라고 말하며 계속 저항하고, 떼를 쓰는 행동을 하면서 부모를 이기려고 하고, 힘을 과하게 발휘하는 아이들을 본 적이 있을 것이다.

과잉 적응하는 아이들은 부모로부터 과잉 통제를 받는다. 이런 아이들은 부모에게 심리적으로 삼켜지고 있다는 느낌을 받고 자유가 빼앗기는 경험을 한다. 그들은 행동과 선택의 자유가 억압되기 때문에 엄청난 슬픔과 두려움을 느낀다. 그래도 그들은 적응하고 분노감을 속으로 삼킨다.

고분고분하게 말을 잘 듣도록 부모의 지도를 받고 타인도 욕구를 가지고 있다는 것을 일찌감치 깨달은 아이들은 협조하는 것을 서서히 배우게 되고 성장하는 것이 즐거움이 된다. 권력을 나누어 갖고 양보하는 것은 건강한 사랑의 기초가 되며, 이것은 정상적인 삶의 부분이 된다.

아이들은 부모를 힘으로 제압할 필요를 못 느끼고, 부모들도 아이를 지시, 매수, 위협, 요구, 체벌로 제압할 필요가 없다. 부모와 아이들 모두가 나름대로의 힘을 가지고 있고, 힘을 서로 나누면서 소통, 지지 그리고 사랑의 다리를 세울 수 있다. 이것이 정상적인 발달이다.

2~3세경의 아동들은 반항적인 단계로 들어간다. 내가 만난 거의 모든 사람들은 타인을 통제하는 데에 있어서 몇 가지 문제를 가지고 있지만 정서적인 상처가 거의 없는 이들도 있다. 성인기에 들어와서 파워플레이를 하는 사람들의 행동의 뿌리는 흔히 아동기로 거슬러 올라갈 수 있다. 아동은 발달적으로 힘든 이 시기에 도움을 받을 수 있는 여러 가지 방법이 있는데, 특히 이 시기에는 한 사람이 다른 누군가를 희생해서 파워를 얻게 되는 것이 아니라는 것을 배울 필요가 있다.

딸 하이디가 3세였을 때의 이야기다. 내가 부엌에서 설거지를 하면서 그날 저녁 해야 할 잡다한 집안일에 대해 이런저런 생각을 하고 있을 때 하이디가 부엌으로 아장아장 걸어왔다. 하이디는 내 치마를 잡아당기면서 말했다. "엄마, 이야기책을 읽어주세요." 나는 부엌과 거실 바닥에 어질러져 있는 장난감을 보고는 얼굴을 찡그렸고 그 순간 하이디에게 책을 읽어 주는 것과 장난감을 정리하는 것 중에 하나밖에 할 시간이 없다는 생각이 들었다.

나는 하이디에게 "가서 장난감을 치우고 나면 이야기책을 가지고 얘기를 나눌 수 있겠구나." 하고 말하려고 하다가 갑자기 그렇게 일의 순서를 정해 주는 것이 아이를 짜증나게 할 수 있다는 것을 깨달았다. 그래서 "하이디, 엄마는 한 가지밖에 해 줄 시간이 없단다. 너에게 책을 읽어 주거나 장난감을 치우는 일 중에서 어떤 걸 엄마가 해 주었으면 좋겠는지 네가 결정하렴." 하고 말했다.

이 말은 아이에게 선택권을 준 것이었고, 하이디는 잠시 놀라는 표정을 지었다. 하이디는 자신이 선택해야 하는 것이기에 실망의 기색도 없었고 떼를 쓰지도 않았다. 그리고 둘 중 하나를 선택했다. 달려가서 스스로 장난감을 치우고 나서는 내가 해 줄 수 있는 것, 즉 책을 읽어 달라고 하였다. 먼저 생각하게 한 후에 둘 중 하나를 선택하게 한 것은 하이디에게 개인적 힘을 확인시켜 준 셈이다.

자기가 전지전능한 파워를 갖고 있다는 유치한 생각에서 주변 사람들에게 파워를 나누어 주는 것으로 발달적으로 변화하는 것은 아동기, 청소년기, 심지어 성인기 삶에서 자연스럽게 일어나는 일이다. 파워를 사용하는 것에 대한 혼란감은 건강하지 못한 것으로서 불편한 성인기 관계에서 분명히 드러난다. 성인기 애정관계를 위협하는 파워플레이의 종류는 어떤 것이 있을까?

23가지 파워플레이

1. 남에게는 충고를 하고 자신은 충고를 받아들이지 않는다.
2. 손을 뻗어 도움과 사랑을 구하는 것을 어려워한다.
3. 지시하고, 요구하며, 상대방으로부터 너무 많은 것을 기대한다.
4. 보복하려 하거나 상대방의 자존감이나 힘을 하찮게 본다.
5. 판단적이 되어서 상대방의 성공을 방해하는 비난을 하고, 결

점을 찾고, 학대하고, 처벌한다.

6. 상대방이 바라는 것을 해 주지 않고, 그 사람이 원하거나 필요로 하는 것을 주지 않는다.
7. 약속을 하고 깨어 버린다. 상대방이 자신을 믿게 한 뒤 그 신뢰를 저버린다.
8. 상대방에게 숨이 막힐 정도로 과잉애정을 보이고 과잉보호한다.
9. 한 사람은 우월한 위치에, 상대방은 열등한 위치에 몰아넣으면서 상대방에게 생색을 내거나 상대방을 깔본다. 상대방을 위협한다.
10. 상대방을 위해 대신 결정을 해 준다. 문제를 해결할 수 있는 상대방의 능력을 무시한다.
11. 상대방을 패자의 상황에 몰아넣는다.
12. 상대방을 바꾸려고 시도한다(그리고 자신은 바꾸려고 하지 않음).
13. 상대방이 가장 약한 상태에 있을 때 공격한다.
14. 의존에 반하는 태도를 보인다. 즉, "나는 네 도움이 필요 없어."라며 거짓된 독립성을 보인다.
15. 괴롭히고, 매수하는 행동을 하며, 위협한다.
16. 신랄한 말을 하거나 자기를 정당화하는 분노를 표출하고 원한을 품는다.
17. 상대방을 언어적, 정서적, 성적 그리고 신체적으로 학대한다.
18. 공격적으로 행동하면서 그것이 마치 자기주장을 정당하게 하는 것이라고 생각한다.
19. 이기려고 하거나 자신이 옳다고 주장한다.

20. 완강하게 저항하거나 자기식대로만 행동한다.

21. 실수를 인정하거나 '미안하다' 고 말하는 데 어려움이 있다.

22. 질문에 대해 간접적이고 회피적인 대답을 한다.

23. 위의 행동 중 어느 것이라도 정당하다고 본다.

이런 사람들은 자신이 힘을 가지고 있다고 느끼기 위해 다른 사람을 압도하고 통제해야 한다. 파워플레이를 하는 사람들은 상대의 힘에 압도당할까 두려워 힘을 나누어 갖는 것을 어려워한다. 그들은 무의식적으로 "나는 힘이 없어질까 두려워요. 그래서 힘이 있으려면 통제할 수 있는 누군가가 필요해요."라고 말하고 있는 셈이다. 이런 거짓된 믿음은 상대방이 자신의 개인적 힘을 쥐고 있기 때문에 안전하고 강하게 느끼기 위해서는 그 사람을 통제해야만 한다는 것을 의미한다.

파워플레이를 하는 사람들은 상대방을 희생자의 위치로 끌어내려 그들이 구원 혹은 피해를 받도록 한다. 그러한 멜로드라마 같은 이야기는 진정한 개인적 파워를 나타내는 것이 아니며 의존성을 의미한다. 이는 매우 불건전하다. 궁극적으로 파워플레이는 많은 불행의 원인이 된다.

파워플레이는 무의식에 가려져 있고 흔히 두려움을 억누르게 해주기 때문에 쉽게 포기할 수 없는 법이다. 나는 다른 사람을 통제하려는 욕구의 뿌리를 탐색하면서 통제력의 상실을 자기의 상실로 받아들이는 매우 위험하고 끔찍한 생각을 하게 만든 외상 경험 혹은 가상의 위협 현상을 발견하게 되었다. 어쩌면 그런 사람들은 어렸을 때 자신의 부모에게 함부로 대하는 것이 허용되어서 "난 너보다 힘

이 세니까 넌 내가 원하는 대로 해야 해."라는 믿음을 키워 왔을 수도 있다.

'게다가' 파워플레이에 몰두하고 있는 어떤 사람은 "파워를 갖게 되면 기분이 훨씬 좋은데 왜 그 행동을 포기해야만 하는 거죠?"라고 묻는다. 그들은 상대를 아래에, 자신은 위에 놓는 이러한 입장이 불안정하고 불건전하며 잘못된 신념에 기초하고 있다는 것을 인식하지 못하고 있는 것이다. 타인을 통제하려고 시도하는 사람들은 그들 자신의 개인적인 두려움, 불안감, 의심을 지각하지 못할 수 있는데, 그 이유는 자신이 집중해야 할 '덜 떨어진' 누군가를 항상 곁에 두고 있기 때문이다. 파워플레이를 하는 사람들과 그들의 희생자들은 둘 다 게임을 하는 것이다. 희생자는 이득을 보기도 한다. 협조하게 되면 주변 사람들을 곁에 둘 수 있고, 희생자 자신의 내적 두려움을 인식하는 것을 막을 수 있으며, 삶을 예측할 수 있고, 인정과 자극 그리고 안정감을 제공받을 수 있다. 아마도 가장 중요한 것은 그런 협조가 희생자가 수년 동안 키워 온 내적 신념을 정당화시켜 준다는 점이다. 이러한 내적 신념에는 '나는 힘이 없어. 가만히 있어야지만 내가 필요로 하는 것을 얻을 수 있어.' '파워는 무서운 거야.' '내가 협조하면 상처를 받지 않을 거야.' '내가 힘을 갖게 되면 사람들은 나를 떠날 거야.' '나는 내 목소리를 낼 만큼 중요하지도, 영리하지도, 강하지도 않아.'

해롭고 위협적인 것으로부터 자신을 보호하기 위해 아동기부터 무의식적으로 파워플레이를 해 왔기 때문에 깊게 뿌리박혀 있는 행동들을 포기하는 것은 매우 힘들다.

파워플레이를 하는 사람들은 늘 상대보다 한 수 위를 차지하려고 애쓰고, 다른 사람들에게 도움을 청하지 않으며, 변화를 필요로 하지 않는다. 파워플레이는 흔히 자신이 타인보다 우월하다는 내적 신념뿐만 아니라 망상과 현실 부정에 의한 지배 욕구에서 비롯된다. 일반적으로 파워플레이를 하는 이들은 상대방이 떠나겠다는 위협과 같은 외상을 경험할 때에만 변화나 치료를 위해 할 수 없이 상담을 받으러 온다. 그럴 때라도 이들의 목표는 저항하는 상대방에 대한 통제력을 다시 얻으려는 것뿐이다. 이쯤 되면 상대방은 더 이상 희생자가 되려고 하지 않는다. 때로 상대방은 화가 많이 나 있고 지배적인 위치를 얻으려고 경쟁할 수 있다. 둘 중 어느 누구도 자신을 그렇게 만든 내적 불안감이 파악되기 전까지는 파워플레이를 포기하려 들지 않는다.

의존적인 사랑의 한 가지 중요한 특징은 한 사람이 상대방에 대해 잘못된 통제력을 행사하려고 할 때 파워플레이가 존재한다는 것이다. 통제하고 조종하려는 행동은 상대방을 하나는 위에, 하나는 아래에 묶어 두려는 목적을 지닌다. 힘 있는 사람이 되기 위해 한 사람은 다른 사람을 지배한다. 통제하는 사람은 압도당하는 것을 두려워해서 상대와 파워를 나누는 것을 어려워하고, '덜 떨어진' 부족한 누군가에게 초점을 두면서 개인적인 두려움, 불안감, 의심을 직면하는 것을 피할 수 있다. 이들에게는 통제감이 없는 삶은 깨질 것 같고 불안하게 느껴진다. 파워플레이를 하는 사람들은 통제력 상실을 자기 상실로 받아들인다. 파워가 부족하면 뭔가 무너질 것 같은 비합리적인 생각으로 인해 상대방이 자신의 개인적 힘을 쥐고 있다는 착각을 갖고 파워플레이에 휘말리게 되는 것이다.

우울감과 낮은 자존감 때문에 도움을 받기 위해 찾아온 피트는 남을 통제하고 싶어 하는 그의 내면의 일부로부터 스스로에게 다음과 같은 편지를 썼다.

"너는 항상 강한 에고를 가졌기에 스스로 만족스럽게 살아왔는데 이제 그 모든 것을 다른 사람에게 넘기면서 너 스스로 통제력을 잃어버리려고 하고 있어. 이게 네가 원하는 것은 아니지 않니? 나는 수천 가지 방식으로 너를 보호하려고 애를 썼어. 아마도 너는 그동안 내가 너에게 달라붙어서 다른 사람들이 네 주변에 얼씬하지 못하게 하려고 얼마나 애썼는지 잊어버린 것 같아. 나는 너를 혼자 있게 하고 완전하게 통제하도록 했지. 너는 굉장히 머리가 똑똑해서 너를 도와주려는 사람들보다 훨씬 나은 사람이야. 너는 혼자서도 잘 지낼 수 있으니까 그런 사람들을 필요로 하지 않아. 지금까지 그런대로 잘 지냈잖아. 안 그래?"

"왜 네가 패배를 인정하고 다른 사람한테 도움을 요청하는지 난 어리둥절할 뿐이야. 네가 운전대를 잡고 있을 수 있어. 힘 있는 사람들은 통제권을 잡고 있는 사람들이란 말이야. 바로 여기가 네가 머물러 있어야 할 곳이란 말이지. 너의 문제는 대부분 너를 좌절시키려는 주변 사람에게서 나온 거라고. 그들이 가로막지 못하도록 몰아내 버리면 너는 정말로 모든 걸 다시 시작할 수 있게 될 거야."

피트는 치료 중에 '상대방을 통제하려고 시도한' 모든 방법의 목록을 작성했다.

1. 내 상처받은 감정을 가볍게 웃어넘겨 버린다.
2. 대화를 주도한다.
3. 그녀가 나한테 미안함을 느끼게 한다.
4. 사안이 부담스러워질 때는 방어적인 자세가 된다.
5. 그녀에게 타인들이 비난받아 마땅하다고 확신시킨다.
6. 치료하는 자리를 가벼운 분위기로 끌고 간다.
7. 지적인 태도로 대화를 끌고 간다.
8. 유연하게 보이려고 한다.
9. 과잉 협조적으로 대한다.
10. 그녀의 유약한 부분을 찾아서 이용한다.
11. 그녀가 겪은 고통이 무엇인지 알아내어 동정의 마음을 표한다.
12. 정서적으로 마음을 쏟기 위해 애쓴다.
13. 자기의심을 유발하려고 애쓴다.
14. 도움을 청하려는 그녀의 노력에 의문을 제기한다.
15. 말하기 쉬운 주변적인 내용만 늘어놓는다.

피트는 통제 욕구를 강화하기 위해 이러한 통제권을 사용하고 있었다. 심리치료를 받으면서 나중에 가서야 자신의 개인적 힘은 다른 사람을 희생하는 것으로부터 나오지 않는다는 것을 알게 되었다. 우리의 개인적 힘은 내부로부터 온다. 타인을 통제해서 이길 필요가 없다. 자신감을 가지고, 우리는 통제와 힘을 얻으려는 욕구를 내려놓아야 한다.[1]

선택 사항

일단 파워플레이가 관계를 방해한다는 것을 알게 되면 우리는 다음의 세 가지 중에 하나를 선택할 수 있다.

첫째, 힘을 빼앗기고 자신이 한 단계 아래 종속적인 위치에 서게 되는 것에 동의하고 희생자로서 수동적으로 반응하며 협조하는 것이다. 중독적이지만 그것은 쉽고 익숙한 방식이다. 말할 것도 없이 이런 방식은 많은 사람들이 하고 있으나 결코 삶을 풍성하게 하는 것은 아니다. 이런 사람들은 종국에는 대개 상대방이 수치심, 죄책감, 부적절감, 두려움을 피하려고 애쓰고 있다는 것을 알게 된다. "그녀는 나에게 힘을 마구 휘둘러." "그는 내 힘을 가져가 버렸어." "그녀가 유혹하면 나는 맥을 못 춰."와 같은 말은 우리의 개인적 힘이 삶의 에너지가 되기보다는 상대방에 의해 통제되는 물건일 뿐이라는 것을 의미하는 망상에 불과하다.

둘째, 우리는 상대보다 우위에 서고 싶어 하지만 경쟁적이고 중독적인 관계라는 덫에 갇혀 버리고 만다. 이 경우 반의존적인 성향의 두 사람이 우위를 차지하려고 경합을 벌이고 별별 특이하고 파괴적인 파워플레이 전술로 상대방을 지배하려고 하면서 끊임없이 갈등 속에서 지내게 된다. "나는 당신에게 힘을 돌려주겠어." "나는 내 힘을 되찾고 싶어."와 같은 말들은 권력이란 타인에 의해 통제되는 물품에 지나지 않는다는 생각을 확고하게 만드는 표현이다. 불행하게도 대부분의 중독적 관계는 삶을 통해 첫째와 둘째 선택권 사이에서 시소처럼 왔다 갔다 한다.

그러나 세 번째 방식, 즉 훨씬 더 행복해지는 선택을 할 수 있다. 즉, 서로 동등하게 각자가 가지고 있는 힘을 인정해 주고 긍정적으로 수용하는 입장에서 대응하는 것이다. 이 입장에서는 "우리 둘 다 좋은 상태이고 각자 힘이 있어요. 때로는 당신의 행동이 내게는 납득되지 않을 때도 있어요."라고 말할 수 있다. "난 마치 그녀한테 내 힘을 실어 준 것처럼 행동했어요." "나는 마치 그가 나를 소유한 것처럼 행동했어요." "그녀는 마치 나를 능가하는 힘을 가진 것처럼 파워를 행사했어요."와 같이 마침내 인정하게 되는 것이다.

그것은 우리 자신의 삶에 대한 통제력을 의식적으로 회복하려고 하는 것이다. 우리의 삶이 해로운 집착 때문에 통제할 수 없게 되었을 때는 관계를 변화시키려고 노력하거나 그러한 집착으로부터 스스로를 벗어나게 할 수 있다. "마음의 짐을 내려놓고 신에게 맡겨라."라는 슬로건은 우리가 수동적으로 중재를 기다리고 우리 자신의 개인적 힘을 부인하라는 의미는 아니다. 그보다는 힘을 서로 나누어 갖고, 그 상황에서 우리가 할 수 있는 것을 한 다음 비로소 내려놓는 것을 의미한다.

이러한 선택을 하게 되면 파워플레이가 두 사람을 얼마나 희생시켜 왔는지 인식하고 각자 내면의 힘을 발견하고 두 사람 모두가 인간적 품위를 새롭게 인식하도록 북돋아 주는 것이 중요하다.

다음 목록은 파워플레이에서 벗어나기 위해 우리가 해야 할 것들이다.

1. 파워플레이가 실제 있다는 것을 인정하라.

2. 우리가 가장 흔히 사용하는 파워플레이의 명세표를 만들어 보라.
3. 혼란스러운 감정, 덫에 갇힌 느낌, 죄책감, 불편한 마음, 위협받는 느낌, 경쟁적인 느낌, 자신을 의심하기, 신랄하게 거절하기, 방어적이 되기, 비난을 투사하기, 상대방을 피하기, 회피적인 반응하기 등의 개인적 단서들을 파악해 내는 방법을 배워라.
4. 파워플레이를 지지하는 내면의 부정적 생각들을 잘 살펴보고 그것을 변화시켜라.
5. 집착에서 벗어나라. 우리 모두 동등한 위치에 있다는 것을 믿어라.

우리는 내면의 과정, 즉 우리 자신으로 살아가는 방법을 배움으로써 이겨낼 수 있다. 자신감을 갖는다면 우리는 더 이상 다른 사람을 희생해서 '이길' 필요가 없게 된다.

목표: 상호 존중

상대방이 지나치게 파워를 행사하려고 해서 어떤 논쟁이나 힘겨운 싸움에 빠져 있다면, 상대의 언어적인 위협에 반응할 때 더 적게 말할수록 효과적이다. 자신을 방어하거나 혹은 상대의 의견에 동의하고픈 충동은 직접적으로 중독적인 행동으로 몰고 갈 수 있다. 힘을 얻기 위한 투쟁에서 초연하기 위해서는 짧은 한마디의 반응이 가장 효과적이다. 혹은 당신의 입장을 이렇게 밝히는 것을 택할 수도 있다. "당신이 ~(행동)을 하면, 나는 ~(느낌)을 느껴요." 여러분은 상대와 동등한 내면의 힘을 가지고 반응하고 있는 것이다. 화가 나 있거나 상대와 언쟁 중에 있을 때보다는 여러분의 말이 가장 잘 전달될 수 있는 시기에 얘기를 시도하라. 다음은 각자가 동등한 내적인 힘을 가지고 있다는 생각에 기초하여 보다 건강한 관계를 향해 나아가려는 예를 보여 준다.

제니퍼와 브래드는 잠정적으로 좋은 관계를 가질 수 있었다. 그러나 브래드는 주변에 있는 여러 사람들의 구원자와 조언자로서의 역할, 즉 타인에게 힘을 행사하려는 역할에 집착하고 있었다. 브래드는 그의 시간과 에너지를 원하는 많은 '희생자들'을 주변에 가지고 있었고, 이들은 제니퍼가 '목을 매는 사람'이라고 부르는 사람들로 진정한 친구라 할 수 없었다. 브래드는 종종 이런 사람들이 자신의 시간을 빼앗아 먹는다고 불평하면서도 그들에게 언제나 '안 돼.'라고 말할 수 없었다.

이로 인해 제니퍼는 가끔 무시당하는 느낌이 들었으나 몇 년 동안 아무 말도 하지 않았고 항상 상황이 바뀌기만을 바랐다. 기분이 언짢았지만 아무 말도 하지 않는 그녀의 스타일은 가족으로부터 배운 것이었다. 그녀는 가족관계에서 힘을 나누어 갖는 경험을 하지 못했기 때문에 브래드와 정면으로 맞서게 되면 그를 화나게 하고, 그래서 그가 자신을 거부할지 모른다는 매우 현실적인 두려움을 지니고 있었다.

제니퍼가 마침내 브래드와 맞닥뜨리기로 용기를 내었을 때는

더 이상 참아서는 안 되겠다는 감정적 결단력이 생겨서 가급적 솔직하게 행동했다. 제니퍼는 브래드에게 더 이상 그의 지인들로 인해 자신의 욕구를 뒤로 미루고 싶은 마음이 없다고 말했다. 제니퍼는 브래드에게 말했다. "나는 당신이 주말에 친구가 이사가는 것을 도와주려고 나와의 주말 약속을 취소했을 때 당신에겐 내가 별로 중요하지 않다는 느낌이 들었고 속상하고 화가 났어." 제니퍼는 가족들과의 관계에서 다른 사람의 욕구에 자주 굴복해야만 했던, 아동기 이래 되풀이된 자신의 행동 패턴을 인식하기 시작했다. 그녀는 더 이상 그렇게 하고 싶지 않았다.

처음에 브래드는 공감하면서 들어주었다. 하지만 뒤이어 제니퍼가 눈물로 자신을 조종하고 그들의 관계를 제어하려고 한다면서 언어적인 공격을 퍼붓기 시작했다. 심리적 평형 상태를 회복하고픈 마음에 브래드는 제니퍼를 계속 비난해댔고, 그녀의 애정 어린 마음을 거부하면서 앞으로 그들의 결혼이 어떠해야 하며 그때부터 어떻게 될지 훈계하기 시작했다.

제니퍼는 자신이 브래드한테 맞춰 주고 참아 주면서 자신의 인격적 품위를 지키든지, 그렇지 않으면 브래드와 이혼할 수도 있다는 것을 알고 있었다. 다행히 그녀는 브래드의 행동이 자신에게 상처를 주고 있지만 그것이 통제권을 잃고 상처 입을까 봐 두려워하는 그의 내면의 태도에서 나온 것임을 인식할 정도로 충분히 강하였다. 희생자가 되지 않기로 결심한 제니퍼는 심리적인 거리를 유지하면서 그의 비난을 개인적인 것으로 받아들이지 않았다.

제니퍼는 현실적으로 자신이 브래드의 행동을 바꿀 수 있을 것이라고 기대하기 어렵다는 것과 일생 동안 계속되어 온 패턴을 바꾸는 것이 쉽지 않다는 것을 알고 있었다. 하지만 적당한 기회가 왔을 때 브래드의 행동이 자신에게 어떤 영향을 미치고 있는지를 그에게 말할 수 있었다. 또한 제니퍼는 두 사람 모두가 보복의 두려움 없이 서로 동등한 존재로 인정하면서 각자의 생각, 감정, 행동 방식대로 살아가는 건강한 결혼생활을 원한다고 분명하게 밝혔다. 그녀는 그러한 이상이 이루어질 수 있기를 바랐다. 그리고 만약 그렇게 되지 않는다면 과연 어떻게 결혼생활을 유지할 수 있을지 다시 생각해 볼 수밖에 없다고 말했다.

다행히도 지금은 제니퍼와 브래드 모두 보다 자유롭고 좋은 관계를 위해 노력하고 있다. 이것이 그들에게 쉬운 일은 아니지만 상호 존중하는 마음을 통해서 통제 성향의 중독적인 관계에서 서로를 지지하면서 자유로운 관계로 나아갈 수 있게 되었다. 파워플레이는 줄어들었고, 두 사람 모두 개인적으로 그리고 부부관계 면에서도 더 나아지게 되었다.

나는 많은 상담치료를 통해서 사람들이 통제하려는 욕구를 기꺼이 내려놓으면 관계에서 그들이 바라고 필요로 하는 것을 다시금 얻을 수 있다는 것을 깨닫고는 늘 놀라움을 금치 못한다. 아마도 이것이 가능한 이유는 한쪽에서 상대방의 힘이 분명히 그 사람 내부에 있음을 알고 경외심과 존중감을 가지고 손을 내밀고 자신을 주려고 마음이 움직였기 때문일 것이다. 혹은 아마도 타인을 통제하려고 하는 것은 착각이며 정답은 (그런 집착을) 내려놓는 데 있다는 것을 인식하게 되었기 때문일 수도 있다. 폭풍우 속에서도 살아남아 크게 자라나는 것은 바로 바람에 구부러질 줄 아는 나무인 것이다.

6 건강한 소속감

서로 사랑은 하되 사랑에 속박되지는 말아야 한다.
차라리 서로의 영혼의 기슭 사이에 출렁이는 바다를 놓아두라.
서로의 잔을 넘치게 하되 어느 한편의 잔만을 마시지 말고,
서로의 빵을 나눠주되 어느 한편의 것만을 먹지 말아야 한다.
함께 노래하고 춤추며 즐거워하되 서로 홀로 있게 놔두어라.
같은 음악을 연주하더라도 현악기 줄이 따로 있듯이
서로 마음을 주되 집착하지는 말아야 한다.
오로지 생명의 손길만이 당신의 마음을 품을 수 있는 법이다.
둘이 함께 서 있되 서로 너무 가까이 서 있지는 말아야 한다.
사원의 기둥들도 서로 떨어져 서 있게 마련이며,
참나무나 사이프러스 나무도 서로의 그늘에 가리면
잘 자랄 수 없듯이.

- 칼릴 지브란, 『예언자(The Prophet)』[1] -

타인을 향한 우리의 욕구

만일 자신이나 관계에서 사랑중독 혹은 건강하지 못한 의존성의 징후를 파악했다면 여러분은 더 이상 혼자가 아니다. 고립, 고통, 부적절감과 같은 느낌을 불식시키기 위한 투쟁에서 우리는 종종 필요(needfulness)라는 거미줄의 덫에 빠져 있는 느낌을 받는다.

우리는 다른 사람을 필요로 한다. 그리고 우리가 가진 최상의 꽃을 한껏 피우기 위해 사랑을 필요로 하고 사랑을 나누고 싶어 한다. 에리히 프롬이 말했듯이, "자신의 삶, 행복, 성장, 자유에 대한 확신은 그 사람의 사랑하는 능력, 즉 보살핌, 존중, 책임감과 지식에 뿌리를 두고 있다."[2] 이제 관계를 고통스럽게 하는 질병의 진단에서 눈을 돌려 건강한 사랑의 징후를 찾아보자.

우리는 지구상에서 가장 진화된 종이다. 우리는 계속 진화하고 있다. 우리는 진화하면서 매우 심오한 방식으로 타인과 연결되어 있다는 영적 자각을 발전시키고 있다. 개개인의 독특성은 보다 넓은 인류 전체에 기여하게 된다.

우리 자신을 개별 에너지 시스템이라고 가정한다면 우리는 에너지를 억제하거나 파괴적으로 혹은 건설적으로 사용하는 것을 선택할 수 있다. 사랑 역시 우리가 억누르거나 행사해야 할 에너지 형태일 수 있다. 과학자들은 원자와 그 구성 성분을 발견하려고 애써 왔고 원자 입자가 함께 붙어 있게 하는 물질을 범주화하려고 노력하고 있다. 어떤 물리학자들은 사랑은 실체가 있는 에너지, 힘이라고 제안하기도 한다. 이런 입장에서는 사랑을 전기와 같은 실제적인 에너지 덩어리로, 우주 만물을 하나로 접합시키는 신성한 모르타르로, 그리고 원자 입자를 끌어당겨 형태를 만드는 전자기 힘으로 보고 있는 것이다. 이것은 우리가 사랑하는 방법, 즉 자아 향상과 욕구 충족을 목적으로 한 의존적인 사랑이든 혹은 시간에 따라 진화하는 성숙한 사랑이든 사랑하는 방법에 대해 알게 되면 이해가 되는 말이다.

진정한 사랑의 특징은 중독적인 관계를 기술하는 특징과 반대된다. 그것들에 대해 살펴보겠다.

건강한 사랑의 특징

건강한 관계에 있는 사람들은 아래의 특징을 갖는다. 일반적으로 그들은 다음과 같다.

1. 개별성을 허용한다.
2. 상대방과 하나됨 그리고 분리됨을 기꺼이 경험한다.
3. 자신과 상대방에게 있는 최상의 특성을 끄집어낸다.
4. 끝을 받아들인다.
5. 변화와 탐색을 개방적으로 경험한다.
6. 서로의 성장을 부추긴다.
7. 진정한 친밀감을 경험한다.
8. 자신이 원하는 것을 자유롭고 솔직하게 요청할 수 있다.
9. 평등하게 주고받기를 경험한다.

⑩ 상대방을 바꾸거나 통제하려는 시도를 하지 않는다.

⑪ 상대방이 가지고 있는 자기 충족감을 격려한다.

⑫ 자신과 상대방의 한계를 수용한다.

⑬ 무조건적인 사랑을 추구하지 않는다.

⑭ 상대에 대한 헌신을 수용하고 존중한다.

⑮ 높은 자존감을 가지고 있다.

⑯ 사랑하는 사람에 대한 자신의 기억을 신뢰한다. 혼자 있는 것을 즐긴다.

⑰ 감정을 자발적으로 표현한다.

⑱ 가까워지는 것을 환영한다. 상처받기 쉬운 위험을 감수한다.

⑲ 집착하지 않고 초연하게 상대방을 돌본다.

⑳ 자신과 상대방의 동등함을 인정하고 개인적 힘을 인정한다.

이제 이러한 특징에 대해 보다 자세히 살펴보자.

개별성을 허용한다

건강한 사랑관계에서는 개인의 독특성을 허용하지만 중독적인 사랑에서는 서로 소모되고 있다는 느낌을 갖는다. 건강한 관계에서는 한 사람이 위협감을 느끼지 않고도 상대방이 개인적으로 변화하고 성장하도록 허용한다. 성숙한 연인은 상대방을 존중하고 신뢰하기 때문에 기꺼이 그렇게 해 준다. 건강한 관계에서는 개인적인 생각과 감정이 억제되지 않고 수용된다. 차이나 갈등이 생겨도 그 차이를 수용할 줄 알며 갈등 해결은 정상적이고 일상적인 삶의 한 부분으로 받아들여지기 때문에 몸과 마음이 편안할 수 있다. 건강한 관계에 있는 사람들은 상대방의 감정을 돌봐야 한다고 느끼지 않으며 사랑하는 사람이 다른 곳에 정신적으로 몰두하고 있더라도 공황 상태에 빠지지 않을 정도로 자기 방향성을 알고 있는 사람들이다.

상대방과 하나됨 그리고 분리됨을 기꺼이 경험한다

성숙한 연인들은 하나라고 생각될 정도로 친밀감을 느끼면서도 각자 개별적인 존재라고 생각한다. 즉, 하나됨과 분리됨이 동시에 경험되면서도 상충되지 않는다. 이는 자기를 희생해서라도 관계에 사로잡혀 있는 중독적인 사람들이 부인하는 다행감(행복이 충만한) 상태를 낳게 한다.

하나됨과 분리됨 경험을 기꺼이 하기 위해서는 건강한 경계를 갖는 것이 중요하다. 주변에 반투과성의 덮개와 얇은 막이 있다고 생각해 보라. 그것이 반투과성이므로 필요로 하고 원하는 것을 들어오게 할 수 있고, 필요로 하지 않고 원하지 않는 것은 추출해 낼 수 있다. 또한 반투과성이므로 숨을 쉴 수 있다! 분명한 경계선이 있지만 투과성이 있어서 사랑, 힘, 직관이 쉽게 교환될 수 있다. 건강한 경계선을 긋기 위한 열쇠는 자신의 욕구와 한계를 알고 타인을 존중하면서 그것들에 대해서 말할 수 있는 능력을 갖는 것이다.[3]

나의 내담자 중 하나였던 네티는 이러한 사실을 깨닫고서 남편에 대한 강박적인 의존성을 없앨 수 있었다. 처음에 그녀는 자신이 누구인지, 자신의 삶에서 중요한 타인과 자신을 분리하여 무엇을 해야 하는지 배워야만 했다. 일단 네티가 이 문제에 눈을 뜨게 되자 이전과는 다른 방식으로 남편과 자신의 내적 자기를 나눌 수 있었다.

네티는 최근 약물의존 치료를 성공적으로 마친 결혼 15년차의 남편 클리프와 함께 결혼상담에 들어왔다. 많은 집단치료 모임 끝에 네티는 치료를 마칠 준비가 되었다고 발표하였다. 그녀는 클리프에 대해 이전에는 경험해 보지 못했던 애정을 느끼게 되었다고 말했다.

네티는 낮은 자존감과 거부에 대한 두려움으로 수년간을 고통스럽게 보냈고, 낭만적인 결혼에 대해 자신이 갖고 있는 이상과 부합되는 방식으로 남편이 자신을 사랑하게끔 만들려고 노력하였다. 네티는 자신이 아동기에 겪은 상실을 남편이 보상해 주도록 강요하였다. 그러나 클리프는 그에 반응하지 않았다. 대신 그는 자신을 보호하기 위한 벽을 높이 쌓아 올렸다. 네티의 비현실적인 요구는 그들 사이에 큰 균열을 만들었다. 자신의 착각이 낭만적이라고 생각하는 많은 사람들처럼, 네티의 환상은 거의 클리프를 질식시킬 것 같은 의존성의 형태를 띠었다. 클리프의 입장에서 보면 네티의 경계는 너무 느슨해서 마치 그가 생각하고, 느끼고, 하고, 하지 않는 것에 의해서만 그녀 자신을 규정짓고 있는 것처럼 보였다. 클리프는 또한 자신이 약물남용 치료를 받기 전에는 네티가 자기에게 의존하게 만들어서 자신의 병을 구완해 주도록 했다는 것을 시인하였다. 이제 그는 자신이 누구인지 보다 분명하게 알게 되었으므로 네티의 의존성에 넌덜머리가 났다.

치료를 통해 네티는 스스로 완전한 사람이라는 것을 배웠고 자신이 누구인지 정체성을 규정하기 위해 타인, 즉 남편이 필요한 것은 아니라는 것을 배워 나갔다. 그러자 남편을 원하는 방식이 매우 달라졌고 훨씬 더 만족스러운 감정을 갖게 되었다. 이러한 깨달음은 자주 느꼈던 좌절감, 분노감, 거절에 대한 두려움을 해소시켜 주었고, 정신적 · 정서적 · 신체적으로 편안하게 해 주었다. 스트레스를 덜 받으면서 그녀는 자유롭게 자신의 재능과 꿈을 탐색하기 시작했다. 차츰 그녀는 자기 사랑이란 건강한 경계를 기반으로 자신의 개별성과 독특성을 지키면서 타인을 자유롭게 사랑하는 것이라는 점을 이해하기 시작하였다. 점차 네티는 자신의 정체성을 발달시켜 나갔다. 그리고 클리프는 그녀와 다시 사랑을 나눌 수 있었다. 상황이 이렇게 바뀌면서 두 사람은 각자의 독특성과 개별성을 잃어버리지 않고 다시 결합할 수 있었다. 클리프는 경계심을 내려놓았고, 네티는 클리프를 자신과 동등한 사람으로 대하기 시작했다.

자신과 상대방에게 있는 최상의 특성을 끄집어낸다

자신과 타인에게서 최상의 특성을 끄집어낸다는 것은 다소 미묘하지만 매우 가시적이고 성숙한 사랑의 한 측면이다. 사실 이것은 우리로 하여금 더 높은 삶의 질로 이끌어 준다. 왜냐하면 그것이 우리의 깊은 내면에서 가장 높은 인간적 소양, 즉 존중감, 인내심, 자기규율, 헌신, 협조, 관대함, 겸손 등을 끌어내어 주기 때문이다. 성숙한 사랑을 하는 것이 항상 쉬운 것은 아니지만 결국에는 옳은 일이라는 것을 알게 된다. 성숙한 사랑은 성인 사랑을 위한 것이며 그것을 성취하는 것은 성장과정의 일부다.

끝을 받아들인다

관계가 끝나는 것은 고통스럽지만 성숙한 사람들은 사랑이 끝났을 때 자신과 상대방이 잘 대처할 수 있도록 충분한 존중과 예의를 보여 준다. 건강한 관계에서 위기를 잘 넘기듯이, 성숙한 사람들은 더 이상 구제할 수 없는 관계를 어떻게 하면 잘 끝낼 수 있는지 알고 있다. 비탄과 슬픔 속에서도 그들은 언젠가 다시 사랑할 수 있다는 것을 의심하지 않는다. 우리는 아무리 고통스러울지라도 고통을 견디어 낼 수 있다.

나는 심리적으로 강한 사람들이 애인이 성적으로 배신하거나 심지어 자신이 상대를 속이고 나서 무너지고 울부짖는 것을 자주 봐왔다. 부인이 혼외정사를 가졌다는 사실을 알자마자 한 남자는 나에게 이렇게 말했다. "살아오면서 이보다 고통스러운 적이 없었어요. 앞으로 이 일을 극복하고 살 수 있을지 정말 모르겠어요. 우스운 것은 이 모든 일이 생기기 전에는 사랑에 대해 생각해 본 적이 없다는 겁니다. 아내가 언제나 나를 도와주는 조력자로 아이들을 키우면서 내 곁에 항상 있었기 때문이죠. 제기랄, 너무 끔찍해요. 이런 일을 두 번 다시 겪고 싶지 않아요."

마지막에 그가 한 말 중에서 비극적인 부분은 이제 다시는 사랑에 마음을 열지 않겠다고 프로그래밍하는 것이었다. 생동감 있게 다시 마음을 열 수 있으려면 상처 입은 배우자는 분노, 두려움, 질투, 공황과 같은 자연스러운 반응을 넘어서야 한다. 우리는 고통과 비난을 이겨낼 수 있는 힘을 가지고 있고 다시 한 번 용서하고 사랑할 힘을 가지고 있다.

물론 이 과정은 무척 힘들어 보인다. 아마도 그럴 것이다. 강렬하고 자기 파괴적인 고통과 분노를 극복하는 것은 영적인 측면을 필요로 한다. 성숙한 사람은 상처받을 때조차도 현실을 받아들이고 자신의 삶에서 다른 국면으로 전환하는 능력을 보인다. 성숙한 사람들은 결코 쉽지 않지만 가장 건강하고 합리적인 방식으로 문제와 슬픔에 직면할 줄 안다.

다음 이야기는 '혼자 사는 것도 신성한 일이다.'라는 중요한 사실을 보여 준다. 흔히 사람들은 관계 단절의 고통이나 결혼 실패의 두려움을 피하기 위해 몹시도 파괴적인 결혼관계를 고수하려는 경향이 있다. 결혼 서약을 지키고 결혼생활에서 다른 반쪽(배우자)을 돌봐주기 위해 무슨 일이든 해야 한다는 책임감을 느끼더라도 남의 이목이 두려워 희생을 감수하면서까지 잘못된 결혼관계를 억지로 유지할 필요는 없다. 그러나 (이른바 가족의 가치를 강조하는) 현재의 대대적인 정치 광고는 어찌되었든 학대적이거나 공허한 결혼관계를 참고 견뎌내야 한다고 말하고 있다. 한 보도 기사성 광고는 아주 노골적으로 자사 제품을 구입하기만 하면 결혼생활의 어떤 갈등이라도 치유될 수 있다고 떠들어댄다. 더구나 두 번 이상 결혼을 한 사람의 충고를 믿어선 안 된다고까지 말한다. 그런 대대적인 선전은 혼자 살거나 별거하거나 이혼한 사람들로 하여금 공공연히 수치심을 느끼게 하는 한편, 학대적이고 심지어 폭력적이기까지 한 관계를 견뎌 내는 것을 묵인하게 한다. 어떤 측면에서는 한부모 가정을 부정적으로 보고 있다. 그러나 건강한 사랑의 특징에 대해 지금까지 우리가 살펴보았듯이 가장 중요한 것은 이러한 메시지들이 자기-친밀감(self-intimacy)의 아주 중요한 경험을 부인하고 있다는 것이다. 너무나 자주 우리는 한 관계가 끝나면 자기 자신을 미처 돌아볼 기회도 갖지 않은 채 다른 관계로 옮겨 간다. 우리는 올바른 이유로 관계를 떠나거나 머물러 있어야 할 때와 잘못된 이유로 관계를 떠나거나 머물러 있어야 할 때를 구별할 수 있어야 한다. 거기에는 차이가 있다. 건강한 사람들은 언제가 충분한 때인지, 언제 내려놓아야 할지, 그리고 언제 관계의 종결을 받아들일지를 잘 알고 있다. 찰리의 사례는 이를 구별할 수 있게 도와주는 그의 인생이야기를 들려주고 있다. 아마도 그것은 여러분이 이미 했거나 혹은 앞으로 할 필요가 있는 선택과 결정을 보다 확실하게 해 줄 것이다.

"우리는 회사 동료였고 자주 카풀을 하고 회사에 같이 다니곤 했어요. 그 무렵 우리 둘 다 짧고 불행한 첫 결혼생활을 끝내려 하고 있었어요. 그녀는 알코올 중독자와, 나는 신혼여행 이후 섹스에 응하지 않는 전처와의 결혼생활에 종지부를 찍으려 하고 있었지요. 비가 오는 토요일에 함께 시간을 보내면서 결국 사랑을 나누었고, 4개월도 안 돼서 결혼을 했어요. 26년 전의 일입니다."

"그 시절 중에서 지금 그리운 것이 있다면 아마 결혼 초기에 아이를 임신하고 출산했던 일, 집을 새로 짓고 과수원을 가꾼 일, 정원을 가꾸던 일일 거예요. 나는 월급쟁이였고 아내는 전업가정주부로 집을 지키면서 젤리도 만들고 토마토 통조림도 만들었어요."

"결혼 10년째 되던 해 아내는 원치 않은 임신을 했고 세 번째 아이를 낳았어요. 엄마 역할에서 매우 힘들어하며 직업적 성취를 바랐던 아내는 개인 사업을 시작했지요. 나는 그 사람을 지지해 주었다고 생각했지만 아마도 정서적으로는 너무 둔감했던 것 같아요. 그러다가 아내는 일상적인 사업 일로 계속 만나던 경영 컨설턴트와 눈이 맞게 되었어요."

"나는 너무 마음이 약해서 그 문제에 대해 아내와 맞부딪칠 자신이 없었어요. 내가 우리 관계에서의 문제점을 끄집어낼 때마다 아내는 차가운 분노감으로 이글거리면서 나를 노려봤고, 나는 슬슬 도망쳤죠. 난 깊은 우울감에 빠져들었어요. 어느 날 결혼전문 상담자에게 아내를 끌고 갔어요. 치료자는 아내가 치료에 너무 냉담하게 반응해서 나하고만 치료를 하자고 했어요. 난 치료자의 행동 처방을 따르려고 했지만 점점 더 우울해졌어요. 그러다가 삶을 끝내기로 결심하게 된 날이 왔어요. 결행하기 30분 정도 전에 뭔가가 내 안으로 들어왔어요. 난생 처음으로 나 자신의 내면을 깊숙이 들여다보다가 거기에 전혀 생각해 본 적이 없는 깊이와 힘이 존재하고 있음을 깨닫게 되었어요. 어느덧 우울증이 사라졌지요. 나는 아내의 연인을 찾아내어 그와 마주하고는 우리의 삶에서 사라지지 않으면 공개적으로 그의 경력을 망치고 망신을 주겠다고 위협했어요. 그러자 그가 사라졌어요."

"그러고 나서 몇 년이 지나면서 내 안에 있는 새로운 힘이 표출되면서 영적인 치유를 할 수 있는 능력이 생겨났어요. 나는 스승들로부터 훈련을 받았고 개업을 시작했어요. 54세에 새로운 일을 하려고 조기 은퇴를 했지요. 아내는 처음에는 지원을 하더니 곧 우리가 다니는 교회로부터 승인을 받지 못한 일이라며 내가 하는 일을 매우 불안하게 생각하더군요. 일을 그만두라는 아내의 요구를 무시했을 때 그 사람의 불안은 분노로 돌변했어요. 아내는 막내 아이를 나한테서 뺏어 가면서 그 아이에게 내가 하고 있는 일을 절대 알려선 안 된다고 말했어요."

"우리는 다시 결혼상담에 들어갔어요. 치료자는 새로운 사람이었지만 경험이 없는 사람이었고 별로 유능하지 못했어요."

"아내는 나를 제어할 수 없으면 분노로 길길이 날뜁니다. 그 사람은 우리 수입으로는 도저히 감당하기 힘든 호사스러운 휴가여행을 데려가 달라는 요구를 하기 시작했어요. 때로는 나를 비난할 수 있는 많은 구실거리를 찾아냈고요. 그러던 어느 날 그때까지 내가 가지고 있던 미적지근한 태도를 버릴 수밖에 없게 만든 사건이 벌어졌죠."

"어느 날 아침 나는 아내가 별로 좋아하지 않는 내 친구의 생일파티에 갔다가 집에 늦을 거라고 얘기했어요. 아내는 일찍 잠자리에 들 것이라고 하면서 다음 날 아침에 보자고 말했어요. 내가 밤 10시 30분쯤 파티에서 돌아오자 아내는 기다렸다는 듯이 가시 돋친 목소리로 '어디에 있다 왔어요? 전에는 이렇게 늦은 적이 없었잖아!' 라고 소리쳤어요. 나는 이 일이 아내에게 분노를 쏟아부을 또 다른 명분거리를 만들어 준 셈이라는 것을 깨달았어요. 그날 밤 아내가 나를 꽁꽁 묶어 놓고서 거세를 하는 너무나 생생한 꿈을 꾸다가 잠에서 깼어요!"

"이제 안 되겠다 싶어서 친구들 집에서 지내려고 조용히 짐을 싸기 시작했어요. 그러고 나서 아내에게 결혼생활 때문에 내 영혼이 죽어 가고 있다고 말하고는 몇 주 동안 집을 떠나 지내면서 다시 돌아오고 싶은지 곰곰이 생각해 보겠다고 했어요. 열흘도 채 안 되어 아내는 내가 미처 막아 놓지 않은 은행 신용구좌에서 상당한 돈을 대출해서 고급 아파트에 세를 얻은 뒤 이혼 신청을 하더군요."

"그렇게 해서 58세인 지금 이혼 절차를 밟고 있는 중이고, 경제적으로는 어려워졌지만 내가 기억하는 한 그 어느 때보다 평화롭습니다. 내 주변에는 나를 보살펴 주고 격려해 주는 많은 친구들이 있어요. 나는 하루하루 잘 살아가고 있고, 매일 새로운 느낌을 느끼면서 삶이 아름답다는 생각을 하고 있습니다."

변화와 탐색을 개방적으로 경험한다

삶은 변화의 연속이지만 우리는 모두 친숙한 사람, 친숙한 대상에 매달리며 개인적으로 그리고 관계에서 성장하고 싶은 내적 욕구를 무시한다. 변화에 대한 개방성은 위험하게 느껴지고 심지어 관계가 깨질 수도 있다. 그렇지만 변화가 없는 관계는 생동감이 없다.

한 사람은 성장의 나선형을 따라가고 있는데 다른 한 사람은 익숙한 것, 겉으로 보기에 안전한 것에만 매달린다면 그 관계는 갈등에 휩싸일 수밖에 없다.

그랜트와 바버라는 둘 다 철학을 전공하는 대학생이었을 때 만나서 사랑에 빠졌다. 두 사람은 새로운 아이디어를 발견하고 공유하는 것에서 흥분감과 살아 있는 느낌을 가졌다. 그러나 결혼한 후 그들의 삶은 서서히 바뀌기 시작했고, 그러다 갑자기 모든 것이 정체 상태에 돌입하였다.

그랜트는 집 밖에서 일을 했고 바버라는 가정주부였다. 그들의 중상류층 라이프 스타일은 그들의 대학교 시절 이상과 많이 달라져 있었고, 매우 바쁘고 소모적인 사회생활을 하며 물질적 소유를 쫓고 있었다. 그랜트는 가족 부양자, 충직한 직장인 그리고 소비 행위자로서의 역할을 떠맡았다. 바버라는 충실한 반려자이자 남편의 직장생활을 내조하는 역할을 맡았다.

12년 동안 이런 결혼 상태를 이어오다가 권태와 불안이 그들 사이에 틈을 만들었다. 중년기에 접어든 바버라는 대학원에 들어갔고, 다시 한 번 새로운 아이디어와 경험에 감동을 느꼈다. 바버라는 새로운 경험과 아이디어를 그랜트와 공유하고 싶었지만 당혹스럽게도 그는 바버라를 거부하였고 그녀의 학교생활을 하찮게 여겼다. 이에 좌절감을 느낀 바버라는 자신이 밖에서 한 경험을 남편인 그랜트에게 더 이상 말하지 않게 되었다. 한편, 그랜트는 밖에서 혼외관계를 가졌고 술을 더 많이 마시기 시작하였다. 두 사람 모두 너무 멀리 떠밀려 간 것이 분명했다. 두 사람의 결혼생활은 따듯함과 서로에 대한 관심이 결여되어 있었다. 그 무렵 그들은 자신들의 결혼생활이 위험에 빠졌다는 사실을 인식하고 상담을 받으러 찾아왔다.

처음에 그랜트와 바버라는 부부 갈등의 원인으로 의사소통 문제를 꼽았으나 곧 문제가 그보다 훨씬 심각하다는 것을 깨닫게 되었다. 일과 안정된 사회적 지위를 얻기 위한 극심한 경쟁과 사회 활동에 몰두하다 보니 개인적 성장을 소홀히 했고 그들의 영적인 측면은 침체된 상태에 빠진 것이었다. 두 사람은 삶에서 뭔가 빠져 있다는 강렬하면서도 모호한 느낌으로 괴로워했다. 그리하여 바버라는 자신의 창조적인 면을 계발시켜 나가면서 삶의 생기를 되찾았고, 그랜트는 좌절감 속에서 자극과 흥분을 찾아 우연한 섹스와 잦은 술자리에 빠졌던 것이다. 상담을 통해 그랜트와 바버라는 변화와 탐색에 대한 개방 없이는 두 사람의 관계가 마치 전혀 운동을 하지 않은 몸처럼 유연성과 힘을 잃고 약해져 심지어는 죽음을 맞을 수도 있다는 것을 알게 되었다.

서로의 성장을 부추긴다

성숙한 사람들은 변화가 필수적이라는 것을 인식할 뿐만 아니라 진정한 사랑은 서로의 성장을 이끌어 내고 부추기는 것이며, 여기에는 질투감을 느끼지 않고 다른 중요한 사교적 관계를 상대방이 가질 수 있도록 해 주는 것도 포함되어 있음을 잘 알고 있다.

나는 최근에 개인적으로 매우 친한 남자 친구와 이야기를 나눈 적이 있었다. 우리가 서로 대화를 나누었던 그 순간 그는 나의 가장 소중한 친구였고 나 역시 그에게 그런 친구였다. 이야기 도중 만일 우리가 연인관계라면 이러한 상황이 어떻게 바뀌게 될지 대화를 나누었고, 얘기 끝에 섹스가 개입되면 우정관계가 흔히 질투로 인해 깨질 수 있다는 결론을 지었다. 질투에는 합리적인 이유가 거의 없기는 하지만 우리의 정서적 · 생물학적 구조에는 엄청난 힘으로 작용한다. 그것은 생물학에 깊게 뿌리박고 있는데, 아마도 생식과 보호를 얻기 위한 우리의 원초적인 욕망의 결과일 수도 있고 우리가 학습한 것일 수도 있다. 질투는 자연스러운 감정이지만 그것이 우리를 지배하도록 하면 자신과 상대방의 성장을 차단할 수 있다.

개인적 성장과 발달은 18세에서 멈추는 것이 아니다. 성장과 발달은 죽을 때까지 계속된다. 중년기에 우리는 중요한 선택에 직면한다. 침체 상태에 머물 것인가, 아니면 새로운 성장으로 이끌어 주는 개인적 자기발견을 추구할 것인가의 기로에 서게 된다. 중년기는 많은 사람이 혼란을 느끼거나 도전을 받는 시기다. 많은 사람이 변화를 두려워하기 때문에 지적 · 정서적으로 침체되는 것을 선택할 수 있는데, 그 결과 다른 인간관계에서 고통을 겪을 수 있다. 리처드 바크(Richard Bach)는 『영원을 넘는 다리The Bride Across Forever』에서 이렇게 쓰고 있다. "두 사람 사이의 권태는 육체적으로 함께 있다는 것에서 비롯되지 않는다. 오히려 정신적 · 영적으로 거리가 너무 멀어진 데서 비롯되는 것이다."[4]

진정한 친밀감을 경험한다

성숙한 연인들은 아동기 때의 두려움과 제약에 구속되지 않기 때문에 이들의 관계에는 진실하고 강력한 친밀감이 있다. 사랑의 위험에 대한 두려움은 친밀한 감정을 억제한다. 신뢰와 위험을 기꺼이 감수하는 것은 친밀감을 끌어들인다. 진정한 사랑은 일견 모순적으로 보인다. 예컨대, 스스로를 적절히 자제할 줄 알고 비교적 독립적인 사람들이 훨씬 깊고 부드럽게 상대방을 더 잘 사랑할 수 있다는 점에서 그렇다. 이런 사람들의 사랑은 강박적이거나 의존적이지 않고 상호 의존적이며, 자신의 파트너를 상호 보완하는 면을 가지고 있다. 즉, 개인으로서 자유로운 사람은 사랑에서도 자유롭다. 모순 같아 보이지만 그에 대해 깊이 생각해 보면 그렇지만은 않다.

친밀한 사랑은 상호 신뢰의 분위기에서만 생겨난다. 유아기에 우리는 자신, 타인, 삶을 기꺼이 신뢰해야 한다. 그러므로 내면 아이는 항상 친밀하게 사랑할 수 있는 우리의 능력에 관여한다. 우리 자신을 타인에게 맡기기 위해서는 신뢰감, 개방성, 수용적 자세, 일관성의 네 가지 성질이 있어야 한다. 이 네 가지 성질 중 하나라도 부족하면 우리는 당연히 불신감을 느낄 수밖에 없다. 우리의 직관적 자아는 매우 빠르게 작용하면서 우리 자신을 지키려고 한다. 건강한 사랑관계에 있는 사람은 옆에 있는 상대방에게 의지하고, 안전하게 받아들여지고 있다고 느끼면서 생각, 감정, 차이점에 자신의 마음을 열고 다른 사람에게서 일관성이 있음을 경험한다. 일관성은 말과 행동이 일치하는 것을 말한다. "사랑해."라고 말하면서 그것을 표현하지 않는 것은 일관성 있는 태도가 아니다. "사랑해. 하지만 난 사랑을 잘 표현하지 못하는 성격이야."라고 말함으로써 일관성 있게 행동하지 못한 것을 솔직히 시인하고 일관성 있는 모습을 보이려고 노력하는 자세가 중요하다.

건강한 소속감을 느끼는 관계에서는 친밀해질 수 있는 분위기, 즉 서로 간에 신뢰감, 존중감, 안전감을 느끼게 하는 관계를 맺으려고 각자 노력한다. 우리에게 있는 그대로의 우리 자신이 되도록 해주는 관계는 친밀감을 북돋아 주고 갈등을 딛고 성장하도록 도와준다. 우리는 불완전해질 자유를 가지면서도 역설적으로 완벽해지도록 용기를 북돋아 주는 위험 부담을 기꺼이 감수할 수 있게 된다. 그럴 때 우리는 상대방과의 관계 안에 더 쉽게 머무를 수 있고 애정관계가 우리에게 가르쳐 주는 교훈을 배울 수 있다.

우리가 충분히 신뢰할 때 친밀감은 깊어진다. 페니는 자주 두

려움을 느꼈고 사람들로부터 거리감을 유지하려고 했다. 타인을 신뢰하지 않은 결과, 주변의 많은 사람들은 다들 페니가 문제라고 지목했다. 치료과정에서 나는 그녀에게 신뢰받는 사람들의 특징 목록을 주고는 그녀가 만났던 사람들에게서 어떤 것이 부족한지 살펴보게 하였다. 페니는 이 목록을 검토하면서 자신이 그동안 갖고 있던 불신감에는 충분히 그럴 만한 근거가 있었다는 사실을 깨달았다. 자신의 주관적 지각과 느낌을 신뢰하는 것을 배우면서 그녀는 좀 더 자신을 믿게 되었고 친밀감의 위험을 더 감수하게 되었다. 그녀는 자신이 안전한 사람과 불안전한 사람의 차이를 구별할 수 있다는 것을 깨닫게 되었다. 또한 그 누구도 완벽한 사람은 없으며, 건강한 사람은 자신의 불일치감에 대하여 열린 자세로 이야기를 나눌 줄 알고 믿을 수 있고 함께 있어도 안전하다고 여기게끔 하는 사람이라는 것을 알았다.

자신이 원하는 것을 자유롭고 솔직하게 요청할 수 있다

진정한 사랑은 자유롭게 요구하고 받을 줄 알며, 때로는 '아니요' 라는 대답을 기꺼이 받아들일 수 있는 것을 의미한다. 아니라고 생각하는 순간 '아니요' 라고 솔직하게 말할 수 있는 능력이 관계에서 필수적이라는 것은 아무리 강조해도 지나치지 않다. 사실 한 사람이 '예' 라고 말한다고 해도 '아니요' 라고 말할 수 있는 능력을 보여 주기 전에는 전적으로 신뢰할 수는 없다.

전에는 매우 의존적이었던 내담자가 나와의 치료를 끝마칠 준비가 되었는지를 판단하는 데 한 가지 중요한 기준은 주변 사람들에게 손을 뻗어 필요시 도움을 분명히 요청하고 도움을 받을 수 있는 능력이 생겨났는지 여부를 판단하는 것이다. 또한 현실적으로 얻을 수 없는 것에 대한 욕망을 내려놓는 것도 필요하다.

나는 상대 배우자가 자기 마음을 저절로 읽을 줄 안다는 착각을 가지고 있는 많은 부부와 심리치료를 해 왔다. 그들은 서로에게 "여태껏 나랑 그렇게 오래 살아왔으면 응당 내가 뭘 원하고 있는지 알고 있어야 하는 거 아니야?"라고 말하곤 한다. 그건 잘못된 생각이다. 물론 때로는 상대방이 당신이 무얼 필요로 하는지 알 수도 있다. 또 때로는 상대방이 당신의 마음을 정확히 '읽을 수' 도 있고, 그저 정확하게 추측만 할 수도 있다. 그러나 감정과 욕구에 대해 직접적으로 표현하고 이야기하는 것이 가장 좋은 방법이다. 우리 모두는 거의 대부분 남의 마음을 잘 읽어내지 못하며 사랑하고 있더라도 천리안을 가진 것처럼 상대방의 마음을 다 알 수는 없는 노릇이다.

몹시 머뭇거리고 조용한 성격의 35세 여성인 조안은 심리치료의 도움을 받은 끝에 새로운 많은 것을 성취했다. 그녀는 감정에 대해서 정직하게 이야기할 수 있게 되었고 자신의 연인인 클라크가 알아서 해 줄 것을 기대하기보다는 스스로 원하는 것을 직접 요구할 수 있게 되었다. 어느 날 조안은 치료 회기에 들어와서 매우 슬프고 화난 목소리로 "그동안 내가 할 수 있는 모든 것을 했어요."라고 말했다. "난 클라크가 나를 위해서 뭔가 하기를 바랐고 분명하고 부드러운 말투로 말했어요. 근데 그가 뭐라고 말했는지 아세요? '싫어.' 하는 거예요! 그가 나를 거부한 거죠."

조안은 마땅히 해야 할 행동을 했지만 흔히 범하는 실수를 한 것이다. 즉, 그녀는 올바른 방식으로 요청하면 자신이 원하는 것을 무조건 다 얻을 수 있을 것이라고 판단한 것이다. 대개 직접적인 방식으로 요청하면 원하는 것을 얻을 수도 있지만, 적당한 시간에 적당한 사람에게 요청을 하지 않으면 원하는 것을 얻을 수 없는 경우도 있다. 원하는 것을 얻지 못하는 경우에는 그 사람이 도움을 줄 입장이 아니라는 것을 받아들이는 것이 중요하다. 조안은 그렇게 하지 않은 것이다.

사람들은 흔히 자신들이 필요로 하거나 원하는 것을 얻을 것으로 기대했다가 곤란한 경우에 처하기도 한다. 무언가를 필요로 하거나 원하는 것은 자연스럽지만, 그것들을 반드시 얻을 것이라고 과잉 기대하거나 요구하는 경우에는 오로지 실망만이 남을 뿐이다. 건강한 사랑은 상대가 아닌 상대에 대한 기대 사항들을 기꺼이 내려놓는 것을 의미한다. 그리고 상대방에 의해 받아들여지려면 먼저 우리 자신을 받아들이는 태도를 가져야 한다.

흔히 우리는 상대방의 사랑 표현방식이 자기가 생각하는 이상에 딱 들어맞기를 기대한다. 관계에서 한 사람은 상대방한테 마당쇠처럼 잔심부름을 다 해 주는 것을 즐기고 그 상대방은 다정다감해서 꽃, 카드, 선물을 주는 것을 좋아할 수 있다. 두 사람 모두가 지각이 있고 성숙한 경우에는 베풀어 주는 사람은 자기만의 독특한 방식을 갖고 있다는 점을 잘 이해하고서 어떤 형태의 사랑 표현방식이든 다 환영할 것이다. 진정한 연인들은 그러한 차이를 잘 이해하고 즐길 줄 안다.

평등하게 주고받기를 경험한다

자기중심적이지 않은 사랑은 동등하게 서로 주고받는 것을 경험하게 된다. 사랑하는 사람에게 주면서 얻는 기쁨은 받으면서 얻는 기쁨보다 더 강력하다. 의존적인 사랑에서 보다 자유로운 사랑으로 경이롭게 도약하게 되면 상대에게 보다 쉽게 주고 기대는 더 적게 하게 된다. 어떤 사람들은 상대방을 즐겁게 하기 위해 주며, 그렇게 해서 자신도 되돌려 받고 싶어 한다. 이것이 실패하면 그들은 화가 나서 "말도 안 돼. 나는 계속 주기만 해 왔는데 아무런 소용이 없었어!"라고 말한다.

뭔가를 얻기 위해 주던 사람은 분노와 좌절을 느끼면서 갑자기 돌변한다. 이 시점에서 계속 주기만 하던 사람은 실망감을 느끼며 자기중심적으로 주는 것을 그만두고 상대방에게 보다 정직해지기 시작한다. 한 내담자의 남편은 어느 날 나에게 전화해서 "맙소사, 도대체 치료가 어떻게 되고 있는지 모르겠어요. 아내가 나를 궁지에 몰아넣고 있어요. 아내는 항상 화가 나 있고 나를 위해 뭔가를 해 주는 것을 거부하고 있어요."라고 말했다. 이에 나는 "그냥 거쳐가는 과정일 뿐이에요. 머지않아 당신도 이해할 거예요."라고 대답해 주었다. 몇 주 후에 그 남편이 다시 전화해서 "선생님 말이 맞았어요. 아내는 예전 모습으로 다시 돌아왔어요."라고 말했다. '뭔가를 돌려받기 위해 주는' 것을 해 왔던 부인은 사실 이전 모습으로 되돌아간 것은 아니었다. 그녀는 전과는 아주 달라졌다. 이전과는 달리 남편에게 뭔가를 되돌려 받을 생각으로 잘해 준 것이 아니라 남편을 진심으로 사랑하게 되면서 남편을 즐겁게 해 주고 그 자체로 주는 기쁨을 경험하기 위해서 주는 것을 다시 배웠기 때문이었다. 자기도 뭔가를 얻을 심산으로 계속 주기만 하다가 실패하면서 부인이 느낀 좌절과 분노는 두 사람 관계를 휘청거리게 할 정도였지만 일견 자연스러운 과정이었다. 진정으로 주는 행동은 타인들에게 베풀어 주는 행동을 확장시켜 주는 심오한 경험이다.

상대방을 바꾸거나 통제하려는 시도를 하지 않는다

성숙한 사람은 자기와 상대방을 있는 그대로 받아들인다. 한 사람이 상대방을 바꾸려고 하거나 통제하려고 하지 않는다. 이것은 한 사람이 자신 혹은 상대방의 모든 것을 좋아한다는 것을 의미하지는 않는다. 남자나 여자 모두 상대방에게서 발견되는 좋지 않는 부분까지도 올바른 시각으로 동시에 살펴볼 수 있다. 즉, 최상의 로맨스는 현실주의에 기초하고 있다. 매우 단순하게 들릴지 모르겠지만, 사랑에서 가장 어려운 부분 중의 하나는 우리 자신과 상대방을 있는 그대로 받아들이는 것을 배우는 것이다. 삶과 관계는 선택으로 가득 차 있다. 우리가 어떤 사람과 함께하기로 선택하고 그 사람을 있는 그대로 받아들인다면 그것이 바로 진정한 사랑이다. 다른 사람을 바꾸려고 시도하는 것은 중독적인 사랑의 증상이다. 이전에 애를 써 본 사람이라면 이미 알고 있겠지만 그것은 소용이 없는 짓이다. 건강한 사랑은 상대에게 양보하는 것이다. 더 높은 자각 수준을 가지고 있는 사람은 충분한 경험을 갖고 있지 않은 더 낮은 자각 수준의 사람으로부터 오해받고 있다고 느끼게 된다. 다섯 살 먹은 아이는 세 살 먹은 아이가 어떤지 알고 있지만, 반대로 더 어린아이가 더 나이 먹은 아이를 이해할 수는 없는 일이다. 중독적인 사랑은 밀고 당기기를 한다. 반면, 건강한 사랑은 이해심이 넘친다.

상대방이 가지고 있는 자기 충족감을 격려한다

프롬은 이렇게 쓰고 있다. "가장 중요한 단계는 아무것도 하지 않아도, 예컨대 독서를 하지도 않고, 라디오를 듣지도 않고, 담배를 피우거나 술을 마시지도 않은 채 그냥 혼자 있는 법을 배우는 것이다. 정확히 말해, 이러한 능력은 사랑할 수 있는 능력을 위한 조건이다." 사람은 누구나 본질적으로는 혼자이며 우리는 성인이므로 더 이상 유아기 혹은 아동기에나 가질 법한 욕구를 가지고 있지 않고 우리 안에 자신을 완전하게 만드는 특성을 가지고 있다는 것을 깨달을 때 비로소 성숙한 사랑이 생기게 된다. 건강한 관계에서 두 사람은 자존감과 안녕감을 갖게 된다. 그들은 자신과 상대방을 믿는다. 0에서 10점까지 평가하게 한다면 건강한 사람들은 죄책감을 전혀 느끼지 않고 자신을 무조건적으로 사랑할 줄 아는 사람이다. 즉, 10점 만점의 10점짜리 자기-사랑을 할 수 있다. 나는 모두가 자신을 그 정도로 사랑하고 존중하는 데 필요한 능력을 지니고 있다고 믿는다.

자신과 상대방의 한계를 수용한다

진정한 사랑은 우리의 한계에 대해 현실적인 판단을 한다. 우리가 믿고 싶은 것에 맞추기 위해 현실을 비틀어 왜곡하기보다는 우리의 믿음을 현실 자체에 맞추는 것이 중요하다. 성장하기 위해 우리의 한계를 받아들일 필요가 있다는 말이 이상하게 들릴지 모르겠다. 그러나 성숙한 사랑은 그러한 한계의 테두리 안에서 문제를 해결할 수 있다.

그러나 한 사람은 계속 성장하고 있는데 다른 한 사람은 성장하지 않고 있다면 두 사람의 관계는 순조롭게 될 수 있을까? 내 대답은 '예'와 '아니요' 둘 다다. 실패하는 관계는 한 사람이 실제든 가상이든 다른 사람의 한계를 수용하려고 하지 않는 것이다. 밀고 땅기는 힘겨루기는 기쁨과 사랑을 깔아뭉개 버린다. 반면에 성공스럽고 만족스러운 관계란 각자 자신의 한계와 타인의 한계를 수용하는 것이다. 처음에는 상대방을 바꾸려고 애쓰며 치료에 들어왔던 한 부부가 생각이 난다. 그들은 나중에 상대의 독특함을 나름대로 즐기는 법을 배웠고 자기 욕구의 일부분은 다른 관계들에서 충족될 수 있다는 것을 배웠다. 부인은 자기치유 수업과 형이상학에 관심을 가졌다. 남편은 사업과 일의 세계에서 자신의 욕구를 충족하기 시작했다. 그들이 함께 보내는 시간은 이제 서로의 차이점과 공통점 모두를 나누는 시간이 되었다.

무조건적인 사랑을 추구하지 않는다

여기서의 중심 단어는 '추구하다(seek)'다. 성숙한 애정관계에서는 더 이상 상대방으로부터 무조건적인 사랑을 '갈망(crave)'하지 않는다. 그런 종류의 사랑을 필요로 하는 유일한 시기는 생애 초기부터 18개월까지다. 이제 성인이 된 우리 자체가 무조건적인 사랑이기에 다른 사람에게서 더 이상 그것을 필요로 하지 않는다. 무조건적인 사랑은 외부로부터 비롯되는 것이 아니라 바로 자기 안에서 비롯되는 존재 상태다. 역설적이게도 무조건적인 사랑을 찾는 것을 그만두게 되는 바로 그 순간에 누군가가 우리에게 바로 그런 무조건적인 사랑을 줄 수 있다는 것을 알고 놀라움을 금치 못할 때가 있다. 그것은 아마도 우리가 자신을 무조건적인 사랑으로 경험할 때 타인으로 하여금 그들이 가진 사랑을 안전하게 나누고 싶은 마음이 들게 하기 때문일지 모른다.

상대에 대한 헌신을 수용하고 존중한다

> 나는 내 일을 하고 당신은 당신의 일을 한다면, 그리고 우리가 서로의 기대에 맞춰 살지 않는다면, 우리는 살아갈 수 있지만 세상은 그렇지 못할 것이다.
> 당신은 당신이고 나는 나이지만 우연이 아닌 필연으로 우리 함께 손을 잡고 가다 보면 서로의 아름다움을 발견하게 될 것이다. 그렇지 않으면 어쩔 도리가 없게 되리라.
>
> - 클로드 스타이너[5]-

중독적인 사랑에서 헌신은 종종 '자기의 상실'로 경험된다. 그러나 성숙한 사랑에서는 그 반대가 진실이다. 즉, 성숙한 사랑에서는 각자의 자존감이 향상된다. 헌신이란 자신을 향상시키는 것을 의미한다. 우리는 자기애적인 자기만족을 넘어서 사랑하는 사람들과 나누고 그들에게 베풀어 주고 희생을 하게 된다. 헌신이란 저항 없이 한 사람의 삶에서 다른 사람의 중요성과 가치를 받아들이는 것이다. 이는 헌신을 상처 주는 행동에 대한 변명(예: 당신은 내 아내이니까 나는 언제든지 원하면 당신과 섹스를 나눌 권한이 있다)으로 이용하는 중독적인 사랑과는 다르다. 성숙한 사랑에는 다른 사람의 안녕감에 대한 진정한 관심과 책임감이 따른다. 우리는 각자의 행동이 우리의 관계에 어떤 영향을 미칠지 고려해야 한다. 자율성이란 항상 '내가 하고 싶을 때 원하는 것을' 하는 것이 아니며, 오히려 우리 자신과 타인에게 상처를 가장 덜 주는 방식으로 삶에 대한 책임을 지는 것임을 인식하는 것이다. 자율성은 경계와 한계를 갖고 있고, 성숙한 사랑을 하는 사람들은 자신의 책임 범위를 넓히는 방향으로 그들이 맺고 있는 관계의 영역을 규정한다. 상대에 대한 우리의 헌신은 가장 깊은 가치를 드러내며 우리가 가지고 있는 두려움을 초월한다.

많은 관계 문제의 이면에는 이전에 헌신적인 관계에서 배신당한 아픔을 겪었던 일이 자리 잡고 있다. 그러한 배신은 새로운 헌신을 경험함으로써 치유될 수 있다. 헌신이란 어떤 한 사람에게 행해지는 것이 아니고, 결과에 초점을 맞추는 것도 아니며, 그 어떤 것도 보장해 주지 않는다. 오히려 그것은 "나는 앞으로도 계속 당신과 함께 해 나갈 것이며 당신에게 최고로 좋은 사람이 되기 위해 노력할 것입니다. 우리의 관계가 어떤 식으로 바뀌어도 서로 연결이 유지되도록 내 역할에 충실하겠습니다."와 같은 것을 의미한다. 우리는 매일 엄청나게 변화무쌍한 삶에 노출되어 있기 때문에 애정관계에 헌신한다는 것은 복잡한 세상에 맞게 변화하고 성장할 수 있는 기회를 준다. 사랑은 고정되어 있는 실체가 아니라 생동감, 변화, 활기, 활력, 혁신, 에너지, 잠재력과 같은 특성을 보여 주는 삶의 한 과정이다. 사랑의 변화과정에 몰두할 때, 우리는 또 다른 누군가를 위해 바로 거기에 있는 것이다.[6]

높은 자존감을 가지고 있다

당신은 자신을 얼마나 사랑하는가? 성숙한 애정관계를 맺을 줄 아는 사람들은 높은 자존감과 안녕감을 갖고 있다. 그들은 타인에게 굳이 입증할 필요를 느끼지 않으며 자신을 있는 그대로 사랑한다. 중독적인 관계에 빠진 사람의 자존감은 대개 상대방의 반응에 의존한다. 건강한 관계를 맺을 줄 아는 사람은 자신을 신뢰하고 상대방의 거부나 불일치에도 자존감이 흔들리지 않는다.

나는 과거에 늘 자신을 떠받들어 달라고 요구하던 사람과 교제를 했던 기억이 난다. 그 남자는 늘 "내 기분이 좋아지도록 나를 존중해 주었으면 좋겠어."라고 말하곤 했다. 그 남자친구에 대한 나의 대답은 언제나 단도직입적이었다. "너를 떠받들어 준다는 건 비현실적인 일이야. 우리는 평등해. 그렇게 할 수 없어. 우리가 서로의 가치와 선함을 존중할 수는 있지만 자기가 가지지 못한 자존감을 상대방한테 줄 수는 없어." 그러자 우리 사이는 곧 끝이 났고 그는 자기를 떠받들어 줄 상대를 계속 찾아다녔다.

다른 사람이 여러분을 떠받들어 모실 수도 있고, 여러분은 위로 치켜 올려져 아래를 굽어 내려다보고 싶은 유혹이 들 수도 있다. 그러나 이러한 비행기 태우기는 위험천만한 일일 뿐이다. 결국은 올라갔던 지점에서 다시 내려와야만 한다. 성숙한 사랑은 부풀려진 자아가 머무르는 공간이 아니다. 나는 언젠가 겸손이란 자신을 너그럽게 수용하는 것으로 정의할 수 있다고 들은 적이 있다. 성숙한 사랑을 하는 사람들은 이와 같은 조용한 자기-신뢰감을 혼자 그리고 서로 표현할 줄 안다.

사랑하는 사람에 대한 자신의 기억을 신뢰한다. 혼자 있는 것을 즐긴다

진정한 사랑의 중요한 지표는 지금은 옆에 없는 연인에 대한 기억을 신뢰하고 혼자 있는 시간을 수용하고 즐길 수 있는 능력이다. 진정한 사랑을 하는 사람들은 현재 자기 옆에 없는 연인과 함께 있고 싶지만 지금은 그럴 수 없다는 것을 받아들이고, 결국 그 사람이 자신에게 돌아올 것이라는 사실을 믿어 의심치 않는다. 지금 옆에 상대가 없어도 그 사람과 함께했던 좋은 감정과 기억이 우리를 충분히 만족시켜 준다. 성숙한 사랑을 하는 사람들은 아동기적 욕구에 충분한 반응을 경험한 사람들이며 자신들이 필요로 하는 것이 무엇인지 잘 알고 그것을 얻기 위해 쉽게 손을 뻗을 줄 안다. 아동기에 운 좋게도 충분하게 욕구 충족이 이뤄진 사람들은 사랑받을 권리를 수용하고, 열려 있으며, 신뢰하고 요구적이지 않다.

한 연인이 상대방에게 "우리가 떨어져 지낼 때에 당신에 대해 느끼는 감정이 예전과는 많이 다른 것 같아. 떨어져 있어도 당신과 함께 있는 것 같고 당신의 존재를 느낄 수 있어. 그리고 우리가 영적으로 연결되어 있다고 믿고 있어. 이젠 떨어져 있어도 예전과 같은 불안과 갈망이 없어졌고 다시 함께할 수 있기를 고대하게 돼. 이게 아마도 당신 역시 우리가 함께하지 못하고 있는 시간을 신뢰하고 있기 때문일 거야."

이런 말이 순진한 소리처럼 들리지 않기를 바란다. 애정관계에서 흔히 일어나는 배신 경험 때문에 우리 모두는 다시 한 번 신뢰감을 회복할 수 있도록 스스로를 치유해서 마음을 열기까지 힘든 과정을 거쳐야 한다. 이것이 아마 사랑이 주는 가장 커다란 도전일 것이다.

감정을 자발적으로 표현한다

중독적인 사랑관계에 빠진 사람들은 낡은 테이프를 계속해서 돌리듯 상대방과의 극적인 장면을 머릿속으로 되풀이하면서 습관적으로 혼란감, 분노, 죄책감, 수치심과 같은 나쁜 감정에 빠져든다. 그러한 감정들은 자라면서 가정에서 표현이 허용되지 않았던 감정을 대체한다는 점에서 '쓰라린(racket)' 감정들이라고 명명된다. 아동이

화를 표현하는 데 수치심을 느낄 경우 대신에 슬픔이나 흥분감을 보일 수 있다. 우리는 시시각각 감정을 느끼지 않을 수 없다. 감정은 몸에서 일어나는 전기화학적 반응이어서 어떤 형태로든 표출되어야 하기 때문이다. 건강한 관계에 있는 연인들은 실제로 일어나는 것에 기초해서 자발적으로 감정을 표현한다. 이런 것들은 '반응적인' 감정이다. 반응적인 감정들은 주어진 상황에서 자연적으로 발생해서 그 사람이 행동을 하도록 이끌어 준다.[7] 호랑이가 방에 들어오면 누구나 두려움을 느끼고 오금이 저려서 꼼짝 못하게 되거나 도망을 치게 된다. 누군가 어린아이에게 학대적인 행동을 하는 것을 목격하면 분노를 느끼고 항의의 말을 하게 된다. 가까운 사람이 죽으면 슬픔을 느끼면서 그 사람을 잃은 데 대해 애통해한다. 자식들이 노력해서 성공하게 되면 기쁨을 느끼며 축하의 말을 해 주게 된다. 감정은 올라오면 억압되지 않고 표현되어야 하는데, 그 이유는 나중에 부적절하게 폭발하지 않게 하기 위해서다. 쌓인 좌절과 분노는 언젠가는 바깥으로 나오게 되고, 그때서야 당사자는 자신의 감정을 확실히 인식할 수 있게 된다.

재혼한 어떤 부부는 문제가 생길 어떤 조짐이라도 생기면 서로 거리낌없이 이야기하겠다는 약속을 결혼 서약서에 포함시켰다. 결혼생활에서 안 좋은 조짐은 처음에는 뭔가 불편한 감정의 형태로 나타나게 된다. 두 사람 모두 예전에 실패한 결혼생활 경험을 통해 아무리 사소한 감정이라도 불편한 감정을 표현하지 않으면 차츰 행동 표출, 분개, 담 쌓기 등과 같은 심각한 상태로 치닫을 수 있음을 알고 있었다. 사랑중독자들이 과거의 극적인 장면을 끊임없이 되풀이하는 경향이 있다면, 건강한 사랑을 하는 사람들은 뭔가 다르면서도 더 좋은 결말을 만들어 낼 줄 안다. 우리가 느끼는 불편한 감정들은 서로의 차이를 밝혀내고 해결할 필요가 있다는 것을 나타내는 신호이며, 그것들을 충실하게 표현하는 것이 정신건강에 중요하다.

가까워지는 것을 환영한다. 상처받기 쉬운 위험을 감수한다

우리는 건강한 사랑을 하게 되면 자신의 삶과 나아가 모든 인류와 연결되어 있음을 느낀다. 우리는 누구를 믿을 수 있고 또 누구를 믿을 수 없는지 알고 있고 그것을 탐색하는 데 안전함을 느낀다. 성숙한 사랑을 하는 사람들은 실망과 고통을 잘 해결할 수 있다. 건강한 애정관계에서는 우리 모두를 폐쇄적이고 방어적이게 만드는 기저의 신념과 결심을 내려놓을 수 있다. 우리는 기꺼이 충만한 삶을 혼자 살 수 있다. 우리는 소속감이란 여러 가지 다양한 형태로 발생하며 일차적 관계 외의 여러 가지 다른 방식으로 생긴다는 것을 알고 있다.

한 내담자가 "이제 고통과 상실을 이겨낼 수 있고 마음을 열었을 때의 즐거움을 알고 있기 때문에 솔직하고 거리낌없이 살면서 다른 사람들과 위험을 무릅쓰는 선택을 할 수 있게 되었어요. 내 솔직함이 다른 사람의 기준에서 볼 때 너무 지나치다면 그런대로 내버려 두어야겠지요. 내 솔직함을 기꺼이 나누고 싶어 하는 사람들이 많이 있다는 것을 아니까요. 나는 나 이외의 다른 사람이 될 수는 없어요. 저 사람보다는 이 사람을 더 좋아하기 때문에 다른 사람들과 보내는 시간을 아껴서라도 자기가 좋아하는 사람과 시간을 함께 보내고 싶어 하는 것은 당연한 일이지요. 누군가가 나와 친하게 지내고 싶어 하지 않고 다른 사람을 선택한다고 해도 아무 상관없어요. 나와 친하게 지낼 수 있는 사람들은 얼마든지 많으니까요!"

집착하지 않고 초연하게 상대방을 돌본다

성숙해진다는 것은 다른 사람의 감정을 보살피고 그에 귀 기울이면서도 다른 사람이 느끼는 모든 나쁜 감정을 '고치거나' 없앨 수 없다는 것을 아는 것이다. 따라서 집착하지 않고 초연하게 상대를 보살피는 것은 관계에서 건강한 징후다. 건강한 관계를 맺고 있는 사람들은 "나는 당신의 기분을 배려하고 보살피면서 당신 곁에 있을게요."라고 말하지 "당신의 고통을 대신 느낄래요."라고 말하지 않는다.

리아와 존이 처음 상담을 하러 왔을 때, 리아는 끔찍할 정도로 우울해했고 존은 그에 대해 죄책감을 느끼고 있었다. "전 이 사람을 우울증에서 벗어나게 해 줄 수 없을 것 같아요. 제가 할 수 있는 건 뭐든지 해 봤어요."라고 존이 말했다. "아내가 그렇게 우울해하고 있는데 제가 어떻게 기분이 좋을 수가 있겠어요!" 은연중에 그는 남편으로서 그리고 한 남자로서 실패자라고 느끼는 듯했다. 존은 남자라면 슬픈 여자 주인공의 구세주이자 영웅이 되어야 한다고 믿고 있었던 것이다.

우울감에 대해 책임을 져야 할 사람은 리아 자신이라는 것을 두 사람 모두 깨달아야 했다. 존이 리아를 이해하고 동정한다 하더라도 대신 우울증을 극복해 줄 수는 없는 노릇이다. 사실 존이 리아의 우울증에 대해 책임을 덜 느낄수록 그녀의 기분 상태는

나아지고 있었다. 존도 이 사실을 알면서 안도감을 느꼈다. 한편, 리아는 존이 자신의 우울감에 대해 스스로를 책망하지 않게 되면서 죄책감을 덜 느끼게 되었고 자신이 우울한 원인을 좀 더 부담 없이 파악할 수 있게 되었다. 존은 이전보다 불안감을 덜 느끼면서 리아에게 힘을 내도록 격려할 수 있게 되었다. 내려놓음으로써 두 사람의 관계는 내외적으로 성장할 수 있는 기회를 갖게 되었다.

자신과 상대방의 동등함을 인정하고 개인적 힘을 인정한다

진정한 사랑관계에 있는 연인들은 서로를 동등하게 인식하고 있다. 그들은 심리 게임을 벌이거나 한 사람이 더 우월한 위치에 서거나 하지 않는다. 진정한 사랑을 나눌 수 있는 사람들은 상대에 대해 힘을 행사하려고 하지 않으면서 서로를 성장하게 해 준다. 그리고 서로 진실하게 마주 봄으로써 고통을 불러일으키지 않고 오히려 고통을 멈추게 한다. 두 사람이 각자 개인적으로 만족스럽고 자유로울 때 만족스럽고 자유로운 애정관계를 더 쉽게 가질 수 있다.

파워를 나누어 갖기

건강한 사랑에서는 파워가 서로 공유된다. 즉, 더 이상 파워플레이를 부정하는 데 연연하지 않고 파워플레이에서 무승부를 인정하고 의식적으로 파워를 나누는 쪽으로 노력하게 된다. 건강한 사랑에서는 자신의 결점을 타인에게 투사하는 대신 삶에 대해 진실하고 열정적인 모습을 받아들이게 된다. 또한 상대방의 행동을 자기 자신과 직접 결부시키는 대신에 명확한 경계가 있어서 각자의 개성과 독특성을 허용한다. 또한 상대방이 비난을 퍼부으며 대대적인 공격을 하는 것에 대해 맞상대하거나 애써 무시하거나 쫓아내려고 하지 않고 상대방의 말에 귀 기울여 준다. 건강한 관계에서는 우리 자신의 독특한 능력과 창의성에 대한 열망을 포기하지 않고 자신의 계획대로 확고하게 설 수 있다. 그러한 사람들은 더 이상 자신의 재능을 사장시키거나 묻어 두지 않고 자신과 관계에 힘을 불어넣고 치유하는 방식으로 마음껏 꿈을 펼칠 수 있다.

이때 비로소 힘은 측정 가능한 물리적인 상품이 아닌 끊임없는 삶의 에너지 원천으로 인식된다. 삶을 변화시키는 것은 바로 우리 각자가 가지고 있는 개인적인 생동감, 활력, 열정, 열렬함인 것이다. 그것은 "나는 정서적 · 영적으로 대등한 존재로서 당신과 함께 여기 있어요. 나는 당신의 거울이고 당신은 나의 거울이에요."와 같은 말로 표현된다.

사람들에게 추한 감정을 남기는 파워플레이와 달리, 파워를 나누는 것은 우리를 '개화시켜' 준다. 우리는 더 밝아짐을 느낀다. 우리의 마음은 더 밝아지게 된다! 우리는 더 쉽게 어울리게 된다. 관계는 더욱 풍요로워진다. 사랑은 서로 분리됨의 착각을 뚫고서 치유를 추구할 때 파워와 결합된다.

어린아이들이 가지고 있는 자기중심적인 전지전능함의 착각에서 힘을 나누는 쪽으로 바뀌는 것은 끝없는 투쟁과도 같다. 하지만 꾸준한 실행을 통해 우리 자신에게 힘을 부여하고 다른 사람의 힘을 수용하게 되면 이 힘을 나누는 것이 점점 더 자연스럽게 될 것이다.

다음은 건강한 사랑을 위한 파워 나누기 행동 목록이다.

- 자유롭게 신념, 가치, 생각을 말하고 그것이 잘 수용되고 존중되게 하라.
- 자유롭게 욕구, 요망 사항, 감정을 표현하고 지지와 사랑을 요청하라.
- 자아의 욕구에 따른 기대와 결과에서 자유로워져라.
- 긍정적인 방식으로 사람들에게 힘을 부여하고 협조적으로 대하라.
- 다른 사람의 지능, 지식, 그 밖의 재능을 축하해 주어라. 다른 사람들이 가지고 있는 것에 대한 질투를 내려놓아라.
- 우리 자신의 가장 깊은 자기로부터 기꺼이 나와서 다른 사람과 친밀하게 상호작용하고 주고받아라.
- 개인적인 힘을 꾸준하고 신뢰할 수 있는 방식으로 표현하라. 믿을 수 있게 하고 약속을 하면 끝까지 지켜라.
- 지나치게 보살피려 하지 말고(단지 거기에 있는 것만으로 충분하다) 정서적으로 지지적인 방식으로 자기 자신을 누군가에게 주어라.
- 타협하라. 각자가 정서적으로 대등한 존재이고 주도권을 나누어 가질 수 있다는 것을 받아들여라.
- 함께 문제해결과 의사결정을 하라. 일을 보다 효율적으로 하는 방법을 함께 검토하라.
- 실수를 인정하고 죄책감이 없이 나눠라. 자신과 상대방의 잘못을 수용하라.
- 질문과 요청에 대해 직접적이고 분명한 답을 해 주어라.

- 서로를 대등하게 대하고 윈윈(win-win)하는 태도—즉, 한 사람이 위로 가거나 아래로 가지 않는 상황—를 견지하는 행동을 취하라.
- 상대방을 있는 그대로 받아들여라. 비록 부당한 행동과 맞닥뜨리게 되더라도 상대방의 존재를 존중해 주어라.
- 특히 그 사람이 어려운 상황일 때 세심하게 존중해 주면서 대하라.
- 확고한 정체감을 갖고 우리 자신을 상대방과 나누고 싶은 욕구를 인식하라.
- 자기 말만 하거나 상대를 매수하거나 위협하기보다 들어주고, 의논하고, 제시해 주고, 끌어 주어라.
- 상대방을 억지로 바꾸려는 기대를 갖지 말고 좌절과 분노를 표현하라. 내려놓아라.
- 설득력 있고 공손한 방식으로 언어적 · 정서적 · 신체적 학대를 멈추어라.
- 소극적이거나 공격적이 되지 않으면서 자신의 입장을 명확히 표현하라.
- 의사결정을 공유하고 그 결과를 받아들여라.
- 기꺼이 양보하거나 기다려라. 또한 우리가 원하는 것을 항상 얻을 수만은 없다는 것을 받아들여라.
- 입장을 분명하게 밝혀라. 그런 다음에는 잘될 거라고 믿으면서 겸허하게 내려놓아라.[8]

결론적으로 성숙한 사랑은 사랑하고 싶은 욕구를 기꺼이 환영하고 취약해질 수 있는 위험을 감수한다. 성숙한 사랑을 하는 사람들은 혼자 있음을 직면하고 나누는 기쁨을 안다. 그들은 유아기처럼 생존을 위해 다른 사람을 필요로 하는 것은 아니라는 것을 알고 있고, 삶이란 때로 고통스럽고 때로는 부당하지만 여전히 좋은 것이라는 것도 잘 알고 있다.

내가 건강한 사랑에 대해 쓰고 말하다 보니 중독적인 사랑에 대해 쓰거나 말할 때보다 훨씬 더 적게 표현하고 있다는 느낌이 든다. 당연히 그럴 수밖에 없다. 진정한 사랑은 있는 그대로의 상태다. 그것은 순수하고 단순하며 자기 안에서 발산되어 나온다. 자기 안이란 분명하게 정의할 수 없는 곳이지만 마치 심장이 자기 안에 존재하고 있는 모든 세포 하나하나에게 이야기하는 것과도 같다. 건강한 사랑은 자신이 스스로 만들어 내어 바깥으로 뻗어나가도록 하는 것이다. 때로는 그것을 멈출 수도 있고 그것을 나누어 가질 수도 있다.

여러분은 사랑의 경험에 대해 알고 있다. 여러분이 그것을 다시 경험할 때마다 스스로에게 이렇게 말하라. "이것이 사랑이고, 이것이 실제적인 것이야. 나는 이 사랑을 되풀이해서 계속 경험하게 될 거야."

나는 나고! 너는 너다!
그리고 사랑은 전부다.
중요한 것은 그것이다!

- 리처드 바크, 『영원을 넘는 다리(The Bride Across Forever)』[9] -

내일을 향한 희망

중독에서 7 사랑으로

문명을 최고로 표현해 주는 것은 그 자체의 기술이 아니라
사람들의 심성이 굳건해서
서로 자유롭게 느끼고 보여 줄 수 있는
지극한 부드러움이다.

-노먼 커즌스, 『인간의 선택(Human Options)[1] -

어느 날 나나가 방을 정리하러 오기 전에
아이가 새근새근 잠들어 있는 침대 머리맡에 나란히 누워서
토끼인형이 목마인형에게 물었다. "진짜라는 건 뭘까?"
"그건 안에는 웅웅 소리 나는 게 있고 튀어나온 손잡이가 달려 있는 게 아닐까?"
"진짜는 어떻게 만들어졌는지 하고는 아무 상관없어." 목마인형이 말했다.
"그건 너에게도 일어날 수 있어. (침대 위의 아이를 가리키며)
저 아이가 단순히 너를 갖고 논다고 되는 것이 아니라
너를 오래오래 갖고 놀다가 정말로 사랑하게 된다면
그때 바로 진짜가 되는 거지."
"진짜가 되려면 아프겠지?" 토끼가 물었다.
"가끔은." 목마인형이 진실을 담아 말했다.

"하지만 진짜가 되면 상처받는 것에 대해 신경 쓰지 않아."
"진짜가 되는 일은 태엽을 감듯이 갑자기 일어나는 일일까,
아니면 천천히 일어나는 일일까?"
"그건 한 번에 갑자기 일어나는 일은 아닐 거야." 목마인형이 말했다.
"너는 진짜가 될 거야. 하지만 오랜 시간이 걸려야 돼.
그래서 쉽게 부서지거나 날카로운 모서리가 있거나
너무 비싸서 조심히 다루어야 하는 장난감은 진짜가 될 수 없어.
진짜가 될 즈음에는 대부분 털이 다 빠져 버리고 눈도 없어지고
팔다리가 떨어져 아주 남루해 보이지. 하지만 그건 문제가 되지 않아.
왜냐하면 진짜는 항상 아름다운 거니까." 목마인형이 말했다.
"물론 그걸 이해하지 못하는 장남감은 빼고 말이야."
"넌 진짜라고 할 수 있어?" 토끼인형이 물었다.
질문을 하고 나서 토끼인형은 곧 그런 질문을 하지 말 걸 하고 후회했다.
왜냐하면 목마인형이 그 말에 기분 상하지 않을까 해서였다.
하지만 목마인형은 그냥 빙그레 웃기만 했다.
"저 아이의 삼촌이 날 진짜로 만들어 주었어." 목마인형이 말했다.
"그건 아주 여러 해 전이었지. 하지만 너도 일단 진짜가 되면
다시는 가짜가 되지는 않을 거야. 진짜는 영원한 거니까."

-마저리 윌리엄스, 『벨벳토끼 인형(The Velvet Rabbit)』[2]-

빅터 프랑클(Victor Frankl)은 제2차 세계대전 중 아우슈비츠에 끌려가 혹독한 시련을 겪은 후 실존적 정신치료 학파를 발전시켰다. 프랑클은 가장 끔찍했던 나치 수용소 시절에 자신이 겪었던 현실을 이렇게 고백하고 있다. "나는 너무나 많은 시인들이 노래로 담았던 진실을, 너무나 많은 사상가들이 가장 숭고한 지혜라고 했던 진실을 보게 되었다. 사랑이야말로 인간이 추구할 수 있는 절대적이면서 최고의 목표라는 진실을 알게 되었다. 인간의 구원은 사랑을 통해서, 사랑 안에서만 이루어진다. 이 세상에 아무것

도 남길 게 없는 사람일지라도 사랑하는 사람을 깊이 생각하는 것만으로도 지고지순한 행복을 느낄 수 있음을 잘 알고 있다. 사랑은 사랑하는 이의 신체적 존재를 초월해서 그 사람의 영적 존재, 내적자기(inner self)의 가장 깊은 의미를 발견하게 되는 것이다."[3]

다른 사람의 존재에 대한 중독은 사랑이 아니며, 중독의 성격을 띠는 그 어떤 것도 절대 진실한 사랑이 아니다. 사랑과 중독은 닮은 듯 보이고 서로 혼동할 여지가 있지만 전혀 별개의 것들이다. 우리가 직면하고 있는 과제는 중독적인 사랑에서 건강한 소속감으로 나아가는 것이다. 바로 거기에서 우리는 가장 심오한, 즉 프랑클이 설명한 의미 있는 내적 자기를 경험하게 되기 때문이다.

탈출구

만일 당신이 중독적 관계에 있다는 것을 깨닫게 되면 어떻게 할 수 있을까?

첫째, 대부분의 관계는 중독적 요소를 지니고 있음을 명심하라. 어느 누구도 어린 시절 자신의 욕구를 모두 충족하지 못한다. 우리의 부모 역시 인간적인 한계가 있기 때문에 때로는 우리에게 좌절감을 안겨 준다. 그런 좌절로 인해 부모를 원망하면서 어린 시절에 얻을 수 없었던 것을 다른 사람한테서 지나치게 요구하게 될 때 중독의 취약성이 생기는 것이다.

둘째, 중독적인 사랑은 어느 정도는 생존에 필수불가결한 것으로 생각되어 쉽게 포기하지 못한다는 점을 명심하라.

셋째, 사랑중독에 빠지는 심리적인 이유는 사람들의 지문이 제각각이듯이 여러분만의 독특한 특성이 있음을 명심하라. 여러분만이 자신의 중독적인 관계가 무슨 목적을 지니고 있는지 파악할 수 있다. 여러분만이 어떤 두려움 때문에 중독적 관계를 내려놓지 못하고 있는지 잘 알 수 있다. 만일 여러분이 건강하지 못한 관계에서 혼자 힘으로는 벗어날 수 없다면 혹은 중독적인 사랑으로 계속 옮겨 다니고 있다면 외부의 도움이 절실히 필요할 때다.

넷째, 자기 자신과 친해지도록 노력하라. 스스로 완전하다는 것을 알게 될 때 우리는 건강한 사랑관계를 가질 준비가 된다. 자기 충족감과 자기 이해는 사랑과 자유에서 필수적인 부분이라고 할 수 있다.

다섯째, 중독에서 사랑으로 변화하는 것은 하나의 과정이라는 것을 명심하라. 의존적인 행동에 들어가는 길이 있는 것처럼 빠져나오는 길도 있기 마련이다. 희망이 있다. 중독적 사랑과 건강한 소속감을 분간할 수 있을 때, 그런 과정을 파악하게 될 때, 여러분은 자신과 다른 사람을 수용하는 법을 배울 수 있을 것이다. 그렇게 되면 사랑의 충만함을 성취할 수 있는 계기가 늘어나게 될 것이다.

중독에서 벗어나 건강한 사랑으로 들어가기: 과정

나는 1980년에 결혼생활의 파경을 맞이하였다. 그날까지 결혼생활은 내 인생에서 가장 중요한 것이었기에 그걸 끝내는 것은 대단히 고통스러웠다. 그런 일이 내게 일어나거나 일어날 수도 있다고는 전혀 생각해 보지 못했다. 이혼 이후에 내 인생 여정과 다른 사람들의 치료 여정을 거치게 되면서 중독적 관계에 들어가고 나오는 데에는 분명한 단계가 있다는 것을 알게 되었다. 중독적인 사람들은 일련의 단계를 거치게 된다. 그런 단계들을 확실하게 규명하게 되면서 변화는 덜 고통스럽고 보다 받아들일 수 있는 것으로, 심지어 환영받을 만한 것으로 다가오게 되었다. 또 어떤 사람이 사랑관계를 유지하거나 포기하는 게 옳은 이유인지 혹은 나쁜 이유인지를 쉽게 파악할 수 있게 되었다. 차이를 구별한다는 것은 무엇을 해야 할지와 언제 그것을 해야 할지를 파악하는 데 매우 중요하다. 지금 생각해 보면 그런 과정을 이해하고 긍정적인 결과를 얻을 수 있도록 대비하게 되어 매우 다행스러웠을 따름이다. 중독에 빠져들고 나오는 과정이 일련의 단계로 되어 있다는 확신을 갖게 된 것은 그 과정을 성공적으로 끝내는 데 매우 필요한 것이었다. 어떤 사람이 지금 관계 안에 있건 밖에 있건 그것은 중요치 않았다. 그 사람은 그냥 그런 과정에 있는 것이다.

남녀 커플에 대한 치료는 변화되었다. 중독에서 벗어나 건강한 사랑으로 변하는 것은 '내적인 작업'이다. 한 사람의 내적 신념을 변화시키지 않고서는 관계를 변화시키려고 하는 일은 소용없는 일이다. 처음에 내가 했던 치료 회기들은 권력투쟁을 위한 장이었고, 나는 그저 재판관이자 심판의 역할에 머물렀다. 이런 방식은 전혀 먹히지 않았으며 나중에는 녹초가 되어 희생자가 된 느낌만 들었을 뿐이었다.

그동안 내 인생에 어떤 사람을 끌어들여서 눈에 보듯 뻔한 방식으로 행동하곤 했던 나 자신의 건강하지 못한 의존성으로부터 나름

대로 교훈을 배웠다. 이별에 대한 나 자신의 두려움, 욕구를 가지는 것에 대한 두려움, 친밀해지는 것에 대한 두려움을 스스로 곰곰이 생각해 볼 필요가 있었다. 변화시킬 수 있는 것은 나 자신뿐이며 스스로를 변화시키는 것은 결국 자신의 책임임을 깨달았다. 나는 그 당시 내 수준에 들어맞는 사람들과 상황을 인생에 끌어들였던 것이다. 다른 사람의 행동이 때로는 받아들이기 힘들다고 생각했지만 내 안의 어떤 부분이 이런 고통을 끌어당겼고 또 왜 그런 건지 의아하게 여기지 않을 수 없었다. 내가 변화하기 시작하면서 내 삶에서 보다 건강한 사람들과의 관계를 끌어들이기 시작했다.

나는 비로소 보다 효과적인 방법으로 남녀 커플과 치료 활동을 할 수 있게 되었다. 나는 관계 문제가 있는 사람들은 모두 나름대로 충분한 이유가 있음을 파악하게 되었다. 나는 내담자들에게 각자 잠시 혼자만의 인생 행로를 생각해 보고는 그들 자신이 어떤 사람인지 자각하고, 관계의 불협화음이 그들에게 심리적으로 어떤 의미가 있는지를 깨닫게 함으로써 파워플레이를 완화시켜 나갔다. 어떤 사람들은 이런 제안에 화를 내면서 둘 사이의 관계가 문제라고 하거나 혹은 다른 몇 가지 문제 때문에 치료받으러 온 것이라고 항변하기도 했다. 내면의 여행이라는 어려움을 무릅쓰면서 치료과정을 지속한 사람들은 사랑에서 관건이 되는 것은 내면의 자유라는 것을 어쨌든 깨닫게 되었다.

내가 발견한 치료 모델에서는 중독에서 사랑으로 가는 일곱 가지 단계를 제시하고 있는데 그것은 다음과 같다.

1 부인

2 불편감

3 직면

4 심리적 이별

5 자아의 결심

6 소속감

7 손 내밀기

부 인

부인 단계에서 두 사람의 관계는 지극히 정상으로 보일 수 있다. 이 단계에 있는 사람들은 그동안 배우자로부터 정서적, 영적 그리고 신체적으로 상당한 학대나 무시를 겪어오면서도 그런 사실을 부정하거나 합리화할 것이다. 아마도 자신을 해치는 누군가에 대한 의존 성향을 갖게 될 수도 있다. 새로운 애정관계에서는 흔히 사랑의 도취와 행복감이 넘치기 때문에 관계에 드리워진 위험 신호가 은폐된다. 하지만 곧 그런 관계에서도 분명한 패턴이 나타나게 된다. 상대에게 뭔가를 줄 때 되돌려 받을 기대를 하기 때문에 나중에 상처나 상실을 경험하게 된다. 진정한 친밀감을 두려워해서 그것을 대신하는 각성과 흥분이 촉발되면서 관계는 멜로드라마처럼 되기도 한다. 중독적 사랑의 특성 가운데 많은 부분 혹은 전부는 무시되거나 부정된다. 억제(suppression) 방어기제가 이 단계의 중요한 지표이기도 하다.

부인 단계를 뒷받침해 주는 신념들은 다음과 같은 상투적인 말들로 표현된다.

- "어느 커플이나 흔히 이런 일을 겪게 마련이야."

- "아무것도 없는 것보다는 나쁜 관계라도 맺는 게 나아."
- "좋든 나쁘든 간에 난 그 사람을 선택했어."
- "그런 게 인생이야."
- "항상 사람들의 좋은 면을 봐야 돼."
- "나는 만사를 그리 나쁘게만 보지 않아."

사랑중독자들은 자신의 진실을 두려워한다. 때로는 정보가 부족한 탓에 이런 관계에 머무르는 커플들도 있다. 하지만 정확한 정보를 얻게 되면 커플 중 한 사람 또는 두 사람 다 의존적 관계에서 벗어날 수 있다.

애석하게도 많은 커플이 이것밖에 없다고 믿거나 관계에서 얻을 수 있는 최선이라고 생각하고서 이 단계에 그냥 갇혀 있는 경우가 많다. 혹은 이 단계에 매몰되어 있지는 않더라도 많은 커플이 건강한 사랑을 얻기 위한 치료과정에 수반되는 도전에 부딪히면 힘들어하며 다시 현실을 부정하는 태도로 돌아가기도 한다.

불편감

불편감 단계에서는 커플 중 한 사람 또는 두 사람 다 뭔가가 빠져 있다는 것을 인식하게 된다. 내면의 목소리는 다음과 같이 말한다.

- "이것만으로는 부족해."
- "뭔가 아주 잘못되고 있어."
- "나한테 무슨 문제가 있는 걸까? 난 더 행복해야만 하는데 말이야."

- "과연 그 사람이 나를 여전히 사랑하고 있는 걸까? 과연 내가 그 사람을 여전히 사랑하고 있는 걸까?"
- "정말 이렇게밖에 안 되나? 정말 지쳤어."
- "너무 답답한 느낌이야. 벗어나고 싶어."

첫 번째 단계에서 사람들은 문제들을 억누른 채 현재 관계에 그저 적응하려고 애쓴다. 하지만 이 두 번째 단계에서는 동요와 흥분감이 일어나서 그런 현실 부정을 불가능하게 만든다. 이 단계에 들어서면 중독적인 사랑에 빠져 그동안 억제되고 부인되어 왔던 차단된 에너지가 내적 긴장감과 흥분감을 유발하기도 한다. 이 시점에서 문제를 찾아내어 해결하는 것이 하나의 도전이자 과제로 떠오르게 된다.

이쯤 되면 관계는 중독적인 특성을 유지하려 하기 때문에 대부분의 사람은 자신이나 관계 밖에서 해결 방안이나 안정을 찾으려고 한다. 이들은 술, 음식, 연애사, 일, 운동, 종교, 도박, 또는 강박적으로 집착하게 될 요소를 다분히 지니고 있는 일련의 다른 행위에 빠져들 수 있다. 그런 강박적 집착이 처음에는 위안을 가져다줄 수도 있지만 자존감을 발전시키거나 인생의 의미를 발견하는 데는 아무런 도움이 되지 않는다. 게다가 이 단계에서는 뭔가 불편한 느낌을 어렴풋이 느끼기는 하지만 아직은 확실하게 인식하지 못하기 때문에 내적인 고통과 불편감을 은폐하기 위한 또 다른 잘못된 중독 행위에 빠져들어 결국 그 사람이 느끼는 갈망을 충족하지 못하게 된다.

불편감 단계에서 한 사람은 되풀이되는 감정, 행동 그리고 자주

느껴지는 불행한 기분들을 인식하게 된다. 일반적으로 한 사람은 두려움과 죄의식을 느끼면서 중독적 관계에서 벗어나려고 한다. 이 단계에서 관계 문제는 아직 명확히 파악되지 않기 때문에 좌절감, 혼란감, 우울함, 불안감이 흔히 나타난다. 대개 한쪽 또는 쌍방이 두려움과 죄의식에서 벗어나고자 첫 번째 단계로 되돌아갈 수도 있다.

직 면

인간은 성숙하고자 하는 욕구가 있다. 인생을 살다 보면 우리를 뒤흔드는 사건을 통해 새로운 기점을 맞이하는 순간이 오기도 하며, 이때 비로소 우리는 건강하지 못한 의존성을 병으로 보고 적극적으로 벗어나려고 한다. 그런 커다란 사건은 우울증, 이별, 한 권의 책, 중독 치료, 죽음 직전까지 가 본 경험, 질병, 중대한 인생 변화, 친구로부터 우정 어린 진실을 직면하기, 경험을 통한 지혜 등에서 비롯될 수 있다. 갑자기 애정관계에 문제가 있다는 것을 한쪽 또는 쌍방 모두가 직시할 수도 있다. 그렇지만 관계가 지니고 있는 중독적 특성에 맞게 이 시기에는 관계의 균형을 다시 맞추기 위해 상대방을 바꾸는 데 혈안이 된다. 한 사람이 떠나겠다고 위협하면서 위험 증세는 점점 커지게 된다. 더 많은 멜로드라마가 펼쳐진다. 두려움을 감추기 위해서 책임 전가, 현실 부정, 상대에 대한 분노가 전면에 나서게 된다. 두 사람은 그 상황을 통제하려고 애쓴다. 이 과정에서 폭언, 손찌검, 또는 상대방의 기분에 맞춰 주기 위해 지나치게 응해 주는 태도가 나타나기도 한다. 문자 그대로 수많은 밀고 당김이 이루어진다.

이 시점에서 어떤 커플은 이전 단계로 되돌아갈 수도 있다. 어떤

커플은 이별하기도 하고 이혼하기로 결심하기도 하고 상담을 받으러 오기도 한다. 치료를 받으러 올 경우, 커플들은 흔히 심리치료자가 상대방을 변화시켜 주거나 성적 문제 또는 대화 부족과 같은 관계상의 문제나 증세만을 치료해 주기를 바란다. 그러나 섹스 요령, 대화 요령, 싸움 요령 등 민간에 알려진 심리요법은 전혀 효과가 없다! 그것들은 핵심을 놓치고 있다. 그런 관계상의 문제들보다는 양쪽이 깨닫고 느껴야 할 훨씬 많은 것들이 심리적으로 일어나고 있는 것이다.

내심 사람들은 각자 실패하거나 뭔가 잘못된 짓을 저지르는 것을 두려워한다. 이런 경우 죄의식이나 좌절감을 겪을 수도 있다. 불쾌한 감정들을 억누르면서 사람들은 흔히 다른 데로 핑계를 돌리며 화를 낼 수도 있다. 그래서 이 단계는 위기로 특징지을 수 있다. 너무 부정적으로 흘러 문제를 악화시키는 많은 상호작용, 그야말로 지나치게 과도한 상호작용이 일어나곤 한다. 바로 이 단계에서 흔히 가정폭력이 일어나곤 한다. 살인, 자살, 폭력, 질병 및 기타 심각한 사태의 악화현상들이 이 단계의 특징이다.

직면 단계에서 이별이나 이혼이 발생하면 불행스러운 사태가 되고 만다. 자기 이해가 없는 상태에서 사람들은 이전과 똑같은 불행한 관계 패턴을 되풀이하거나 사랑의 감정을 억누르게 될 수 있다. 어떤 사람들은 분노와 고통을 여러 해 동안 지니고 산다. 우리는 진정한 치료를 위해 계속 나아가야만 한다.

심리적 이별

만일 중독적인 관계에 빠져 있는 사람들이 통찰력을 갖고 관계에 충분히 헌신한다면, 그들 가운데 한쪽 혹은 쌍방이 심리적 이별 단계에 접어들게 된다. 확실히 이 단계는 중요하고, 시간이 걸리며, 흔히 저항을 유발하기도 한다.

강박적 의존에서 건강하고 성숙한 관계로 나아가려면 심리적 이별이 필수적이다. 이 단계에서 사랑중독자들은 상대와의 관계가 개인적인 두려움과 욕구를 충족시켜 주어야 한다는 기대를 기꺼이 내려놓게 된다. 이제 자기발견을 위한 내면의 여행을 시작하고 사랑중독을 야기하는 개인적인 잘못된 신념, 착각, 주관적 희망에 맞서려는 의지를 갖게 된다. 자각을 통해서 혹은 심리치료에 힘입어서 우리는 다음과 같은 질문을 하며 대답을 얻는다.

- “나는 누구일까?”
- “어떻게 내가 지금 현재의 상태에 이르게 되었지?”
- “더 어렸을 때 나는 나 자신에게 어떤 개인적인 기대를 갖게 되었을까?”
- “나는 무엇을 두려워하고 있지?”
- “왜 나는 헤어짐을 두려워하는 걸까?”
- “왜 나는 친밀함을 두려워하는 걸까?”
- “두려움을 덜려고 어떤 거짓된 노력을 해 왔을까?”
- “여성/남성/사랑/파워에 대해 어떻게 생각하고 있지?”

심리적인 이별이란 얼마 동안 정서적으로 떨어져 있을 필요가 있다는 것을 의미하기 때문에 이 시기에 처한 사람들은 자기중심적으로 보일 수도 있다. 흔히 이런 힘겨운 과정 동안에는 상대방에게 사랑을 느끼거나 표현할 수 없게 된다. 그렇지만 이는 일시적인 것일 뿐이다. 이 기간 동안 자기-친밀함(self-intimacy)을 경험하는 것이야말로 매우 중요하다. 거리감을 유지하거나 탈집착하는 것이 이 시기의 주요 특징이다.

끔찍한 긴장감을 유발하지 않고도 심리적 이별 단계를 헤쳐 나갈 여유를 서로에게 인정해 준다면, 반드시 그럴 필요는 없겠지만 때로는 실제로 물리적 이별(즉, 별거 상태)이 일어날 수도 있다. 한 사람이 사랑할 수 있는 능력을 회복하기 위해 어쩔 수 없이 그렇게 해야만 한다는 것을 상대방이 깨닫게 되면 두 사람 사이의 거리 유지를 더 쉽게 받아들일 수 있다. 거리감을 갖는 것이 중독적인 사랑에서 회복하기 위한 과정의 일부임을 이해하게 되면 상대방은 죄책감을 느끼지 않을 수 있다.

사랑중독자들은 자신이 누구인지를 인식하고, 현재의 자신을 좀 더 좋아하고, 자신의 상처를 치유하며, 자신의 두려움을 모두 해결하게 될 때까지는 심리적으로 자유롭게 사랑할 수 없다. 한편으로는 한쪽 혹은 양쪽 모두가 새롭고 보다 건강한 관점에서 관계를 재평가할 수 있도록 명확한 자기 이해를 하게 될 때까지는 관계에 계속 헌신하게 하는 것이 중요하다. 만일 그 사람이 현재 독신이라면 미래에 건강한 사랑관계를 확실하게 맺기 위해서는 이 단계를 경험하는 것이 중요하다. 사람들은 스스로 친구이자 부모가 되는 법 —다른 사람들과 좋은 관계를 맺기 위한 전제조건—을 배울 필요가 있다.

건강한 지원 시스템(친구, 가족, 지지 집단)은 자기 탐색과 변화를 도와줄 수 있다. 이 기간에는 중독적인 관계에 몰두해 있던 커플이 서로에게서 심리적으로 물러서게 되기 때문에 매우 어려운 시기이기도

하다. 스트레스는 상황을 더 어렵게 만들 수 있으며, 따라서 외부의 도움이 필요하다. 자기 내면을 들여다보는 자기 탐색은 끔찍이도 힘들어서, 어떤 사람들은 실제로 이 기간 동안 예전의 익숙한 방법으로 되돌아가기도 한다. 이 상황에 처한 사람들은 자신들이 지닌 가장 위대한 힘(자비, 인내, 관용, 수용, 서로를 보살피면서 떨어져 있기)을 동원하게 된다면 어려움을 이겨내게 될 것이다.

자아의 결심

자아의 결심 단계에서 사랑중독자들은 '나는 누구인가?'라는 질문에 답하게 된다. 길고도 힘든 과정을 거쳐 개인들은 자아정체감, 자존감 그리고 '나는 혼자서도 충분하다.'는 인식을 갖게 된다. 그들은 무엇을 필요로 하며 무엇을 원하는지, 무엇이 중요하고 중요하지 않은지를 잘 알고 있다. 그들은 사랑관계에서 문제를 초래하는 두려움과 부정적인 생각을 마침내 깨닫게 되고 이를 치료하거나 변화시키게 된다. 그런 커다란 변화를 자신의 삶과 인격에 반영하려면 절대적으로 시간이 필요하다. 우리의 몸이 변화를 신경계에 완전히 자리 잡게 하는 데는 6개월 정도 소요된다고 들은 바 있다.[4] 결과를 얻으려는 성급한 바람이 이 과정에 방해가 되지 않도록 해야 한다.

사랑중독자들은 이제 자신의 재능, 관심사, 창의적 잠재력, 자신이 추구하는 것 등을 감사하는 능력을 발전시키게 된다. 그들은 건강한 거리감을 깨달으며 친밀해지고 사랑할 수 있는 능력을 다시 인식하게 된다. 또 혼자 있어도 편안함을 느끼고 내적 평화를 느낄 수 있게 된다. 다른 사람들의 눈에 그들은 성숙하고 현실을 잘 수용하는 것으로 비춰질 수도 있다. 그들은 삶이란 많은 선택 기회를 가져다주는 새로운 경험과 교훈으로 채워져 있음을 잘 인식하게 된다. 삶은 우리 자신의 의사 선택과 행동 그리고 결과로 이루어진다. 이런 사실은 더 이상 두려운 것이 아니다.

우리의 진심을 시험하기 위해 드물지 않게 저항감이 의문을 품고 나타나곤 한다. "넌 정말 변화를 바라고 있는 거니?" "좋아지게 될지 어떻게 알 수 있지?" "사람들이 너를 더 이상 좋아하지 않으면 어떡할 거야?" 때로는 이런 의문에 대해 낡은 행동 습관에 의지하게 되면서 퇴보하는 것처럼 느껴지기도 한다. 흔히 우리가 과거의 생활방식으로 되돌아갈 수 없다는 것을 알아차리게 되는 데는 오랜 시간이 걸리지 않는다. 이쯤 되면 사랑중독자들은 이제 예전과는 다른 모습으로 바뀐다. 열 살 먹은 아이가 때로는 두 살짜리처럼 행동하기도 하지만 두 살짜리 상태 그대로 머무르고 싶어 하지는 않는 것처럼 말이다.

일단 자기 신뢰감을 획득하게 되면 새로운 관점에서 관계를 평가하게 되고, 이 상태를 계속 견딜 것인지 혹은 변화할 것인지 결정할 시기가 온다. 어떤 사람이 관계를 이미 떠났거나 버림받았다면 그 사람은 이제 미래에 사랑이 다시 이루어질 수 있다는 것을 믿을 수 있게 된다. 우리는 고통스러운 교훈을 얻게 된 것에 감사하는 마음을 갖게 되고 스스로 이러한 변화에 놀라워한다.

소속감

사랑중독에 빠졌던 사람들이 소속감 단계에 이르면 자유롭게 성숙한 사랑을 할 새로운 능력을 갖게 된다. 그들은 사랑관계 안에 머무는 것만이 소속감을 갖는 유일한 길이 아니라는 것을 깨닫게 된다. 그들은 가족의 일부일 수도 있고, 친구를 사귈 수도 있으며, 지지 집단에 소속감을 갖게 될 수도 있다. 소속감은 '난 이 생활에 의미를 갖고 소속감을 느끼고 있다.' 는 내적 확신에서 나온다.

일단 커플치료가 계속되면 이제 '우리'에 초점을 맞추게 된다. 두 사람이 서로의 본질을 경험할 준비가 되어 있고 높은 수준의 친밀감이 형성되기 때문이다. 새로이 생긴 친밀감으로 각자가 독특하며 서로 다르다는 것을 인식하면서 개인적 차이를 허용할 수 있게 된다. 또한 애정관계가 개인적 자유를 보장해 주면서도 공존할 수 있음을 알게 된다. 상대에게 주는 것이 이제 자발적이 되고 서로 간에 정서적 · 영적 유대가 형성된다. 서로에 대한 헌신은 상대에게 보상을 바라지 않고 주려고 할 뿐 아니라 상대를 섬기려는 강력한 바람에서 나오게 된다. 새로운 현실주의에 입각해서 서로의 실수, 실패 그리고 실망감을 허용할 줄 알게 된다. 두 사람 간에 평등감이 형성되면 파워플레이는 점점 줄어들게 된다. 모든 관계에는 '나' '너' 그리고 '우리'라는 세 가지 주체가 있는데 이제 이 세 가지가 서로 평화적으로 공존할 수 있게 된다.

손 내밀기

손 내밀기 단계에서 사람들은 자기 자신과 자신의 관계에 초점을 맞추던 것에서 벗어나 보다 폭넓게 남에게 주고 경험하는 것으로 발전하게 된다. 자신과 타인에 대한 만족을 느끼면서 남한테 주고받는 것을 더 잘하게 되고 이제 창조적인 에너지와 신체적 활력 그리고 영적 힘을 더 갖게 된다. 더 이상 삶의 모든 의미를 찾기 위해 관계에만 의존하지 않기 때문에 자유롭게 삶의 다른 의미를 추구할 수 있게 된다. 이런 과정을 통해 삶의 역경이 더 나은 사람이 되고 더 많은 걸 경험할 수 있는 기회를 가져다준다는 것을 이해할 수 있게 된다. 성숙한 사랑관계는 우리의 에너지와 세상에 대한 관심을 향한 발판이 된다. 우리의 일차적인 사랑관계는 각자의 독특함을 삶 속에서 나누게 하고 정말로 중요한 것을 하도록 삶을 추진시키는 연료창고 역할을 한다. 그렇다고 하더라도 에너지가 충만해지거나 충족감을 얻기 위해 사랑하는 사람과 반드시 함께할 필요는 없다. 이제 사랑은 배타적인 관계에서 정말로 사랑이 세상을 돌아가게끔 한다는 믿음을 바탕으로 보편적인 사랑으로 확장되어 간다. 상상해 보라, 우리가 사랑과 힘을 함께 자유롭게 나눈다면 어떤 세상이 될지!

위에서 언급했듯이 1~3단계에서는 중독적인 사랑의 특징들이 나타난다. 이런 사실을 명확하게 인식하지 않고 이들 단계에서 관계를 끝내는 것은 그 자체가 중독적이며, 내면에 그런 관계의 상흔을 지닌 채 살 수밖에 없다. 4단계와 5단계는 독립성을 반영하고 있다. 즉, 흔히 자아도취적으로 보이게 되는 '나'의 단계인 것이다. 이들 단계에서는 청소년기 마지막이나 성인기 초기에 배워야만 하는 자율성, 자발성 그리고 친밀해지는 능력을 배우게 된다. 6단계와 7단계는 건강한 소속감을 반영한다. 이들 단계에서는 건강한 의존과 상호 의존이 번갈아 일어난다.

그러나 이런 단계들을 거치는 것이 늘 순조로운 것만은 아니다. 어느 날은 7단계에 있다가 다음 날에는 2단계로 내려가기도 한다. 그러나 윗 단계로 올라감에 따라 더 높은 단계에서 더 많은 시간을 보낼 수 있다. 관계에서 한 사람은 더 낮은 단계에 머물러 있고 다른

한 사람은 더 높은 단계인 7단계로 앞서 나갈 수도 있음을 기억하라. 우리는 각자 준비가 되어 있는 단계에서만 머무를 수 있다. 더 높은 단계에 있는 사람들은 인내심을 갖고 아래 단계에 있는 사람을 기다려 주어야 하는 상황에 부딪힌다. 커플치료를 하다 보면 첫 세 단계에서는 힘겨운 고투를 벌이게 되지만, 4단계와 5단계에 걸쳐 각자의 과업을 마치게 되면 6단계에서는 보다 수월해진다. 그제야 관계의 속성을 이해하고 새로운 방법으로 함께하려는 열린 마음이 형성된다. 문제를 더 복잡하게 전체적인 관점에서 생각해 보면 동시에 7단계 모두에 걸쳐 있을 수도 있다. 언제나 우리 안에는 각 단계에 처할 수 있는 잠재 요인이 있다. 따라서 사랑관계에서 우리가 하는 선택은 중요한 차이를 초래한다. 지식과 경험을 쌓게 되면 우리는 보다 현명해진다.

중독적인 사랑에서 건강한 사랑으로

다음은 중독적 관계에서 보다 건강하고 성숙한 관계로 성공적인 변화를 한 30대 부부인 칼리와 데이브의 이야기다. 그들의 상황을 줄곧 살펴본 경험은 심리치료자인 나에게 많은 영감과 가르침을 주었다. 물론 치료과정 중에 두 사람의 관계가 끝날 것 같고 치료에 진전이 없어 보이는 때도 있었다. 칼리와 데이브 둘 다 힘든 시련 속에서 가끔 고통과 고립감이 극심해지기도 하였지만, 변화할 수 있다는 믿음을 바탕으로 결혼 상태를 개선하기 위해 가능한 한 시간과 에너지를 쏟으려는 의지를 갖고 있었기에 변화가 가능했다.

칼리와 데이브는 현재 상태에 집착하지 않고 내려놓고 각자 개인으로서 어떤 사람들인지 직시할 필요가 있었다. 그제야 비로소 그들은 필요에 의해서가 아니라 서로에 대한 새로운 사랑, 존경, 욕망이 일어나서 다시 돌아와 서로를 선택할 수 있었다. 이제 두 사람의 관계는 서로에 대한 관심 증가와 갈등 해결의 새로운 능력을 갖추면서 활력을 찾게 되었다. 데이브와 칼리를 지켜보면서 더 나은 결혼생활을 할 수 있는 가능성이 있는데도 관계를 손상시키는 중독적 요소 때문에 많은 부부들이 너무 일찍 관계를 정리하고 만다는 생각에 안타까움을 느낄 때가 많았다. 때로 사랑은 성장시켜 나갈 필요가 있다.

칼리의 이야기

"4년 동안 남편과 나는 매번 거의 1,300km나 되는 거리를 움직이면서 세 번이나 이사했어요. 그 가운데 두 번은 남편의 직업 경력을 쌓기 위한 이사였어요. 이런 결정을 할 때마다 나도 선택권이 있었지만 나 자신의 자유로운 선택보다는 두려움과 의무감에서 움직였어요. 세 번째 이사 후 나는 이사할 때마다 매번 이력 서류를 취합해서 직업을 구해야 하는 일에 넌더리가 났어요. 그리고 남편이 진심으로 원하는 직업을 찾아내는 법에 대해 코치를 해 주어야만 했을 때 난 생각했지요. . '제발 멈춰, 칼리. 네 인생에서 무엇을 찾고자 하는 거니? 넌 남편을 통해서만 살아가고 있을 뿐이야.'"

"세 번째 이사 후 새로운 직업을 찾기 시작했을 때 난 울분과 침울함을 느끼고 있었어요. 이전까지 나는 늘 행복한 사람이었어요.

난 예전의 만족감을 되찾고 싶었죠. 상담하는 선생님의 연락처를 알아내어 왜 내가 더 이상 만족감을 못 느끼는지 알아내기 시작했어요. 내가 알아낸 사실 중의 하나는 가족, 남편, 친구들로부터 거리를 두고 독립적이 되는 법을 배울 필요가 있다는 것이었어요. 나는 내가 누구인지 깨달아야 했어요. 그때까진 내가 이미 알고 있다고 생각했는데 그게 다가 아니었어요."

"상담을 통해 남편을 비롯하여 주변 사람들의 감정과 욕구가 내 욕구보다 우선한다고 생각해 왔다는 것을 알게 되었지요. 또한 어렸을 때 내 부모에게 믿고 맡겼던 그런 유의 권한을 다른 사람들에게 내주고 있었다는 것도 알았어요. 다른 사람들이 생각하고 느끼는 것에 모두 내 책임이 있다고 믿었어요. 다른 사람들이 나보다 더 많이 안다고 믿었기 때문에 나 자신의 생각, 감정, 또는 의사결정 및 문제해결 능력을 거의 믿지 않았어요. 그래서 내 삶은 데이브의 삶에 맞추어져 있었죠. 반면에 데이브는 언제나 자신의 욕구가 우선이었고, 자신이 나를 돌봐 줘야 하며, 우리 두 사람을 위해서는 모든 생각과 의사결정을 자신이 해야만 한다고 믿고 있었어요."

"난 문득 자랄 때 우리 가족은 늘 화가 나도 아무도 감정을 제대로 표현하지 않았기 때문에 문제가 발생해도 서로에게 진실하거나 정직하지 않았다는 것을 깨달았어요."

"난 절대 실수나 잘못 따위는 일어날 수 없다고 생각했어요. 완벽하게 되어야만 했다고 생각했어요. 뭔가를 망쳤다면 전적으로 내가 잘못한 거라고 믿었어요. 데이브는 또 완벽주의자여서 나와 자기가 저지른 잘못에 매우 비판적이었어요. 그래서 난 그의 반응이 무서워서 무리한 결정을 피하고 새로운 것을 시도하길 꺼렸지요."

"그동안 데이브에게 의지해서 내 욕구의 대부분을 충족하곤 했어요. 하지만 매사에 어떻게 요구해야 할지 잘 몰랐어요. 그 사람이 내 마음을 읽어 주기만을 바랐지요. 먼저 요구하면 내가 원하는 안정감과 지지를 남편에게서 얻을 수 없을 것만 같았어요. 데이브가 자기 감정을 표현하지 않았기 때문에 어떤 기분을 갖고 있는지 잘 몰랐어요. 어떤 기분인지 물어보면 항상 모른다고만 말했거든요. 심리치료를 받으면서 우리 두 사람을 위해 그동안 담아두고 억눌렀던 감정이 마침내 나를 지배하려 했다는 것을 깨달았어요."

"내가 깨달은 것을 데이브에게 얘기해 주었을 때, 그 사람은 묵묵히 들으면서도 내 얘기 전부를 다 이해하거나 받아들이지는 않았어요. 난 화를 느끼고 표현하는 것을 배우고 있었고 내 감정을 억누르지 않고 기분에 맞게 적절하게 행동하는 것을 배우고 있었어요. 데이브한테 화를 내는 건 두려웠어요. 처음엔 분노를 느끼는 것이 어색하게 느껴져서 작은 일에도 과민 반응을 보이고 화를 표출하곤 했어요. 아무도 내가 어릴 적에 화가 나면 어떻게 반응해야 하는지를 가르쳐 주지 않았거든요."

"이 무렵 점점 결혼생활에서 뭔가 억눌려 있다는 기분을 가지게 됐어요. '만일 결혼하지 않았더라면, 데이브는 싫어하지만 내가 좋아하는 친구들과 많은 시간을 보낼 수 있을 텐데.' 라는 생각도 들었어요. 또 결혼생활에서 더 많은 것을 원했다는 걸 느끼게 됐어요. 내가 원한 건 더 많은 친밀감이라는 걸 여태까진 알지 못했어요. 그저 뭔가가 결핍되어 있다고만 느꼈을 뿐이에요."

"계획했던 건 분명히 아니지만 임신을 하게 됐어요. 남편은 아이를 원하지 않았어요. 하지만 난 그걸 알고 있으면서도, 또 좋은 시기가 아니었는데도 임신중절에는 강하게 반대를 했어요. 데이브가 '그동안 우리 둘이 함께 많은 시간을 보냈고 많은 일을 함께하면서 지내왔는데 이제 와서 당신 말고 누군가가 우리 사이에 끼어 들어오는 걸 원하지 않아.' 라며 반대했지만 우리 두 사람은 결국 임신 상태를 유지하기로 결정했어요."

"그렇게 결정한 직후 데이브는 출장을 가게 됐어요. 돌아와서는 출장 중에 만난 어떤 여자에게 끌렸고 나와의 결혼생활에서는 편안함과 만족을 느끼지 못했다고 말하더군요. 그는 나와의 결혼생활을 유지하고 싶다고 하면서도 그 여자한테 느끼는 감정이 어떤 감정인지 확실히 모르겠다고 했어요. 아마 데이브는 그녀와 함께 있고 싶어 했던 것 같아요. 15년 전에 우리가 처음 데이트하기 시작한 이래로 그 사람이 다른 여자한테 진지하게 끌린 적은 이번이 처음이었어요. 데이브는 그녀와 그저 친한 사이일 뿐이라고 계속 말하고 있었지만 나에 대해서는 더 이상 어떤 감정인지 모르고 있는 것 같았어요. 데이브는 리타라는 그 여자를 가까이 두고 만나고 싶어 했는데, 내 직감으로는 두 사람 관계가 단순히 가까운 친구 관계일 리 없다는 생각이 들었어요."

"데이브와 나는 결혼 문제로 상담자를 찾아가기로 했어요. 처음에는 나 혼자 버려지게 될까 두려워서 마냥 울었어요. 상담자와 상담 모임으로부터 받은 격려가 정말 소중한 힘이 되었어요. 난 마침내 데이브에게 리타와의 관계를 당장 끝내라고 요구할 정도로 강해졌어요. 그 사람은 그렇게 하는 것을 꺼렸지만 내가 그렇게 요구한 지 한 달 정도 뒤에 그 관계를 정리했지요. 그 사람은 나한테 화가 나 있었지만 그런 일은 나로서는 난생 처음 느껴 본 경험이었어요.

늘 나보다 그 사람의 기분에 맞춰 왔기 때문에 그런 관계를 끝내라고 요구한 데 대해 약간의 죄책감을 느끼긴 했지만, 다른 여자와의 관계가 우리 결혼생활을 방해하고 결혼관계에서 이루고 싶은 새로운 변화에 악영향을 미친다는 점을 잘 알고 있었어요. 리타에 대한 데이브의 감정 때문에 변화가 필요한 우리 결혼생활이 엉망이 되어 가고 있었거든요."

"나는 계속 변화와 성장을 했지만 정말 허전하게 느껴졌어요. 나 스스로를 좋게 느끼고 혼자서 문제를 해결하고 모든 일들을 결정할 수 있다는 생각이 들어요. 난 내가 함께 지내고 싶은 사람을 선택할 수 있었어요. 내 앞에 닥치는 어떤 문제도 대응할 수 있었어요. 난 마음 깊이 느낄 수 있었고 스스로 생각할 수 있었어요. 더 이상 데이브가 나 대신 뭔가를 해 줄 필요가 없다는 느낌이 들었어요. 물론 데이브나 다른 사람들한테 도움이나 지원, 사랑 등을 구할 수도 있지만 주변 사람들이 나를 완전하게 만들어 줄 거라는 기대를 내려놓게 되었어요."

"일단 내가 독립적인 존재가 되어야겠다고 생각했어요. 육체적, 정서적, 지적 그리고 영적 경계선이 나와 데이브를 갈라놓고 있음을 인식하게 되면서 의존적이든 독립적이든, 강하든 약하든 나 스스로 선택해야겠다는 생각이 들었고, 이젠 예전처럼 떠밀려서 내가 하고 싶지 않은 역할을 해서는 안 되겠다고 결심했어요. 난 비록 데이브만큼은 즐기진 않았지만 그 사람과 어디를 갈지, 어떤 일을 할지 스스로 선택할 수 있게 되었어요. 이런 변화는 내가 원하든 그렇지 않든 데이브의 욕구대로 무조건 따르곤 했던 예전의 입장과는 달라진 것이었죠."

“8개월이 지나갔고 그동안 데이브는 우리 결혼생활과 나에 대한 감정으로 고심하면서 보냈던 것 같아요. 그 사이에 나는 아기를 유산하고 말았어요.”

“어느 날 밤 우리는 심하게 말다툼을 했고, 데이브는 심한 상처가 되는 말들을 내뱉었어요. 그때 문득 심경의 변화를 느끼게 되었던 것 같아요. 난 데이브에게 우리 두 사람의 관계에 대해 어떤 감정이나 애정을 갖고 있는지 잘 모르겠다는 말은 받아들일 수 있지만 내게 상처를 주는 말은 더 이상 받아들이지 않겠다고 분명하게 말했어요. 바로 그때 데이브가 있든 없든 내 삶을 되찾아야겠다는 마음의 준비를 한 것 같아요. 나에 대한 데이브의 무책임감과 헌신하지 않는 태도에 지쳤던 거죠. 그 사람 역시 우리의 결혼생활을 개선하기 위해 함께 노력하든가 혹은 결혼생활을 끝내고 각자의 길을 가든가 결정해야 했어요. 그러자 데이브는 우리의 결혼관계를 개선하기 위해 책임 있는 노력을 다하겠다고 결심하더군요.”

“그렇지만 그 후로도 6개월 동안 난 우리 사이에 커다란 틈이 벌어져 있다고 느꼈고, 데이브는 그다지 살갑게 대해 주지 않았어요. 그동안 우리 사이에서 벌어진 많은 시소 게임은 이제 끝이 났어요. 나는 친한 친구들과 더 많은 시간을 보내기 시작했고 상담을 받으면서 들었던 말이 맞다는 걸 깨닫게 됐어요. 자신의 모든 욕구를 충족하기 위해 한 사람에게만 전적으로 의지해서는 안 된다는 것을 서서히 알게 된 거죠. 난 친구들과 함께 있으면 많이 웃고 즐거워했어요. 또 이 기간에 영적인 면을 키우기 위해서 혼자만의 시간을 갖기도 했어요.”

“이제 오히려 데이브한테 더 많은 걸 줄 수 있게 되었어요. 우리는 서로 자신에 대해 깨달은 것들을 함께 나누기 시작했어요. 그건 열려 있는 솔직한 의사소통이었어요. 때로는 고통스럽고 불편한 문제를 꺼내서 얘기하는 것이 몹시 힘든 일이었지요. 하지만 우리 둘 다 고통과 분노를 통해서도 서로 친밀해질 수 있다는 걸 깨닫게 되었어요. 거리감을 갖는 것도 궁극적으로는 함께 성장하고 발전하는 정상적인 과정의 하나라는 것을 배운 거예요. 그런 거리감이 우리를 두렵게 만들기도 했지만 이 기간 내내 서로에게 충실하려고 애썼어요. 데이브 쪽에서 왜 자신이 내게 여전히 살갑게 대하지 못하는지 이해하기 시작하면서, 난 그 사람에게서 일어나는 더 좋은 변화를 알아차리기 시작했어요."

"심리치료를 맡은 선생님은 비로소 두 사람 모두 '우리'를 보기 시작했다고 말했어요. 치료자를 신뢰하면서도 내심 약간의 저항감을 갖고 있었는데, 그래도 계속 관계를 탐색해 나갔고 어떻게 하면 우리 관계를 개선할 수 있을지 질문하면서 의존성을 탈피하는 법을 찾게 되었어요."

"관계 속에서 비로소 '우리'를 보기 시작하면서 예전에는 내가 원치 않아도 데이브가 만나던 사람들과 같이 시간을 보내곤 하였는데, 이제는 내가 원하는 대로 선택할 수 있음을 깨달았어요. 그러면서도 데이브 쪽에서 내가 자신과 함께 있어 주기를 진정으로 바란다면 그 사람을 사랑하니까 기꺼이 그렇게 할 수 있을 것 같다는 생각이 들어요. 하지만 이제는 무조건 그 사람한테 맞추어 주기 위해서가 아니라 우리 두 사람이 더 친밀해지고 연결될 수 있도록 하기 위해서만 그렇게 할 거예요."

"이제는 우리 두 사람 사이의 모든 일이 확실히 좋아지고 있어요. 말로 들어서 알고는 있었지만 예전에는 한 번도 경험해 보지 못한 것이었어요. 상대방에게 무조건적 사랑을 갈구하던 걸 그만두면 바로 그 순간 그 사랑이 내 앞에 나타나게 된다는 사실을 깨닫게 된 것이죠. 이제 나 자신에 대해 행복감을 느끼고 내 행복을 위해서 예전보다는 데이브나 다른 사람들에게 훨씬 덜 의존하게 되었어요. 데이브는 나와 솔직한 감정을 나누기 시작했고 예전보다 내 생각과 감정을 훨씬 존중해 주고 있다는 걸 느낄 수 있었어요. 그는 이제 기꺼이 내 말을 들어줄 자세가 되었어요. 나도 '아니요' 라고 말할 수 있다는 걸 알았고, 그에게 열린 마음으로 다가설 수 있었으며, 그의 제안이나 충고를 훨씬 더 흔쾌히 받아들일 수 있게 되었어요. 그 사람은 나를 위해 여러 가지를 하기 시작했고 그것도 아주 즐거워하면서 나를 뒷받침해 주고 있어요."

"우리의 결혼은 완전하지 않고 친밀한 관계를 이루기 위해서는 멀고 험한 길을 가야 한다는 것을 알고 있어요. 같이 웃고 농담하고 서로 함께 즐겁게 지내면서도 화가 나면 화도 내고, 문제가 있을 때 모든 게 괜찮은 척할 필요가 없어서 정말 좋아요. 때로는 서로 거리를 유지할 수도 있어요. 우리 중 하나가 기분이 가라앉아 있을 때 상대방에게 위안과 격려를 해 줄 수는 있어도 같이 침울해질 필요는 없거든요. 또 데이브나 나나 각자 친한 친구가 있더라도 변함없이 서로한테 가깝다는 것을 잘 알고 있어요."

"나 자신을 위해 심리치료를 받기 시작했을 때, 난 이 치료가 어떻게 진전되어 갈지는 전혀 생각해 보지 않았어요. 그저 다시 행복해지기만을 바랐을 뿐이에요. 나 자신과 결혼생활 전반이 때로 너무나 고통스러웠기 때문에 상담을 시작한 것이었는데 치료과정은 너무 즐거웠고 보람 있는 일이었지요. 나조차도 다다를 수 없던 나 자신의 일부를 다시 발견한 느낌이 들었어요. 또 보다 완전한 인간이 되기 위해 나 자신의 일부를 개선하고 발전시킬 수 있었어요. 이젠 정말로 남편과 좀 더 솔직하고 성숙하고 자발적인 관계를 맺을 수 있게 되었어요. 이 모든 것이 더 좋게 느껴지고 있어요. 전보다 훨씬 더 자유롭게 그 사람을 사랑하게 되었어요. 여기까지 이르는데 필요했던 위험, 노력, 시간을 들일 만한 충분한 가치가 있었어요. 남은 인생 동안 써먹을 수 있는 의사소통 기술을 배웠다고 생각해요. 그리고 이제 우리는 첫아이의 탄생을 기다리고 있어요."

데이브의 이야기

"돌이켜 보면 그 당시에는 그걸 알지 못했지만 그때가 위기였다는 걸 지금은 느낍니다. 더 이상 옴짝달싹못할 지경까지 상황이 점점 더 꼬여만 가고 있었어요."

"그때까진 해결 방안으로 상담을 받으러 간다는 건 생각지 못했죠. 함께 심리치료 전문가를 찾아가자고 제안한 건 칼리였어요. 처음에는 그게 결혼상담이라고는 생각지 않았어요. 우리는 그냥 칼리의 심리치료 담당 선생님을 보러 가는 것뿐이었어요. 칼리가 매주 열리는 집단치료 프로그램에 나가고 있었던 탓에 부담 없이 같이 갈 수 있었지요."

"칼리와 내가 서로 알고 지낸 후 지금까지 대부분의 시간 동안 우리 관계는 건강하지 못했어요. 물론 그것을 우리는 모르고 있었죠. 우린 고등학교 때 만났던 방식 그대로 생각하고 행동하면서 두 사람 사이에 그저 아무 문제가 없다고만 생각하고 있었어요."

"나는 강해야 하고, 통제력을 쥐어야 하고, 남보다 특별하고 앞서야 된다고 믿는 사람이었어요. 파티에 갈 때는 사람들이 웃을 만한 말을 던져야만 했어요. 주말에 어디에 나갈 때도 항상 어디로 갈지 행선지를 결정하는 사람은 나였어요. 그 당시 내가 하는 우스갯소리는 대부분 칼리를 놀려대는 이야기였던 걸로 기억해요."

"나는 자라면서 우리 집에서 늘 그래왔던 것처럼(또는 그래야만 한다고 생각했던 것처럼) 가정의 평화 중재자였어요. 우리 둘 다 싸우는 것은 좋지 못한 일이라고 생각했기에 심한 언쟁도 하지 않았어요. 두 사람이 서로 뜻이 다를 일은 결코 없을 거라고 생각했어요. 우린 감정을 속으로 삼키면서 잘 지내는 척하는 게 품위 있는 결혼생활이라고 생각했어요."

"나는 내 감정을 속으로 너무 많이 삼켜 버렸어요. 감정을 갖는 건 좋지 않다고 생각했어요. 진정한 남자 아이는 울지 않는 법이라고 배웠거든요. 자라면서 한번도 엄마나 아버지랑 친근한 얘기를 나눈 적이 없었어요. 집안에서는 만사를 가볍게 웃어넘겨 버렸지요. 나쁜 일이면 그냥 덮어 버렸어요. 그렇게 자라왔기 때문에 아주 간단한 것, 예를 들면 성적으로 가까워지기 위해 아내에게 등이나 목덜미를 주물러 달라고 하는 사소한 요구조차 하지 않았어요."

"그렇지만 내가 부탁하지 않아도 나를 위해 그 모든 걸 챙겨 주는 사람인 칼리를 선택했던 거죠. 저녁이나 주말 시간에 뭘 할지 정해야 할 때, 칼리는 내가 뭘 원하는지 살펴보고 늘 내가 원하는 대로 따르곤 했어요. 그녀는 내 등을 주물러 주는 행동이나 나를 챙겨 주는 데서 진정한 보람을 얻는 것 같았어요. 물론 난 알아채지 못했지만요. 난 그저 저절로 자연스럽게 내가 보살핌을 받고 있다고 여겼

을 뿐이에요. 하지만 거기엔 진정한 친밀함이나 공감대가 전혀 없었던 거죠."

"그런데 상황이 바뀌기 시작했어요. 칼리가 심리치료를 받기 시작하면서부터였던 것 같아요. 갑자기 칼리가 변하기 시작했고 늘 우리가 하던 시스템에서 자기가 해 오던 역할을 벗어난 행동을 하기 시작했어요. 자기를 놀리는 유머는 더 이상 안 된다고 말하더군요. 또 나를 더 이상 시시콜콜 챙겨 주지도 않았어요. 자기 친구들, 자신의 인생을 갖기 시작했어요. 나는 이제 통제력을 쥐고 있는 사람이 아니에요. 지금도 생생하게 기억나는 건 그녀가 난생 처음 내게 화를 벌컥 내던 거예요. 나는 상황이 더 이상 예전 같지 않음을 알게 됐지요."

"정말 성가시게 나한테 모든 걸 의지한다고 칼리를 비난했던 일이 기억납니다. 예전엔 내가 뭘 하고 싶은지 늘 눈치를 보며 알아내려고 하는 칼리가 귀찮았어요. 그런데 어느 날부턴가 우리 둘이 함께하기로 한 일을 제쳐놓고 느닷없이 다른 것을 하고 싶어 하더군요. 한편으로 칼리가 더 이상 나에게 의존적이지 않다는 것이 두렵기 시작했어요!"

"정말 혼란스러운 때였어요. 이제 와서 돌이켜 보면 그 당시 칼리를 밀어내려고 한 것은 전혀 놀라운 일이 아니었어요. 뭔가 모르는 어떤 것이 우리 관계에서 잘못되어 가고 있다는 느낌이 들었어요. 하지만 동시에 내가 필요로 하는 것을 더 많이 줄 수 있을 것 같은 새로운 사람이 생겼지요."

"우리 두 사람이 심리치료 전문가를 찾아가게 만들었던 위기는 동료들과 출장 여행을 갔다 온 뒤 생겼어요. 출장 간 그 주에 일행

중에 내 나이대와 비슷한 리타에게 푹 빠지게 된 거예요. 난 그녀에 대한 감정을 어떻게 해야 할지 모를 정도로 빠져들었어요. 그녀에게 강하게 끌렸지만 그런 감정에 휩쓸릴 수는 없다고 생각했어요. 리타 역시 나한테 끌렸고, 우리는 출장 이후 어디까지나 우정에 입각해서 서로 친하게 지내기로 마음먹었어요."

"출장 후 시간이 지나면서 리타에 대한 내 감정은 단순한 우정 이상이라는 게 분명해졌어요. 그녀와 함께 보낼 생각을 하면 가슴이 뛰었어요. 하지만 동시에 10여 년을 유지해 온 결혼생활을 망치고 싶지 않았어요."

"처음으로 내 남은 인생을 칼리와 보내고 싶어 하는지 진지하게 자문해 보게 되었어요. 그녀를 사랑하고 있나? 15년 전에 그녀와 사랑에 빠졌을 때와 똑같은 마음으로 그녀를 사랑하고 있나?"

"리타와 멀리 떨어진 상태에서 새로운 우정을 쌓으려고 애쓰고 동시에 칼리에게 모든 게 문제없다고 안심시키려고 하면서 중간에서 계속 이러지도 저러지도 못하는 상황이 되었어요. 아마 인생에서 가장 힘들었던 시기였던 것 같아요. 나를 가장 괴롭혔던 문제는 칼리가 다른 여자와 우정관계를 유지하려는 간절한 내 마음을 이해할 수 없다는 것이었어요. 칼리는 완강했어요. 그러면서 나와 리타의 관계에 질투심을 보였고, 우리는 그야말로 매일 엄청나게 언쟁과 싸움을 벌이게 되었어요."

"어떻게 이런 일들이 생겼는지 서로 많은 이야기를 나누었던 것 같아요. 칼리는 심리치료를 통해 어느 정도 눈에 띄는 내적 변화를 보이게 되었어요. 하지만 그게 우리 부부관계에 어떤 영향을 미칠 거라고는 생각하지 않았지요. 난 그저 모든 게 보통 때처럼 잘 돌아가고 있다고만 생각했어요. 칼리의 내면의 변화가 그녀에 대한 내 감정에 변화를 줄 거라고는 전혀 생각하지 않았어요."

"칼리와 나의 상황은 점점 악화되고 있었어요. 난 칼리와 새로운 여자 친구 사이에서 두 사람의 감정을 서로 이해시키려고 하면서 더욱 애를 썼어요. 나중에 깨닫게 되었지만 이 '중간자' 입장은 내게는 익숙한 방식이었어요. 내가 항상 다른 사람을 행복하게 해 주려고 했기 때문이죠."

"칼리와 잠시 떨어져 있는 것도 생각해 봤어요. 이혼까지도 생각해 보았고요. 그런데 둘 다 받아들일 수 없었어요. 그럼에도 그 두 가지는 선택 가능한 대안이었죠. 둘 중 어느 것도 실행에 옮기지 않은 이유는 확실히 모르겠어요. 우선은 아마 너무 두려웠던 것 같고, 이런 혼란 가운데 어느 지점에서 그냥 포기해 버리기에는 너무 많이 와 있다고 생각했던 것 같아요."

"그 무렵 매주 있는 집단치료 모임에 나가기 시작했어요. 그동안 칼리와는 정서적인 유대감을 거의 갖지 못했어요. 부부관계에 다시 헌신하겠다고 다짐했고 또 그렇게 하려고 했어요. 내가 할 수 있는 유일한 일은 시간을 내어 보는 것이었어요. 그리고 심리치료 선생님을 찾아가서 나 자신과 결혼생활에서의 내 역할에 대해 살펴보기로 했어요."

"처음에는 리타와 새로운 우정의 만남을 계속할 수 없는 데 대한 분노와 슬픔을 달래기 위해 심리치료 과정을 이용했던 것 같아요. 하지만 동시에 내가 왜 그런 성격의 사람인지 점차 깨닫게 되었죠. 그런 경험은 정말 매력적이었어요. 나 자신에 대해 너무도 많은 것을 깨닫게 되었고, 그럴수록 현재 내가 처한 상태가 점점 더 분명하게 보였어요.

"나는 상황이 어떻게 이런 지경까지 이르게 되었는지, 평생 따라다닌 믿음과 행동 패턴들 가운데 어떤 것이 문제였는지, 그리고 그것이 어디서 비롯되었는지를 깨달아 가게 되었어요."

"쉽지 않은 시간들이었어요. 난 칼리와 떨어져 있고 싶었어요. 나 자신에 대해 조금씩 알아가고 자의식을 더 갖게 되면서는 더욱 그랬죠. 칼리와 지낸 삶에는 줄곧 '우리'밖에 없었는데, 이제는 '나'라는 존재가 부각됐어요. 그런 나의 존재가 내 안에서 뚫고 나오려 했고 결혼관계를 다시 회복하려는 이 모든 지긋지긋한 짓을 견디는 게 어렵게 느껴지기도 했어요."

"심리치료 전에는 칼리가 문제라고 생각했고 치료를 통해 그녀가 어떻게 달라져야 하는지만 생각했어요. 하지만 치료를 받으면서부터는 거의 전적으로 나 자신한테만 집중하게 되었어요. 여전히 칼리와 특별히 유대감을 갖고 있다는 생각이 들지 않았어요. 그러면서도 나 자신에 대해 깨닫게 된 몇 가지 사실들을 우리 결혼관계에 조금씩 비춰 볼 수 있게 되었지요."

"내 생각에 심리치료가 가장 도움이 되었던 것 중의 하나는 시간이 지나면 상황이 나아지리라는 내 믿음을 확실하게 해 주었다는 거예요. 매일 칼리와 붙어 있기보다는 떨어져 지내고 싶기도 했지만 우리 관계를 위해 기꺼이 시간을 내야겠다는 마음도 갖게 되었어요."

"우리는 이곳에서 일 년 이상 집단치료 과정에 들어갔어요. 칼리는 별도의 심리치료도 받았고요. 마침내 아주 서서히 칼리와 다시 가까워지는 느낌을 갖기 시작했어요. 아주 천천히. 그녀와 다시는 가까워질 수 없을 거라고 생각해 왔는데 이렇게 달라질 줄은 저도

미처 생각하지 못한 일이었어요."

"이전보다 건강해진 부부관계를 갖게 되다니 아주 흥미로운 일이었어요. 확실하게 말할 수 있는 건 풋사랑이나 일시적인 낭만이나 그런 것은 아니었어요. 칼리나 나나 전혀 새로운 사람이 된 건 아니었어요. 하지만 우리 둘 다 이전보다는 훨씬 더 서로를 잘 알게 되었지요. 둘 다 건강한 부부관계를 갖는 방법을 터득하게 되었어요. 그리고 15년 전 우리가 처음 사랑에 빠졌을 때 서로 끌렸던 부분을 다시 알게 됐어요. 그런 끌림이 마법처럼 또다시 작동될지 궁금해지더군요.

"어느 시점에서 칼리와 내가 각자 치료과정에서 잘 진행해 나가자 심리치료 선생님은 우리 둘이 다시 함께 작업할 때가 되었다고 하셨어요. 우리는 그렇게 하기로 했습니다. 그때 치료자 선생님이 우리 둘 다 상당 기간 동안 각자 '나'에 대해 치료를 진행해 왔으니 이제는 다시 '우리'를 돌아볼 때가 됐다고 하시더군요."

"그 말은 그럴듯하게 보였지만 처음엔 과연 그런 일이 내게도 이루어질 수 있을지 확신할 수 없었어요. 나는 여전히 자기발견의 과정에 있었고 수많은 고통 속을 지나왔기 때문에 그 과정이 훨씬 더 유익하다고 생각했어요. 하지만 치료자 선생님 말씀이 옳았다고 생각해요."

"점차 우리의 부부관계는 예전보다 편안하고 행복해졌어요. 우리는 새로운 마음으로 되돌아온 것 같았어요. 나는 더 이상 통제권을 쥐고 흔들 필요를 못 느끼게 되었죠. 예전 같았으면 내가 주도권을 쥐려고 했을 많은 상황을 비로소 마음 편하게 내려놓을 수 있게 되었어요."

"또 우리 두 사람은 관계에서 '우리'를 다시 바라보게 되었어요. 이 모든 일이 일어난 뒤 얼마의 시간이 지났어요. 우리는 다시 편안해졌고 친밀한 감정이 되살아났어요. 과거 그 어느 때와 달리 다시 사랑하는 감정에 젖게 되었다는 걸 확실히 말할 수 있게 됐어요. 아직은 새로운 결혼관계의 시작 단계에 있다고 생각해요. 하지만 정서적으로 점점 더 연결되어 가는 느낌이 계속 들고 있지요."

"이 모든 과정은 내게는 너무나 놀라운 일이에요. 다시 건강한 부부가 되기 위해서 두 사람이 얼마 동안 각자 따로 여행을 해야만 하다니 정말 아이러니하죠. 둘 다 물리적으로 떨어져 지낼 필요는 없었고, 지금 생각해 보면 그러지 않았던 게 천만다행이지요. 하지만 우리가 다시 함께할 수 있기 전까지는 심리적으로 떨어져 있어야만 해요. 잠깐 떨어져서 결혼생활에서 각자의 행동을 관찰할 수 있을 때까지는 진정한 변화는 거의 불가능하다는 생각이 들어요. 하지만 따로 그런 내적 여행을 경험하고 거기서 깨달은 것을 새로운 결혼관계에 비춰 보는 것은 가장 의미 있고 가치 있는 인생 경험이라고 생각해요."

때로는 내려놓을 필요가 있다

때로 우리 결혼관계가 구제불능의 상태라면 관계가 깨지지 않도록 노력해야 한다는 부담감과 의무감을 느낄지라도 서슴없이 끝을 맺어야 한다. '모든 행복한 이야기는 결혼으로 마무리된다.'는 옛 노래가 있지만 사랑관계가 평생 지속되리라는 생각은 착각일 뿐이다. 특정 관계에서 벗어난 삶을 살고 싶은 유혹을 느끼면서도, 흔히 우리는 거기서 벗어나지 못하고 대신 꾹 참고 지내려고 한다. 그런 상황이라면 우리가 중독적인 강박증 때문인지, 아니면 자신의 내면 깊이 자리 잡고 있는 진실, 즉 6장에서 말했던 마음, 영혼, 육체의 결합에서 발산되는 열정을 충족하기 위해 그 상태를 유지하려고 했는지 현명하게 분간해야 한다. 열정은 건강한 사랑의 중요한 일부일 수 있지만 강박적인 집착과 흥분이 우리를 삶의 경로에서 이탈하게 만들어서는 안 된다. 성적이거나 낭만적인 매력에 강하게 이끌린 나머지, 우리는 그런 관계가 상호 관계중독에서 비롯된다는 너무나 분명한 사실을 부인하게 된다. 강한 끌림은 번개 같은 속도로 모든 말과 단어를 거부하고 신비로운 연결을 알려 주는 트럼펫과 심벌즈 소리처럼 올 수 있다. 때로 그런 경우가 있다. 하지만 그것은 자기 파괴로 이끄는 자석 같은 끌림일 수 있다.

댄의 이야기는 내가 허다하게 접할 수 있는 그런 것이었다. 사람들은 대개 현실을 직시하고 내려놓을 마음의 준비가 온전히 되기 전까지는 직면해야 할 것을 직면하려 하지 않고 내려놓을 필요가 있는 것들은 내려놓지 않는 경향이 있다. 때로는 댄의 경우처럼 사람은 자신의 치료과정에서 앞으로 기꺼이 전진할 마음이 들기까지 '지치고 힘든' 경험을 충분히 할 필요가 있다.

처음에 댄은 스스로가 성공한 상담자였기 때문에 모든 해결책을 분명히 알고 있다고 생각하고 자신의 중독적 관계에 대한 도움을 요청하기를 꺼렸다. 그는 자신이 강하고 독립적이며 높은 자존감을 가진 잘생긴 남자라고 생각했다. 그 반대로 생각하는 것은 그로서는 받아들이기가 매우 어려운 일이었다. 오랫동안 자신에게만 의지해 온 댄은 진정한 힘이란 내적인 작업을 통해 건강하지 못한 관계에 자신을 가둬 두었던 것들이 무엇인지 발견하면서 생긴다는 것을 서서히 깨닫게 되었다.

댄이 처음 도움을 받으러 찾아왔을 때, 그의 인생은 통제불능으로 보였다. 한번 화를 내면 육체적으로 파괴적 성향을 보였고 과음을 하고 고혈압과 편두통에 시달렸다. 변화되지 않으면 자기 파괴적 행동을 계속하리라는 것이 자명해 보였다. 그는 자기 삶을 정상으로 되돌리기 위해 치료실을 찾아왔다.

칼리와 데이브의 경우와 달리, 댄은 그의 삶을 개선하기 위해서는 처음에는 상상조차 못했던 일이지만 관계를 정리해야만 했다. 사랑중독에 빠진 다른 모든 사람의 경우와 같이, 그의 레퍼토리는 "그녀 없이 산다는 건 생각조차 할 수 없어요."였다.

"우선 나는 어린 시절로 돌아가 아버지와의 관계를 살펴봐야 했어요. 어린 시절을 돌이켜 보니 아버지한테 한번도 사랑받아 본 적이 없었던 것 같아요. 이제는 사실 아버지가 그때 나를 사랑했다는 생각이 들긴 하지만 아버지는 아마 말로 표현할 적당한 단어를 찾아내지 못했거나 감정을 드러내 놓고 표현하지 못하는 분이었어요. 내 기억으로는 한번도 아버지는 나에게 사랑한다고 말해 준 적이 없었던 것 같아요."

"다 커서도 아버지가 나를 사랑했다는 사실을 알지 못했어요. 비록 자신만만하고 스스로를 유능하다고 여겼지만 난 그다지 사랑받을 만한 존재가 못 된다고 생각했어요. 나중에 아버지

와의 관계를 되돌아보면서 아버지가 나를 사랑한다고 생각했던 유일한 순간은 가족 농장에서 엄청나게 열심히 일했을 때 아버지가 기쁘다는 걸 내색한 말이나 표정을 지었을 때뿐이었다는 걸 알게 됐어요. 아마 그 때문에 성인기에 들어와서까지도 사랑을 얻기 위해 이렇게 애쓰는 자세를 되풀이했던 게 아닌가 하는 생각이 들어요. 내 존재 가치를 확인하기 위해서 다른 사람의 사랑이 필요하다고 생각했던 거죠. 또 사랑받고자 하는 이런 욕구 때문에 열아홉이라는 아주 어린 나이에 결혼을 하게 되었던 것 같아요. 이 결혼은 시작부터 잘못되었지만 12년 동안이나 결혼 관계를 끌어갔어요. 불안함 때문에 그렇게 했던 거죠. 스스로 사랑받을 만한 존재가 못 된다고 생각했으니까요."

"여러 해 동안 극도로 불행했던 결혼생활이 더 이상 참을 수 없는 지경까지 이르렀을 때 이혼청구를 했어요. 이혼 직후 나처럼 막 이혼한 앤을 만났어요. 곧바로 우리는 연인이자 친구가 됐지요. 하지만 이 관계는 몹시 중독적이었어요."

"앤과 나는 모두 상대방이 없으면 죽고 못 살 것 같은 감정을 지니고 있었어요. 만남을 시작한 지 얼마 안 돼서 우리는 동거를 시작했어요. 관계 초반부터 앤과 나의 이런 관계가 우리를 지치게 하고 지배하게 만들었어요. 우리는 늘 붙어서 지냈고 서로에 대한 관심 외엔 그 어떤 것에도 관심을 두지 않았어요. 우리는 서로를 잃게 될까 두려워했어요. 각자 상대방이 자신의 욕구를 충족시켜 줄 거라고 기대하면서 그런 일은 절대 가능한 일이 아님을 결코 인정하지 않은 채 철저히 우리 관계에만 매달렸지요."

"머지않아 문제들이 튀어나오기 시작했어요. 어려서부터 가

지고 있던, '난 그다지 사랑받을 만한 남자가 아니다.' 라는 나의 생각을 더 굳혀 주는 사건이 일어났어요. 앤이 다른 남자를 만나기 시작한 거예요. 그로 인해 난 엄청난 고통을 느꼈어요. 그 일이 커다란 고통과 불안감을 느끼게 했지만, 관계에 중독되어 있었기에 그 당시 내가 늘 말한 것처럼 '죽지 않고서는' 빠져나오는 법을 몰라 결혼을 유지할 수밖에 없었어요. 우리 관계가 중독적이라는 사실은 우리 행동이 어떠하든 간에, 그리고 관계를 파괴하는 많은 짓을 저질러도 그에 개의치 않고 서로 무조건적인 사랑만을 바라고 있다는 것에서 분명히 드러났어요."

"이 시기에 나는 앤을 지극정성으로 사랑하면 그녀를 변화시킬 수 있을 거라고 믿었던 것 같아요. 앤 없이는 살 수 없었기 때문에 그녀를 변화시켜야 했어요! 앤과의 관계를 끊고서는 결코 내가 온전한 존재가 될 수 없을 것 같았어요. 내 생각에는 지독하게도 중독적이었던 관계가 나뿐만 아니라 앤한테도 점점 더 파괴적인 영향을 미쳤던 것 같아요. 그녀와의 이런 파괴적인 유대관계가 나한테도 부정적인 영향을 미치기 시작하면서 술 문제가 심해졌고, 내 행동은 점점 더 자기 파괴적이 되어 갔어요."

"결국 내가 아주 존경하는 어떤 분이 계속 이런 식으로 살다간 큰일 날 것 같다면서 앞으로 어찌될는지 진지하게 돌아보면서 인생을 다시 정상 상태로 되돌려 보라고 충고해 주셨어요. 그제야 내가 보였던 폭발적인 분노와 나 자신에 대한 나쁜 감정, 앤과의 건강하지 못한 관계가 혼자서는 다룰 수 없는 문제라는 걸 받아들이게 되었지요."

"그래서 심리치료 전문가의 도움을 구하게 되었어요. 치료과

정에서 나는 내 인생에 대해 많은 것을 알아냈고 얼마되지 않아 불행하고 건강하지 못한 관계를 끝내야 한다는 것을 느끼게 되었어요. 마침내 수많은 상담을 받고서야 그렇게 할 수 있게 되었어요. 만일 내가 치료를 받으러 찾아오지 않았더라면, 정말로 이런 중독적 관계는 계속적으로 우리 두 사람 모두에게는 아니더라도 나 자신은 파괴했을 거라고 생각해요."

"어릴 적부터 가지고 있었던 내적 신념, 즉 나는 사랑받을 만한 사람이 못 된다는 것과 남을 실망시키는 존재라는 것을 뒷받침해 주는 사람, 그러니까 진정으로 나를 사랑해 주지 않는 여자만을 골라서 무의식적으로 찾아다니곤 했다는 것을 깨닫게 됐어요. 내 존재 가치에 대한 생각을 변화시키고 부모님 역시 당신들이 할 수 있는 최선을 다해 나를 사랑해 주셨다는 것을 이해하게 되면서, 난 나 자신에 대해 관대한 마음을 갖게 되었고 사랑과 친밀함을 베풀어 줄 수 있는 여자를 다시 만날 수 있게 되었어요. 그전까지는 거절의 상처와 고통을 두려워하고 친밀하게 되는 것을 불안하게 여기는 존재였다는 것을 깨달았어요. 진정으로 친해지는 것을 피하는 방편으로 앤을 선택했던 거지요. 나 역시 선택권을 가질 수 있다는 걸 알게 된 것만으로도 내겐 굉장한 변화였어요."

"그때부터 나는 새로운 곳으로 이사한다든가 하는 인생에서의 큰 변화를 겪게 되었어요. 단연코 이런 일은 내가 내린 가장 어려운 결정 가운데 하나였어요. 앤과의 관계를 끝낸 후 우연히 그녀를 보게 되었지요. 확실히 앤을 좋아하기는 했지만 결코 우리가 건강하고 좋은 관계를 다시 가질 수는 없으리라는 생각이

들었어요. 그래서인지 그녀와 다시 사귀고 싶은 바람이 들지 않았어요. 그런 중독적 관계에서 탈피하게 된 이후 나는 혼자가 된 것에 보다 편안한 마음 상태가 되었어요. 이제 스스로 많이 성장한 느낌이 들고 남은 삶 동안 계속 성장해 나가고 싶어요. 앞으로는 정말 나와 맞는 여자와 사귀고 싶다는 희망을 갖고 있어요. 이제는 진실한 사랑이 가능하리라 믿고 있고 또 나에게 그럴 만한 자격이 충분히 있다고 생각해요!"

칼리와 데이브, 댄은 먼 길을 걸어왔다. 만일 여러분이 그들의 사례에서 자신과 비슷한 부분을 발견했다면 계속 읽어 보기 바란다. 여러분 또한 사랑과 자유가 동시에 여러분의 삶에서 작동되게 하는 방법을 배울 수 있을 것이다.

만일 당신이 당신 안에 있는 것을 끄집어내 놓게 되면
당신이 끄집어내 놓은 것이 당신을 구원해 줄 것입니다.

만일 당신이 당신 안의 것을 끄집어내지 않는다면
당신이 끄집어내지 않은 것이
당신을 파괴하게 될 것입니다.

-『토머스에 의한 복음성가(The Gospel According to Thomas)』[5]-

8 사랑중독에서 벗어나는 법

치료자가 내담자에게 해 줄 수 있는 가장 높은 치료목표는 문제의 해답이 자신 안에 있다는 사실을 고취시키고 자기 안에 있는 강력한 내적인 해답을 끌어낼 수 있도록 도와주고 안내해 주는 것이다. 이 장에서는 여러분 자신이 스스로 치료자가 되어 중독적인 관계 문제를 희망적으로 해결할 수 있는 방법들을 제공하고자 한다.

우리는 앞에서 사랑중독의 뿌리와 그 특징에 대해 알아보았고, 건강하지 못한 의존성에서 성숙하고 충만한 사랑으로 옮겨 가는 과정에 대해 공부하였다. 우리가 앞서 살펴본 것처럼 사랑중독의 뿌리는 매우 깊고 거기서 벗어나는 길은 매우 길고 험하다. 사실 사랑중독에서 벗어나는 길이 너무 길고 험하기 때문에 여러분은 스스로 다음과 같이 물어볼지 모른다. 문제가 있으면 어때? 전혀 사랑하지 않는 것보다 사랑하는 게 낫지 않을까?

여러분의 삶에서 왜 사랑중독을 몰아내야 할까? 이 질문에 대한 좋은 답은 아래와 같다. 중독적인 사랑은 다음과 같이 많은 제한을 가져오기 때문이다.

- 사랑중독은 만족하는 능력을 제한한다.
- 사랑중독은 당신의 능력과 잠재력을 살릴 수 있는 길을 제한한다.
- 사랑중독은 새로운 경험에 대한 개방성을 제한한다.
- 사랑중독은 현재를 즐기고 현재를 살 수 있는 능력을 제한한다.
- 사랑중독은 창조적인 것을 할 수 있는 에너지를 제한한다.
- 사랑중독은 개인적인 힘과 자유를 제한한다.
- 사랑중독은 타인을 수용할 수 있는 능력을 제한한다.
- 사랑중독은 두려움에 맞설 수 있는 능력을 제한한다.
- 사랑중독은 자발성을 제한한다.
- 사랑중독은 의식 수준과 영적인 잠재력을 제한한다.
- 사랑중독은 친밀한 관계를 맺는 능력과 진정으로 사랑할 수 있는 능력을 제한한다.

여러분은 자신의 삶을 위해 무엇을 할 수 있을지 스스로 선택해야 한다. 변화할 필요를 못 느낄 수도 있지만 만일 변화하겠다고 결심했다면 혼자 힘으로 변화하겠다는 점을 확실히 해야 한다. 일단 여러분이 중독적인 사랑을 그만두기로 결심했다면, 그리고 삶을 더 이상 멜로드라마적인 흑백으로 보지 않고 있는 그대로의 다채로운 색깔로 보기 시작했다면, 이제 여러분은 이전의 낡은 사고방식으로

후퇴하는 것이 어려울 것이다. 여러분은 상대방에게 억지로 강요하지는 않으면서 함께 가자고 초대할 수 있다. 만일 상대방이 저항한다면 여러분은 인내심과 연민을 가지고 잘 대처해 나갈 수 있다. 중독적인 사랑을 포기하기로 한 결심은 갈등투성이인 관계를 완전히 청산해야 한다는 것을 의미하며, 이것은 틀림없이 여러분에게 얼마간은 그럴 수밖에 없는 슬픔과 비탄의 감정을 불러일으킬 수 있다.

어떤 일을 성취하는 것은 쉽게 이루어지지 않는다. 변화하겠다는 선택이 여러분에게 즉각적인 행복을 가져다준다는 보장도 없다. 이 책에서 묘사하였듯이 변화를 무릅쓴 어떤 사람들은 더욱 건강한 애정관계로 성장해 나가는 반면, 어떤 사람들은 관계를 내려놓고 삶과 사랑에서 새 출발을 해야겠다고 생각하기도 한다.

일단 중독된 사랑에서 자유로워지기로 결심했다면 통제당하고 싶다는 욕망과 다른 누군가를 통제하고 싶다는 욕망을 내려놓아야 한다. 즉, 여러분이 필요로 하고 원하는 것을 얻기 위해 다른 누군가를 조종하는 것을 멈추어야 한다. 타인을 조종하려는 충동은 대단히 강력한 것이어서 그것을 포기할 때는 틀림없이 약간의 비통함을 느끼게 될 것이다. 그러나 결국 그러한 고통은 중독된 관계를 통해 여러분과 다른 누군가에게 입히는 고통보다는 훨씬 덜한 것이다.

이 장은 보다 건강하고 보다 행복한 사랑을 선택한 사람들을 위해 쓰였다. 앞으로 나아가기 위해 어떻게 해야 할지 모르는 사람들은 다음의 방법을 실천해 보기 바란다. 자신에 대해 무엇을 배울 수 있는지 살펴보라. 어떤 연유로 갈등투성이의 관계를 청산하기보다는 현 상태를 유지하려고 하는 사람들은 여기서 멈추고 싶어 할 수도 있다. 정직하게 자신을 들여다보라! 변화에 반하는 결정 역시 여러분 스스로가 내린 것이다. 그러므로 관계의 문제들에 대해 타인을 비난하는 것을 그만두어라. 사랑중독에 빠져 있는 동안 여러분은 개인적 성장과 힘을 중독된 사랑 앞에 포기했다는 것을 명심해야만 한다.

여러분 가운데 어떤 사람들은 대부분의 사랑관계가 중독적인 요소를 띠고 있다는 말에 의혹을 품을 수 있다. 그것이 사실일 리 없다고 확신하기 전에 아래의 연습을 제안한다. 이 연습은 우리가 누구인지를 알기 위해서는 의식적인 자각이 있어야 하며, 이러한 자각이 변화에 선행한다는 것을 전제로 하고 있다.

변화 = 자각 + 행위. 이 연습은 자각을 증진시키고 행동을 동기화하기 위해 고안된 것이다.

나는 그동안 심리치료자와 워크숍 리더를 하면서 했던 경험을 바탕으로 이 연습을 고안하였다. 그중 어떤 것은 내 개인적 지식과 결부되어 있다. 나는 이 연습들이 중독적인 행동에 젖어 있는 삶을 털어 버리려는 사람들에게 무척 도움이 될 거라고 믿는다. 비록 모든 치료가 기본적으로는 자가치료이지만 이 연습은 통상 전문적인 지도하에 행해지고 있다. 스스로 하기가 어렵다고 생각될 경우 혹은 연습을 해 나가면서 당신을 불편하게 하는 감정과 정보가 따라나오게 되는 경우에는 즉각 전문적인 도움과 지지를 찾아라.[1]

어떤 연습은 상당한 시간과 생각이 필요하다. 이 연습들은 급하게 서둘러서 할 수 있는 성질의 것들이 아니며 조금씩 실행해 나가다 보면 그 효과를 확신하게 될 것이다. 연습에 쏟는 시간과 생각은 아마도 자가치유적 과정에 들어가게 해 줄 것이며 이런 과정은 몇 개월이 소요될 수 있다. 어떤 연습은 다른 사람들보다 여러분에게 더 많은 것을 의미할 수 있다. 이 연습은 그 목적이 진지하기는 하지만 재미있는 요소도 가지고 있다.

자기발견을 향한 개인적 여정에 행운이 가득하길 바란다. 내가 바라는 것은 여러분이 이 훈련을 통해 삶을 더 좋은 쪽으로 바꾸게 해 줄 적어도 하나의 통찰을 발견하는 것이다. 더 많은 기쁨, 자유, 지혜, 사랑을 경험하기를 바란다.

자가치유 방법

여기에 사랑중독에서 건강한 사랑으로 옮겨 가는 데 도움이 되는 일곱 가지 기본 단계가 있다.

1. **자각**: 사랑중독이 당신의 삶에서 중요한 역할을 한다는 것을 인정하기
2. **평가**: 사랑중독의 정도를 깨닫기
3. **결심**: 개인적 힘을 사용해서 중독에서 벗어나기
4. **탐색**: 개인적 두려움, 신화, 개인사를 검토하기
5. **재프로그래밍**: 과거를 내려놓고 현재를 끌어안기
6. **쇄신**: 성숙한 사랑으로 나아가기
7. **확장**: 개인적 독특함을 개발하고 자신과 타인을 진정으로 사랑하는 능력을 배양하기

자각 연습 사랑중독이 당신의 삶에서 중요한 역할을 한다는 것을 인정하기

이 책을 선택하고 이 책과 유사한 책을 골라서 읽고 있다는 사실만으로도 당신의 애정관계가 중독적인 성향을 띠고 있음을 이미 인식하고 있다는 것을 의미한다. 그러한 인식이 없다면 당신은 부인 단계에 갇혀 있는 것이다. 이 단계는 변화의 씨가 자랄 비옥한 땅이 없는 상태다. 이 책에 나온 정보들은 당신에게 문제가 있다는 것을 인식하는 단계에서 출발해서 다음으로 중요한 단계인 당신의 의존성 문제를 인식하고 그에 대한 통제력을 획득하는 단계로 나아갈 수 있도록 도와줄 것이다.

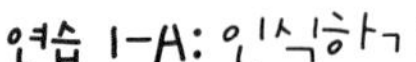

'사랑중독'이라는 용어를 처음 들었을 때를 기억하라. 이제 다음의 질문을 읽고 눈을 감고 당신의 반응을 눈앞에 그려 보라.

- 처음 그 용어를 들었을 때 무엇을 생각하고 느꼈는가?
- 사랑중독에 대한 책을 읽게끔 결심하게 된 것은 무엇 때문이었나?
- 이 책을 읽는 것을 주저하고 망설인 느낌이 있었는가?
- 혹시 있었다면 그런 저항감은 어떠한 두려움 때문이었나?
- 이 책을 읽은 후에 어떻게 달라지고 싶은지 바라는 부분이 있는가?

평가 연습 사랑중독의 정도를 깨닫기

아래 연습은 당신의 관계가 중독적인지 혹은 건강한지 그 특성을 평가하는 데 도움을 주기 위한 것이다. 당신의 관계가 중독적인 특징을 적게 가질수록 그 특성은 더 높다고 볼 수 있다.

연습 2-A: 당신의 관계를 어떻게 평가할 것인가

현재 맺고 있는 애정관계를 염두에 두고 먼저 중독적인 사랑에 대한 특징들을 주의 깊게 읽은 다음 건강한 사랑의 특징에 대해서도 읽어 보라. 각각의 중독된 사랑 특징에 대해 '전혀 그렇지 않다 = 0, 거의 그렇지 않다 = 1, 가끔 그렇다 = 2, 자주 그렇다 = 3, 거의 항상 그렇다 = 4, 항상 그렇다 = 5'에 체크하라. 건강한 사랑에 대해서도 마찬가지로 점수를 매겨 보라.

중독적인 사랑	건강한 사랑
_____ 모든 게 소진되는 느낌이다.	_____ 개별성을 허용한다.
_____ 자아 경계를 그을 수 없다.	_____ 상대방과 하나됨과 헤어짐을 기꺼이 경험하며 즐긴다.
_____ 가학피학적인 요소가 있다.	_____ 두 사람이 가지고 있는 최상의 특성을 끌어낸다.
_____ 내려놓는 것이 두렵다.	_____ 헤어짐을 받아들인다.
_____ 위험, 변화 및 미지의 것이 두렵다.	_____ 변화와 탐색을 열린 마음으로 체험한다.

(계속)

중독적인 사랑	건강한 사랑
_____ 성장할 수 없게 한다.	_____ 상대방이 성장할 수 있게 한다.
_____ 진정한 친밀감이 부족하다.	_____ 진정한 친밀감을 경험한다.
_____ 심리 게임을 한다.	_____ 원하는 것이 무엇인지 정직하게 물어보는 데 거리낌이 없다.
_____ 뭔가를 되돌려 받기 위해 준다.	_____ 주고받는 것이 동등하게 경험된다.
_____ 상대를 바꾸려고 노력한다.	_____ 상대를 변화시키거나 통제하려고 하지 않는다.
_____ 상대방의 욕구를 충족시켜 주려고 지나치게 애쓴다.	_____ 상대방이 자기 충족감을 느낄 수 있도록 격려한다.
_____ 자기 밖에서 해결점을 찾는다.	_____ 자기와 상대방의 한계를 수용한다.
_____ 무조건적인 사랑을 요구하고 기대한다.	_____ 무조건적인 사랑을 주장하지 않는다.
_____ 상대방에 대한 헌신과 책임을 거부한다(의존 거부 성향).	_____ 상대에 대한 책임과 헌신을 다할 수 있다.
_____ 인정과 가치감을 얻기 위해 상대방에게만 의존한다.	_____ 높은 자존감과 안녕감을 지니고 있다.
_____ 일상적인 헤어짐에도 버림받은 느낌이 든다.	_____ 사랑하는 이에 대한 좋은 기억을 지니고 있다. 고독을 즐긴다.
_____ 늘 부정적인 감정을 느낀다.	_____ 자발적으로 감정을 표현한다.
_____ 가까워지고 싶지만 두려워한다.	_____ 가까워지는 것을 환영하는 한편, 상처받는 것은 개의치 않는다.
_____ 상대방의 감정에 '맞추려고' 한다.	_____ 상대방을 보살피지만 적정한 거리를 유지한다.
_____ 파워플레이를 한다(상대보다 우월한 위치를 점하고자 함).	_____ 자기와 상대방이 서로 동등하고 개인적 힘을 지니고 있다고 인정한다.

이제 각 항목의 점수를 더한 다음 20으로 나누어 두 영역의 평균 점수를 각각 구해 보라. 당신의 관계는 건강한 쪽과 문제가 있는 쪽 중에서 어느 쪽으로 기울어져 있는가?

연습 2-B: 자신과 타인의 관계

친구, 동료, 친척과 같은 다른 사람들과의 관계를 생각해 보라. 각각의 중독적인 사랑 특징에 대해 '전혀 그렇지 않다 = 0, 거의 그렇지 않다 = 1, 가끔 그렇다 = 2, 자주 그렇다 = 3, 거의 항상 그렇다 = 4, 항상 그렇다 = 5'에 체크하라. 점수를 매겨 보고 그 점수가 당신의 관계에 중독적인 요소가 많다는 것을 의미한다면, 당신은 보다 건강한 관계를 맺기 위해 진지한 관심이 생길 수도 있다.

중독적인 사랑	건강한 사랑
_____ 모든 게 소진되는 느낌이다.	_____ 개별성을 허용한다.
_____ 자아 경계를 그을 수 없다.	_____ 상대방과 하나됨과 분리됨을 기꺼이 경험하며 즐긴다.
_____ 가학피학적인 요소가 있다.	_____ 두 사람이 가지고 있는 최상의 특성을 끌어낸다.
_____ 내려놓는 것이 두렵다.	_____ 헤어짐을 받아들인다.
_____ 위험, 변화 및 미지의 것이 두렵다.	_____ 변화와 탐색을 열린 마음으로 체험한다.
_____ 성장할 수 없게 한다.	_____ 상대방이 성장할 수 있게 한다.
_____ 진정한 친밀감이 부족하다.	_____ 진정한 친밀감을 경험한다.

(계속)

중독적인 사랑	건강한 사랑
_____ 심리 게임을 한다.	_____ 원하는 것이 무엇인지 정직하게 물어보는 데 거리낌이 없다.
_____ 뭔가를 되돌려 받기 위해 준다.	_____ 주고받는 것이 동등하게 경험된다.
_____ 상대를 바꾸려고 노력한다.	_____ 상대를 변화시키거나 통제하려고 하지 않는다.
_____ 상대방의 욕구를 충족시켜 주려고 지나치게 애쓴다.	_____ 상대방이 자기 충족감을 느낄 수 있도록 격려한다.
_____ 자기 밖에서 해결을 찾는다.	_____ 자기와 상대방의 한계를 수용한다.
_____ 무조건적인 사랑을 요구하고 기대한다.	_____ 무조건적인 사랑을 주장하지 않는다.
_____ 상대에 대한 헌신과 책임을 거부한다(의존 거부 성향).	_____ 상대에 대한 책임과 헌신을 다할 수 있다.
_____ 인정과 가치감을 얻기 위해 상대방에게만 의존한다.	_____ 높은 자존감과 안녕감을 지니고 있다.
_____ 일상적인 헤어짐에도 버림받는 느낌이 든다.	_____ 사랑하는 이에 대한 좋은 기억을 지니고 있다. 고독을 즐긴다.
_____ 부정적인 감정을 느낀다.	_____ 자발적으로 감정을 표현한다.
_____ 가까워지고 싶지만 두려워한다.	_____ 가까워지는 것을 환영하는 한편, 상처받는 것은 개의치 않는다.
_____ 상대방의 감정에 '맞추려고' 한다.	_____ 상대방을 보살피지만 적정한 거리를 유지한다.
_____ 파워플레이를 한다(상대보다 우월한 위치를 점하고자 함).	_____ 자기와 상대방이 서로 동등하고 개인적 힘을 지니고 있다고 인정한다.

연습 2-C: 관계 연결

당신과 당신의 파트너를 연결시키는 다양한 접촉 영역을 나타내는 다음 목록을 검토해 보라. 이제 0에서 10까지의 척도로 가정하고 당신의 사랑관계를 평가해 보라.

접촉 영역	평점
• 신체적 (매력의 정도, 애정, 성적인 관계의 질, 신체적 보호)	____
• 정서적 (표현의 정도, 의사소통, 상호 지지도, 정서적 신뢰)	____
• 사회적 (친구, 가족과 상호 양립 가능성, 사회생활의 질)	____
• 정신적 (아이디어/정보 교환의 질, 상호적인 문제해결, 바뀌는 생각과 의견을 수용)	____
• 영적 (상호 가치와 태도, 개인적 성장을 지지)	____

0이 하나 이상 있다면 아마도 관계는 중독적일 가능성이 있다. 평균 점수가 4점 이하라면 주의가 필요하다.

연습 2-D: 내가 나를 얼마나 사랑하는가

관계에서 당신의 자기 이미지는 중요한 역할을 한다. 자존감이 높을수록 애정관계는 더 좋을 가능성이 크다. 다음 질문에 답하는 과정에서 자신의 자존감 수준을 보다 잘 평가할 수 있다.

1. 당신은 스스로를 얼마나 좋아하는가?
2. 아이였을 때 당신의 어머니가 당신을 얼마나 좋아한다고 생각하거나 느꼈는가?
3. 아이였을 때 아버지가 당신을 얼마나 좋아한다고 생각하거나 느꼈는가?
4. 자라면서 또래들이 당신을 얼마나 좋아한다고 생각하거나 느꼈는가?
5. 당신 자신을 더 좋아하기를 바라는가?
6. 다른 사람들의 인정에 얼마나 의존하는가?
7. 당신의 파트너가 당신을 얼마나 좋아한다고 생각하거나 느끼는가?

연습 2-E: 파워플레이

다음은 중독적인 관계에서 흔히 나타나는 파워플레이의 목록이다. 각 항목의 왼편에 당신이 관계에서 그 징후를 경험하였는지의 여부에 따라 '예' 혹은 '아니요'라고 답하라. '예'와 '아니요'라고 답한 숫자를 적어라.

파워플레이는 중독의 한 특성이므로 '예'라고 표시한 숫자는 관계에 문제가 있는 정도를 나타내 준다. '예'라고 표기한 것이 더 많을수록 관계에서 해로운 파워플레이가 일어나고 있다는 것을 의미하므로 보다 많은 주의가 요구된다.

흔히 나타나는 파워플레이

_____ 남에게 충고만 하고 자신은 다른 사람의 충고를 받아들이지 않는다.

_____ 상대방에게 도움을 청하고 지원과 사랑을 요구하는 것을 어려워한다.

_____ 지시한다. 상대방으로부터 너무 많은 것을 요구하거나 기대한다.

_____ 판단적이 된다. 상대방의 성공을 방해하기 위해 혹평을 한다. 흠잡는다. 사사건건 괴롭힌다. 걸핏하면 상대방을 혼낸다.

_____ 상대방한테 뭔가를 내놓지 않는다. 상대방이 원하거나 필요로 하는 것을 주지 않는다.

_____ 약속을 하고 깨 버린다. 상대방이 자신을 믿게 만들고 신뢰를 깨뜨린다.

_____ 상대방이 숨막힐 정도로 애정을 베풀거나 지나치게 보살핀다.

_____ 자신은 우월한 입장에 서고 상대방은 열등한 위치에 놓고는 짐짓 겸손한 척하거나 생색을 부리며 상대를 대한다. 위협한다.

_____ 상대방 대신 결정을 내려준다. 문제를 해결할 수 있는 상대의 능력을 무시한다.

_____ 상대방을 '절대 이길 수 없는' 상황에 몰아넣는다.

_____ 상대방을 바꾸려고 한다(그러면서 자신은 바꾸려고 하지 않는다.).

_____ 상대방이 아주 취약한 시점에 공격한다.

_____ 의존에 반하는 태도를 보인다("난 네가 필요 없어.").

_____ 약자를 괴롭히고 매수하는 행위를 하고 위협한다.

_____ 신랄한 태도를 취하거나 자기를 정당화하는 분노를 표현한다. 원한을 품는다.

_____ 상대방을 언어적 · 신체적으로 핍박한다.

_____ 공격적인 행동을 하면서도 그것이 단호하게 맺고 끊는 태도라고 치부한다.

_____ 항상 이기려고 하거나 자신은 정당하다고 생각한다.

_____ 완강하게 우기거나 자신의 방식을 고집한다.

_____ 실수를 인정하고 '미안하다'는 말을 하는 것을 어려워한다.

_____ 질문에 대해 간접적이고 모호한 대답을 한다.

_____ 위에 제시된 어떤 행동을 옹호한다.

결심 연습 개인적 힘을 사용해서 중독에서 벗어나기

앞에서 관계 양식을 평가하면서 뭔가 문제 징후를 발견하였다면, 이제는 결심을 할 단계다. 당신의 관계가 어느 정도, 아마도 상당한 정도로 중독 양상을 가지고 있다는 것을 깨달았다면 이제 현재 상태를 유지할지 혹은 변화를 향해 나아갈지에 대해 결단을 내려야 한다.

주의: 강박적인 습관을 청산하려고 한다면 처음에는 더 강박적인 느낌을 가질 수 있다. 건강하지 못한 의존성을 내려놓을 때 당신의 결핍감은 더 심화될 수 있다. 이러한 것들은 당신이 지금 변화과정을 시작했다는 신호다. 견고한 지지체계가 제대로 가동될 수 있도록 하라. 그리고 그것을 이용하라.

연습 3-A: 관계에서 당신은 무엇을 얻고 있는가

문제가 많은 관계일지라도 중독자들은 관계에 매달리는데, 그 이유는 우리가 맺고 있는 관계가 어느 정도는 위안과 도움을 주기 때문이다. 중독적인 관계에 있는 사람들은 관계에서 자존감과 안정감을 느끼고, 소속감, 즐거움, 위로감, 성공한 느낌, 두려움의 회피 그리고 삶의 의미를 느낄 수 있다. 당신이 맺고 있는 관계가 당신을 얼마나 보호해 주고 도움을 주고 있는지 잘 생각해 보라. 이 질문에 답하기 위해 일정 시간 동안 곰곰이 생각해 보고 현재 관계에서 얻을 수 있는 이차적 이득의 목록을 만들어 보라. 정직하게 물음에 답해 보라. 당신이 맺고 있는 관계와 그 패턴에 집중할 수 있게끔 의식(ritual) 절차를 소개하고자 한다. 과거의 관계에서 어땠는지에 의거해서 다음의 진술을 작성하게 될 것이다. 당신의 관계를 상징하는 것(대개 사랑하는 사람의 사진 혹은 그 사람한테서 받은 선물)을 앞에 올려놓고 다음의 말들을 천천히 반복해 본다. "나 ○○○(자신의 이름)은(는) 이제 당신 ○○○에게 나를 완전하게 만들어 주는 힘을 주노라. 나는 당신 없이는 불완전하다. 당신은 나에게 (이차적 이득 목록)를 주었고 안정감, 감각, 힘에 대한 인간적 욕구를 충족시켜 주었다. 나는 당신에게 내가 가진 힘을 양도하였고 당신이 나를 완전하게 만들어 주는 대가로 당신이 원하는 것은 무엇이든 할 것이다. 당신이 나에게서 도망치려 할 경우 당신을 내 곁에 잡아 둘 수 있는 일이라면 무엇이든 할 것이다."

이제 새로운 의식을 소개할 것인데, 이것은 당신의 개인적 힘을 다시 찾도록 도와주기 위해 고안된 것이다. 다시 당신이 사랑하는 사람의 상징을 앞에 놓아두고 이렇게 말하라. "나 ○○○은(는) 이제 신께서 주신 재능인 나의 개인적 힘을 당신에게서 되찾으려 한다. 나는 이제 내 안에 완전하고 온전하며 성공스러운 삶을 살 수 있는 능력을 가지고 있다는 것을 알고 있다. 이제 내 삶에서 내가 필요로 하는 것은 이차적 이득 목록이다. 우리가 맺고 있는 관계와는 상관없이 나를 위해 존재하고 있다는 것을 믿는다. 나는 더 이상 당신한테 지나치게 힘을 행사하려고 애쓸 필요가 없다. 나는 당신을 마음 편히 그리고 부드럽게 내려놓을 것이다. 내 스스로 배우고 성장하고 타고난 내 권리를 찾아 나가는 동안 나를 완전하게 만들어 주려 한 당신의 노력에 감사한다. 앞으로 내 삶을 고양시키기 위해 당신과 함께 지낼 선택을 할 수도 있지만 그럴 경우 내 선택은 더 이상 두려움이 아닌 진정한 사랑을 전제로 할 것이다."

어떤 의식이 더 좋게 느껴지는가? 그 이유는 무엇인가?

탐색 연습 개인적 두려움, 신화, 역사를 검토하기

일단 당신이 개인적 힘을 되찾고 상대에 대한 거짓 통제를 그만두기로 결심했다면 당신의 사랑중독에 대한 복잡한 기원을 알아내는 것이 중요하다.

흔히 우리는 어떤 한 가지를 바란다고 말하면서도 계속해서 다른 것을 얻으려고 애쓰는 경향이 있다. 그런 일이 일어나는 것은 무의식적으로 우리가 가지고 있는 것이 완벽하게 느껴지기 때문이다. 그렇기에 무의식적인 두려움, 신화를 알아내고 중독적인 관계에 대한 개인적인 이유를 찾아내는 것은 결코 간단하지 않지만 매우 중요하다. 많은 중독 행동은 아동기나 청소년기에 일어났지만 그동안 잊혀졌거나 억압되었던 외상으로 인해 튀어나온다. 그러한 경험은 우리의 의식적인 마음에서는 홀연히 사라져 버렸을지 몰라도 우리가 내리는 결정과 과거에 대해 갖고 있는 인상에 지대한 영향을 미친다.[2]

다음의 연습은 자기발견의 길로 이끌어 주기 위해 고안된 훈련이다. 의식적, 무의식적 신념을 완전히 이해하기 전까지는 행동을 바꾸고 싶어도 습관적인 패턴과 행동에 정서적으로 매이게 된다. 한편으로는 고질적인 행동을 멈추려고 애쓰고 다른 한편으로는 그 행동을 이해하도록 해야 한다. 이 연습은 그런 행동이 어떻게 발전해 왔는지 알아내기 위한 것이다.

연습 4-A: 자기에게 보내는 편지

당신의 무의식적 신념을 발견하는 한 가지 훌륭한 방법은 자신에게 편지를 써 보는 것이다.

중독적인 사랑은 진정한 친밀감을 가로막는다. 중독적인 관계에 갇혀 있다면 당신의 일부는 친밀감을 두려워할 것이다. 그러한 두려움을 날려 보내려면 그 두려움이 존재하는 이유를 발견해야 한다. 여기에 당신을 도와주는 한 가지 방법이 있다.

1. 친밀감을 두려워하는 당신의 한 부분이 친밀하고 사랑스러운 관계를 맺고 싶은 당신의 다른 부분에게 편지를 쓰게 하라. 당신의 두려워하는 부분이 다음과 같이 말하게 하라.
   A. 나의 두려워하는 부분은 왜 여기에 있는가?
   B. 나의 두려움은 어디에서 왔는가? 어떤 경험, 외상 그리고 교훈으로 말미암아 두려워하는 믿음과 행동이 생겼는가?
   C. 나 스스로를 친구 또는 보호자로 지각하고 있는가?
   D. 내가 두려워하는 것은 무엇인가?
   E. 진정으로 친밀한 관계를 맺고 열려 있는 태도로 기꺼이 사랑하기 위해 내가 필요로 하는 것은 무엇인가?

2. 이제 그동안 타인과 지지적이고 친밀한 관계를 맺지 못하게 만든 이유에 대해 당신 안에 있는 '두려워하는 자기' 입장에

서 편지를 써 보라. 갈망하는 당신의 부분에게 당신이 어디에서 왔는지, 그리고 어떻게 해서 그동안 '사랑이란 존재하지 않는다.' 는 내적 신념을 강화해 주는 관계를 선택해 왔는지 이야기해 보라.

연습 4-B: 학습된 해결방법

다음의 질문은 당신의 사회적 학습과 현재 그것이 하는 역할을 탐구할 수 있게 해 줄 것이다.

1. 현재 관계에서 가장 중요한 문제를 적어라.
2. 다음의 질문에 답하라.
   A. 만일 당신의 어머니가 이와 똑같은 문제를 가졌다면 어머니는 어떻게 이 문제를 해결했거나 어떻게 해결해 나갈까?
   B. 만일 당신의 아버지가 이와 똑같은 문제를 가졌다면 아버지는 어떻게 이 문제를 해결했거나 어떻게 해결해 나갈까?
   C. 어머니, 아버지의 문제해결 방법은 효과적일까?
   D. 당신은 어느 쪽 부모를 가장 닮았는가?

연습 4-C: 학습된 반응

마음속으로 당신의 삶에서 중요한 어른들이 함께 모였던 장면, 예를 들어 가족 모임, 가족 행사 등을 상상해 보라. 당신이 아이라고 생각하고 어른들을 주의 깊게 살펴보라. 당신의 관찰과 직관으로 사랑, 관계, 힘, 남자, 여자에 대해 어떻게 생각하게 되었는가? 당신이 경험한 것을 기초로 다음의 질문에 답해 보라.

1. 사랑은 ______________________________이다.
2. 관계는 ______________________________이다.
3. 여자는 ______________________________이다.
4. 남자는 ______________________________이다.
5. 관계는 ______________________________해야 한다.
6. 파워는 ______________________________이다.

당신이 내린 결론을 검토해 보라. 이러한 결론들은 건강한 사랑 혹은 중독적인 사랑을 뒷받침해 주고 있는가? 이러한 믿음 가운데 어떤 것이 당신의 성인관계에 재현되고 있는가? 건강한 사랑을 위해서 이러한 믿음이나 결론 중 일부를 어떻게 바꿀 것인가?

연습 4-D: 관계 문제에 대처하기

이 연습은 당신 자신이 뿌리 깊이 지니고 있는 신화와 믿음을 이해할 수 있게 도와줄 것이다.

이해가 될 때까지 전체 연습을 쭉 읽어 보라. 몇 번 깊은 숨을 내쉬면서 몸을 이완해 보라. 눈을 감고 연습해 보라. 억지로 이미지들을 마음의 눈에 주입시키려고 하지 말라. 이미지들이 자연스럽게 당신의 마음속으로 들어오게 하라. 이미지는 단어, 시각적 이미지, 감정 혹은 이 세 가지 모두일 수 있다는 것을 기억하라. (필요하다면 친구에게 부탁해서 연습을 끌어달라고 해 보라.)

떠오르는 반응을 이미지화한 후에 그것들을 적어 보라. (하나 이상의 나쁜 감정을 가지고 있다면 한 번에 하나씩을 가지고 연습을 반복해 보라.)

현재 관계에서 가장 자주 경험하는 불쾌한 감정, 즉 불안, 외로움, 두려움, 거부감, 분노, 지루함 등을 생각해 보라. 이제 이러한 감정이 두드러지게 나타났던 가장 최근의 장면을 회상해 보라.

마치 TV 화면에서 보는 것처럼 그 장면을 마음의 눈으로 바라보라. 거기에 누가 있는가? 무슨 일이 일어났고 또 무슨 일이 일어나지 않았는가? 무슨 말이 오가고 있는가? 당신은 무슨 생각을 하고 있는가? 자신, 타인 그리고 삶에 대해 자신에게 무슨 말을 하고 있는가? 장면이 펼쳐질 때 부정적인 생각에 특별히 주목해 보라. 이 장면에서 당신이 얻고 싶고 필요로 하는 것은 무엇인가? 그런 경우에 스스로를 어떻게 보살피고 있는가?

이제 위와 같은 나쁜 감정을 경험했던 아동기(아마도 6세 이하의 초기 아동기) 로 돌아가 보라. TV 화면에 그 장면이 나타나게 하라. 다시 그 장면을 마음속으로 억지로 하지 말고 천천히 나타나게 하라. 시각적으로 보는 것이 어려우면 부모나 다른 중요한 성인이 나타나는 장면을 만들어 보라. 그 장면을 바라보며 세세한 것들을 파악해 보라. 누가 거기에 있는지, 무엇이 일어나고 또 무엇이 일어나지 않고 있는지, 어떤 말들이 오가는지, 왜 안 좋은 감정을 경험하고 있는지 다시 한 번 주의해서 살펴보라. 그 안 좋은 감정을 당신은 다독거려 주고 있는가? 이 경험을 하면서 당신이 원하고 필요로 하는 것은 바로 무엇이었는가? 스스로를 다독거리기 위해 무엇을 하고 있는가? 당신이 그 장면 속에 있을 때 그 순간에 보였던 비밀스러운 반응은 무엇

인가? 거기서 일어난 경험을 토대로 자신, 타인 그리고 삶에 대해 어떤 것을 믿기 시작했는가?

이제 두 장면을 조심스럽게 살펴보자. 공통점을 면밀하게 찾아보라. 만약 마법의 힘으로 자신, 타인 그리고 삶에 대해 기분 좋게 느낄 수 있도록 아동기 장면을 바꿀 수 있다면 그것이 어떻게 달라질 것인가? 아동기 장면이 달라졌다면 현재의 순간은 어떻게 달라지게 됐을까? 그에 대해 생각해 보고 나서 이 질문에 대한 답을 적어 보라.

연습 4-E: 재탄생

이 연습은 당신에게는 아주 특별한 경험으로 다가올 수 있는데, 특히 당신이 가지고 있는 분리불안을 탐색하고 그 뿌리를 탐구할 수 있게 해 줄 것이다. 어떤 신념과 행동 패턴은 생애 초기에 매우 일찍 생긴다는 것을 명심하라. 하나하나의 인생 경험은 몸의 신경계에 기록된다. 이 연습은 그 점을 염두에 둔 것이다. 이해가 될 때까지 조심스럽게 연습 내내 읽어 보라. 몇 번 천천히 심호흡을 하면서 몸을 편안하게 한 뒤 눈을 감고 연습을 따라 해 보라.

Part I. 다음을 화면으로 바라보고 있다고 상상해 보라. 당신은 지금 자궁 속에 있다. 어떤 느낌인지 느껴 보라. 따뜻한지, 안전한지, 안락한지, 편안한지 등등. 모든 것이 당신에게 어떻게 들어오고 있는지와 당신은 아무것도 할 필요가 없다는 것을 알아차려 보라. 당신은 우주의 중심이며 모든 것이 당신을 중심으로 돌아가고 있는 것처럼 보인다. 생각할 필요도 없고 행동할 필요도 없다. 당신은 그냥 존재할 뿐이다. 당신은 엄마와 하나다. 양수에 떠다니고 있고 아무 근심걱정이 없는 자신의 존재를 경험해 보라. 그 좋은 느낌을 쭉 느껴 보라. 이제 자궁에서 일어나고 있는 뭔가 불쾌하고 충격적인 경험을 느껴 보라. 왜 그런 일이 일어나게 되었을까?

이제 당신이 태어나는 순간을 상상해 보라. 갑작스러운 변화를 느껴 보라. 아마도 당신 주변에 있는 근육들이 수축하고 있을 것이다. 태어나려고 하는 당신의 강한 본능이 저항을 받고 있는 것이다. 아마도 당신은 밀고 당기는 느낌, 불안, 고통을 경험할 것이다. 그런 상황이 벌어지면서 천천히 세상으로 나오게 될 때 당신의 감정을 찬찬히 탐색해 보라.

Part II. 이제 당신은 자궁에서 나왔다. 아마 당신은 밝은 빛, 차가운 손, 거친 목소리, 엉덩이를 찰싹 맞는 것, 엄마에게서 떨어져 나오는 것, 비눗물에 첨벙 들어가는 것 등 낯설고 새로운 세상을 느끼게 되면서 불안해질 것이다. 어떤 느낌이 드는가? 자궁 안 혹은 바깥 중에서 어디가 더 안전하게 느껴지는가?

Part III. 태어나서 18개월 정도까지 자신을 추적해 보라. 엄마와 떨어져 있던 기간, 당신의 욕구에 반응해 주지 않은 것, 부모와의 갑작스러운 헤어짐과 같은 외상 혹은 두려운 경험을 주의해서 살펴보라. 너무 어려서 무슨 일이 일어나고 있는지 감지하지 못하면서 당신이 느꼈을 불안을 주목해 보라. 조심스럽게 어떤 불안한 상황이라도 탐색해 보라. 최근에 비슷한 감정을 경험했을 때를 회상해 보

라. 과거 사건과 현재 사건에 어떤 연관이 있는가? 이러한 경험을 통해 당신이 얻게 된 신념과 결론을 적어 보라.[3]

연습 4-F: 변화에 대한 두려움

변화하려고 할 때 가장 큰 모순은 성장하려는 강한 충동을 느끼면서도 변화를 두려워하고 저항하는 것이다. 변화하고 싶지 않은 모든 이유를 적어 보라. 정직하게!

재프로그래밍 연습 과거를 내려놓고 현재를 끌어안기

여기에 열거한 것은 중독에서 사랑으로 나아가기 위한 필수 과정이다.

1. 당신이 처한 삶의 객관적 진실에 직면하고 관계에서 당신의 역할을 정직하게 검토해 보라.
2. 이차적인 욕구가 충족되지 않을지도 모른다는 두려움 때문에 일어나는 변화에 대한 저항을 인정하라.
3. 당신의 문제에 대해 '마법'이나 외부의 해결책을 찾는 것을 중단하라.
4. 중독적인 신념과 행동을 지지해 주는 두려움, 자기 약속, 낡은 믿음을 살펴보면서 내면을 들여다보라.
5. 부정적인 경험을 재프로그래밍하라.

성숙한 사랑에 진정으로 마음을 열려면 의존적인 행동 안으로 스스로를 가두게 만든 내적인 신념을 바꾸는 것이 중요하다. 행동의 변화를 지속적인 결과로 이끌어 내기 위해서는 내면의 금지 사항과 거짓된 믿음을 완전히 뒤집어서 탈바꿈시켜야 한다. 현재의 중독적인 관계가 당신의 무의식적인 자아에 왜 그렇게 작용하게 만들었는지와 어떻게 하면 중독적인 관계를 개선할 수 있는지 파악하려고 할 때, 당신은 자신이 생각하고 경험하는 것의 총체적인 산물이라는 것을 명심하라. 그러한 경험과 생각은 당신이 의식하지 못하는 사이에 예기치 못한 결과들을 초래한다. 그러므로 당신 내면의 '프로그램'에 대한 통제권을 다소라도 얻게 되면 변화는 더 쉬워지고 더 오래 지속된다. 낡은 신념을 포기할 때는 커다란 슬픔과 감정을 겪게 될 수 있음을 충분히 이해해야 한다. 그러나 그러한 비통함은 결국 끝나게 되고, 공허함이 채워지면 슬픔은 지나가게 된다.

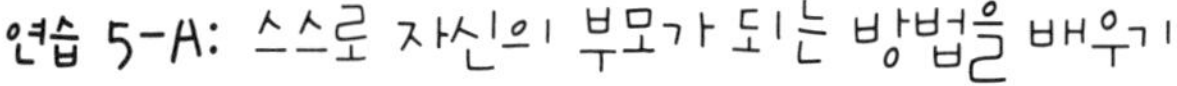

자가-양육이란 무엇인가? 그것은 자신에게 사랑스럽고 용서하는 정신적 멘토가 되는 기술이다. 이제 당신은 성인이 되었으므로 아동기와 청소년기에 놓쳤던 메시지와 정보 사항들을 스스로에게 가져다줄 수 있는 능력을 가지고 있다. 이 연습은 자가-양육을 통해 놀라운 독립감을 얻을 수 있도록 당신을 이끌어 주기 위해 고안되었다.

연습 내내 잘 읽어 보고 따라 하라. 몸이 편안히 쉬고 있다는 느낌이 들 때까지 몇 번 심호흡을 하라. 눈을 감고 갓 태어난 아기라고 스스로 상상해 보라. 당신의 순진무구함과 열린 마음을 느껴 보라. 당신의 자연스러운 신체반응 과정을 주목해 보라. 이제 그 장면에 성인인 자신을 데려온 다음 갓 태어난 당신을 안아 보라. 아이를 당신의 심장 가까이에 껴안고 천천히 반복해서 이렇게 말해 보라. "환영한다. 네가 여기에 와서 기쁘구나. 오랫동안 너를 기다려왔단다. 나는 너를 보살필 줄 안단다. 내가 잘 모르는 것은 천천히 배워 나갈 거야. 너는 필요한 게 있으면 언제든 그걸 가질 수 있고, 충분히 갖게 되면 그만둘 수 있어. 너는 그저 내가 알 수 있도록 '소리를 내는' 것만 하면 된단다. 사랑한다."

유아(당신)에게 충만하고 풍부한 삶을 살 권리가 있고, 그런 삶을 살기 위해 당신이 어떤 계획을 지니고 있는지 얘기해 주어라. 가급적 필요한 만큼 충분한 시간을 가져라.

아동(당신)에게 아동 학대에 대해 당신이 어떻게 느끼는지 말해 주어라. 당신이 학대하거나 타인이 학대하도록 내버려 두었던 그런 순간에 대해 당신이 얼마나 후회하고 있는지 설명해 주어라. 특히 애정관계에서 당신이 허용했던 어떤 학대라도 살펴보라. 다시 한 번 마음속에 느껴지는 어떤 슬픔이나 유감스러운 기분을 충분히 느낄 수 있는 시간을 가져라. 학대는 정서적, 정신적, 영적 혹은 신체적인 어떤 방식으로도 일어날 수 있음을 명심하라.

유아(당신)에게 당신이 지금 이 순간부터 건강한 사랑관계를 기꺼이 제공해 줄 것이라고 말해 주어라. 내면 아이가 쉬도록 하기 전에 당신이 현명하고 사랑하는 부모 자아 상태로 거기에 항상 있을 것이고 내면 아이가 돌봄을 잘 받고 있는지 챙겨 줄 것이라고 말해 주어라. (구체적으로 당신이 제공해 주고 배워 나갈 양육방식에 대해 말해 주어라.)

이제 내면 아이는 결국 당신이며 당신 안에 계속 머물러 살 것이라는 점을 잘 인식하면서 내면 아이가 쉴 수 있도록 하라. 아이의 욕구를 인정해 주는 것은 이제 당신의 책임이다. 당신은 자신에게 현명하고 보호적이고 사랑하는 부모가 되어 줄 충분한 힘이 있음을 기억하라.

이 연습을 한 다음 날부터 유아기 혹은 아동기의 사진을 잘 보이는 곳에 두고 하루에도 여러 번 이 연습을 하는 것이 좋다. 하루에 몇 번씩 시간을 내어 아이가 당신의 일부임을 인정하고, 자신에게 이제는 '내가 나 자신의 부모이고 문제해결자'라는 사실을 확인해 주어라. 자신을 잘 돌보아라. 당신 내면에 있는 아이에게 말을 걸고 자기-사랑, 자율성, 친밀감을 갖도록 필요한 말을 해 주어라.

연습 5-B: 미래의 관계

이 연습은 앞으로의 관계를 시각화하도록 도와줄 것이다. 천천히 그리고 주의 깊게 읽어 보라. 몇 번 심호흡을 하라. 숨을 들이마시고 넷까지 천천히 센 다음 내뱉어 보라. 다섯 번을 반복하라. 숨을 내쉴 때 불편감과 긴장감을 내보내고 정말로 편안해지도록 하라. 이는 생생하게 시각적 이미지를 그리는 데 필요한 조건이다. 당신이 불러내는 이미지는 시각적 이미지, 단어 이미지, 감정적 이미지 또는 이 모든 것이 될 수 있다.

이미지를 떠올리는 연습이 어렵다면, 흔히 사람들은 듣고 보고 느끼면서 상상한다는 점을 기억하라. 당신에게 가장 쉬운 스타일로 시작해 보라. 충분한 시간과 연습을 갖게 되면 곧 이 세 가지 상상력의 양식을 모두 사용할 수 있음을 알게 될 것이다.

눈을 감아 보라. VTR에 연결된 TV 스크린을 상상해 보라. 2개의 테이프가 있는데 첫 번째 것이 돌아가기 시작한다. 당신의 관계에 별다른 변화가 없는 지금으로부터 5년 뒤의 모습이 나온다. 당신을 괴롭히는 똑같은 문제들이 여전히 존재한다. 이런 이미지가 당신의 마음의 눈에 나타나도록 필요한 만큼 충분한 시간을 가져 보라. 당신이 어떻게 보이는지 알아차려 보라. 그리고 멈추어라. 당신 자신에 대해서 어떤 느낌이 드는지, 자신과 타인 그리고 삶에 대해서 어떤 생각이 드는지 알아차려 보라. (이 각각의 측면을 세세하게 충분히 탐색해 보라.) 당신의 삶에 누가 같이 있고 또 누가 없는지 알아차려 보라. 건강을 체크해 보고, 당신의 감정을 검토해 보고 심장, 폐, 성기관, 뇌, 위, 혈관, 근육의 건강을 살펴보라. 관계가 나빠져 가면서 몸은 어떻게 느끼고 있는가? 이러한 이미지를 점검해 볼 때 무슨 느낌이나 생각이 드는가?

이제 그 이미지를 놔두고 아주 다른 미래의 장면을 보여 주는 두 번째 테이프가 돌아가기 시작한다고 상상해 보라. 지금부터 5년 뒤의 모습이 나온다. 이번에는 상황이 아주 다르다. 당신의 삶과 관계는 조화와 행복으로 가득 차 있다. 당신은 아동기에 형성되어 자신이 그렇게 간절히 바라던 사랑으로부터 한때는 멀어지게 했던 경직된 신념을 바꾸었다. 이 이미지가 나타나도록 충분한 시간을 가져라. 당신이 어떻게 보이는지, 어떤 느낌이 드는지, 그리고 자신과 타인에 대해 어떤 생각이 드는지 다시 살펴보라. 당신은 어떻게 행동하고 있는가? 누가 거기에 있고 또 누가 없는가? 당신의 건강과 함께 몸을 살펴보라. 상황이 잘 돌아가고 있는 지금 어떤 모습을 하고 있고 어떤 느낌이 드는가?

새로운 이미지를 살펴보면서 어떤 느낌과 생각이 드는가? 마음속의 이미지와 몸속의 에너지는 서로 밀접하게 결부되어 있다.

우리의 의식 안에 혹은 의식 밖에 고착시켜 놓고 있는 이미지들은 우리의 미래 현실을 만들어 낸다. 대체로 우리는 스스로에 대해 생각하는 그대로 되는 경향이 있다.

당신의 관계가 문제투성이이고 중독적이라면 첫 번째 이미지를 여태껏 행동화해 왔을 것이다. 이런 이미지들이 당신의 감정, 선택과 행동에 조용히 영향을 미쳐 온 것이다. 당신이 두 번째 이미지가 확고히 자리 잡기를 바란다면 그러한 이미지를 껴안는 것이 기본적으로 필요하다. 당신의 마음속에 지워질 수 없게끔 각인될 때까지 하루에도 여러 번씩 그 생각을 하라. 그렇게 하면 그 이미지들은 당신 존재의 모든 부분에 스며들 것이다.

조심스럽게 두 번째 이미지를 살펴보라. 그것을 가능한 한 분명하게 정의하라. 그러면 그것들은 당신이 검토할 때마다 점점 더 분명해질 것이다.

이제 이 두 번째 이미지에서 상징들을 선택하거나 새로운 상징을 만들어 보라. 그러면 그것은 자신 혹은 관계에 대해 바라는 미래를 효과적으로 알려 줄 것이다. 그 상징은 당신이 매일 보거나 사용할 수 있는 구체적인 대상이어야 한다. 당신이 이루고 싶은 밝은 미래를 당신에게 떠올려 줄 수 있도록 자주 그것을 쳐다보라. 명심하라. 긍정적인 이미지에 몰두할수록 낡은 이미지는 더 빨리 사라지고 그것이 당신의 미래를 잠식할 힘은 점점 더 줄어들게 될 것이다.

연습 5-C: 내면의 영적인 안내자를 찾기

이 연습은 우리 모두 사랑, 지혜, 초연함, 자비 그리고 영적인 지능과 같은 보다 높은 자기(higher self)를 갖고 있다는 전제에 근거하고 있다. 내면의 영적인 안내자는 삶과 관계 문제를 해결하는 데 가장 큰 도움이 될 수 있다. 애석하게도 이와 같이 보다 높은 수준의 의식은 종종 중독적인 성향을 야기하는 보다 낮은 본능에 종속되는 경향이 있다. 진정으로 성숙한 사랑은 보다 높은 자기에서 우러나오며 내면의 영적인 안내자를 계발시켜야 지속적이고 영원한 사랑을 찾을 수 있다.

다음에 나오는 공상을 천천히 읽어 보라. 몸이 이완되도록 몇 번 심호흡을 하라. 코로 숨을 들이마시고 입으로 내쉬면서 당신의 순진무구함과 열린 마음을 느껴 보라. 몸이 완전히 이완되고 산만한 생각이나 긴장이 방출될 때까지 여러 번 반복하라. 눈을 감아 보라.

서두르는 마음이 들지 않고 준비되었다는 느낌이 들면 당신 곁에 현명하고 보살펴 주고 자비심이 넘치는 안내자, 영적인 스승 혹은 증인이 있다고 상상해 보라.

안내자에게 당신의 좋은 이미지가 미래의 현실이 되게 하려면 무엇을 해야 하는지 물어보라. 답을 기다려라. 만약 답이 명확하다면 안내자에게 감사하라. 그렇지 않으면 답이 명확해질 때까지 안내자와 대화를 계속해 보라. (여기서 응답은 처벌적인 부모 같은 인물이 아닌 현명하고 영적인 멘토에게서 나온다는 점을 명심하라.) 당신에게 지침과 깨달음을 준 데 대해 안내자에게 감사하라. 그리고 당신이 원할 때면 언제든 다시 그런 지침과 깨달음을 얻을 수 있다는 것을 알아두어라. 이와 같이 초연하고 자비심이 넘치는 안내자가 당신 안에 있음을 인식하라. 안내자를 떠나 보내기 전에 당신이 그토록 원하는 미래의 행복한 관계를 위해 기꺼이 포기해야 할 것을 상징하는 어떤 것을 선물로 주어라.

연습 5-D: 긍정 선언을 하기

대부분의 사람은 긍정적인 생각이 변화에 커다란 영향을 미친다는 것을 잘 알고 있다. 이 아이디어는 전혀 새로운 것이 아니다. 이는 현대 심리학에서 나왔을 뿐만 아니라 기도를 창의적인 심상이라고 생각했던 오랜 영적인 가르침에 기원하고 있다. 뭔가를 추구하는 사람은 실패나 절망적인 생각을 피하고 대신 "만물이 다 너희 것이다"(고린도전서 3장 21절)와 "사람들은 자신의 마음속에 생각하는 대로 존재한다"(잠언 23장 7절, "대저 그 마음의 생각이 어떠하면 그 위인도 그러한즉")와 같은 믿음의 메시지를 지니도록 가르침을 받는다.

과학적인 수준에서 보면 이런 긍정적인 과정은 그냥 작용과 반작용으로 설명할 수 있다. 개인은 그 자신이 가지고 있는 모든 생각의 총체다. 그러한 생각은 당사자가 의식하지 못하여도 행동을 결정짓고 그 결과에 영향을 미친다. 사람이 발산하는 생각은 긍정적이거나 부정적일 수 있다.

이 연습은 무의식적인 믿음과 그로 인한 생각, 이미지, 선택, 행동을 이해하는 것이 긍정적인 변화에 필수적이라는 것을 깨닫게 해줄 것이다. 외적인 행동을 바꾸는 것만으로는 충분하지 않다. 내면의 부정적인 '프로그램' 을 바꿀 때 외면의 행동이 놀랍고 경이로운 방식으로 짝을 맞추어 뒤따라오는 것이다.

아래의 선언기법은 긍정적인 사고에 관한 많은 학파에서 나온 것을 종합한 것이다. 나 개인적으로도 그렇고 나의 내담자들도 효과가 있었던 것이다. 현재의 욕구나 목표에 대한 반응으로 구체적이면서도 긍정적인 생각으로 '선언하기'를 해 보라.

우리는 수천 번 부정적인 프로그램을 들어왔다. 이제는 긍정적인 결과를 위해 우리 마음을 사용하는 것이 중요하다. 일단 우리가 강력하고 적극적인 긍정을 만들어 내면 그것이 우리의 자연스러운 일부가 될 때까지 매일 끊임없이 생각해야 한다. 우리는 오래되고 익숙한 것을 지워 버릴 수는 없지만 새로운 것을 만들어 내고 우리가 생각하는 것을 선택하고 결정할 수 있다. 가끔 오래된 것과 새로운 것이 갈등을 일으킬 수 있다. 이것을 인식하고 계속 작업을 해 나가야 한다.

여기에 긍정 연습이 있다.

1. 당신이 바라는 것(이 경우 관계에서 바라는 것)을 정의하라.
2. 이러한 소망을 이루어 주고 확신시켜 주는 아동기에 당신이 필요로 했던 부모의 메시지를 되살려 보라.
3. 그런 긍정을 항상 당신의 이름과 같이 15번 정도 써 보라. 5번은 1인칭, 5번은 2인칭, 5번은 3인칭으로 써 보라(예: 나, 존은 사랑받을 자격이 있다; 너 존은 사랑받을 자격이 있다; 존, 그는 사랑받을 자격이 있다 등).
4. 이런 긍정을 하는 동안 당신이 경험하는 어떤 부정적인 감정이나 반응에 귀 기울여 보라. 있다면 적어 보라.
5. 자신에게 편안하게 들어맞도록 계속해서 긍정문을 다듬어라. 당신이 원할 때마다 15번 정도 반복하라.

6. 긍정문이 현실이 된 것처럼 당신의 삶을 상상하라.
7. 생각을 끄집어내어라. 당신의 에너지가 당신이 추구하는 것으로 흘러 들어가서 그것이 현실로 바뀌도록 하라.
8. 그런 긍정이 현실이 된 것처럼 삶을 살아라. 당신의 소망이 현실이 될 수 있는 상황을 만들거나 행동해 보라.
9. 소망이 이루어지거나 새로운 신념이 당연하게 여겨질 때까지 하루에도 여러 번 반복해 보라. 나아가 글로 적었던 긍정적인 내용을 말로 표현하거나 생각해 보라.

연습 5-E: 막다른 대화

가끔 의식적으로 선택한 새로운 메시지나 긍정이 오래되고 무의식적인 신념체계를 불러일으켜서 갈등이 일어날 수 있다. 만약 그런 일이 생긴다면 당신은 정신적인 난국 혹은 대치 상태를 경험하게 될 것이다. 이런 경우 두 가지 다른 부분을 글로 써서 대화를 나눔으로써 갈등을 해결할 수 있다. 두 부분이 조화롭게 될 때까지 이 대화를 반복하라.

연습 5-F: 부정이 당신을 좋은 방향으로 이끌어 주게 하라

중독적인 관계는 정서적으로 고통스러운 경험에서 나온 아동 자아 상태 안에 있는 핵심 신념에 의해 지지된다. 당신은 어릴 적 속상한 일이 있을 때면 스스로 다음과 같은 말을 했을 것이다. "남자(여자)는 위험해." "인생에서 필요한 것을 결코 얻지 못할 거야." "사람들은 항상 나에게 상처를 줘." "다시는 가까워질 수 없어." 이러한 메시지들은 감정적인 상태로 형성되고 우리의 신경에 자동적으로 기록되고 미래 현실의 일부가 된다. 중독적인 관계는 어린 시절의 고통을 재경험하게 만들고 옛날 감정과 신화를 반복해서 표면에 떠오르게 한다. 그렇게 해서 부지불식간에 우리는 아동기에 자신에게 했던 부정적인 자기 프로그램을 펼쳐 놓게 되는 것이다. 그래서 우리는 종종 "이렇게 될 줄 알았어." "이러니까 다시는 사랑을 해서는 안 된다는 거야." "다시는 이렇게 상처받지 않을 거야." 하고 말하곤 한다.

우리는 정서적 상태에 빠지면서 이런 식으로 자신을 프로그래밍한다. 앞으로 긍정적인 관계를 맺기 위해 우리 자신을 재프로그래밍하기에 가장 좋은 시간은 강렬하고 깊은 감정 상태에 있을 때다. 당신이 중독적인 관계와 싸우고 있다면 아마 그러한 감정을 느끼는 것이 당연할 것이다.

중독적인 사랑에서 건강한 사랑으로 이동하는 것은 반복되는 자기 역사의 사이클에 마침표를 찍는 것을 의미한다. 그것은 건강한 사랑관계를 지지하는 메시지로 우리 자신을 재프로그래밍하는 것을 의미한다. 격렬한 감정 상태 동안에 형성된 신념을 파악하면서 현재 느끼고 있는 고통을 두려워하기보다 미래의 건강한 관계를 형성하기 위한 준비 기회로 사용하라. 당신이 상심해 있을 때는 자신에게 "이 고통은 끝날 것이고 좀 더 건강한 방식으로 사랑하는 것을 배울 거야. 나는 좀 더 건강하고 행복한 애정생활을 할 자격이 있기 때문에 파괴적인 행동 패턴을 멈추기로 결심했어."라고 말해 주어라.

당신의 고통을 지혜롭게 사용하라. 그러면 고통은 당신의 친구가 될 수 있다.

이 연습은 당신이 그동안 억눌러 온 고통과 불행에 집중해야 하기 때문에 불편한 느낌이 들 수 있지만 연습을 하다 보면 반드시 편안한 상태가 될 것이다. 연습을 해 나가면서 안 좋은 감정이 표면 위에 떠오르게 함으로써 그것을 극복할 수 있다는 것을 명심하라.

1. 관계를 힘들게 했던 고통을 기억해 보라.
2. 그 고통과 관련된 부정적인 핵심 신념을 주의 깊게 귀 기울여 들어 보라.
3. 고통을 의식할 때라도 자신에게 "나는 이제 중독적인 사랑에 빠지게 했던 낡은 신념으로부터 자유롭게 되었다."라고 말하라. (당신이 인식하게 된 자기 제한적인 신념 전부에 대해 생각해 보라.)
4. 자신에게 성숙한 사랑을 강화시켜 주는 새 메시지, 즉 선언을 하라. ("나는 이 고통을 뚫고 지나갈 것이고 건강한 방식으로 사랑하는 법을 배울 것이다. 이제 내가 진정으로 원하는 사랑이 여기에 있음을 잘 알고 있다.").
5. 당신이 겪은 고통이 치유의 기회를 제공해 주고 있다는 것을 인식하라.
6. 고통은 결국 지나갈 것이라는 것을 믿어라. 내려놓아라!

쇄신 연습 성숙한 사랑으로 나아가기

이제 당신은 어떻게 해서 중독적인 사랑에 빠지게 되었는지 이해하게 되었다. 당신은 내적 신념을 탐색하였고, 놀랍고 새로운 방식으로 자유롭게 사랑하는 능력을 회복하기 시작하였다. 당신은 이제 사랑에 대해 덜 기대하고 덜 요구하기 때문에 사랑으로부터 더 많은 것을 얻을 수 있음을 알게 되었다.

자기를 제한하는 신념을 포기할 때, 당신은 미래의 전망과 삶을 밝혀 주는 높은 수준의 에너지를 경험할 수 있다. 이 시점에서 비로소 좋아질 수 있는 충분한 잠재 능력을 기반으로 건강하지 못한 관계를 내려놓을 준비를 할 수 있게 되었다.

연습 6-A: 용서

1. 자기 용서　　우리에게 상처를 준 사람을 용서하는 것이 중요하듯이, 우리는 자신이 다른 사람들에게 입힌 마음의 상처까지도 온전히 인정할 수 있어야 한다. 자신을 사랑하는 만큼만 타인을 사랑할 수 있다는 말이 맞는 것처럼, 우리가 자신을 용서할 수 있는 만큼 타인을 용서할 수 있다는 말도 맞다. 그 어느 누구도 타인이 자신에게 함부로 대한 것처럼 자신도 타인에게 그렇게 했을 것이라는 것을 잘 인정하려 들지 않는다. 우리 모두 선하고 고상하게 사랑하고 싶어 하지만 어린 시절의 상처와 역할 모델 때문에 결국 나중에 후회하게 되고 부인하고 싶은 말과 행동을 하게 된다. 우리는 어떤 상황에서도 결코 말하거나 하지 않을 것이라고 자신에게 약속했던 것을 말하거나 하게 된다! 우리는 여전히 그런 말을 하거나 그런 일을 저지르고 만다! 그러한 잘못된 행위를 완전히 인정하고 털어놓을 때까지 우리는 그것들을 타인에게 투사한다. 우리 모두 문제를 부인하는 것이 얼마나 끔찍한 일인지 알고 있다.

기꺼이 시간을 거슬러 올라가서 우리가 맺었던 관계를 검토해 보고, 전적으로 정직하고 책임감 있게 그동안 학대하고 상처 입히고 상해가 되는 행동을 저지른 것에 대해 스스로 공정한 증인이 되어야 한다. 그것들을 의도했건 그렇지 않았건 상관하지 말라. 그것들이 우리가 받은 상처를 의식적으로 혹은 무의식적으로 되갚아 준 것인지는 중요하지 않다. 우리는 이러한 일들 하나하나를 인정하고 드러내어 치유로 이끌어 주는 깊이 있는 후회나 연민으로 연결시켜야 한다. 마음과 영혼으로부터 나오는 후회와 연민은 자아의 부산물인 자기 비난, 죄책감, 수치심과는 달리 용서와 치유를 위한 다음 단계로 이끌어 줄 수 있다. 이 과정은 외부적인 교류에 의해 일어나는 고백과는 다른 내적 과정이다. 우리가 과거에 했던 행동이 우리의 선한 의지에 반하는 것이기 때문에 마음에 들지 않았다는 점을 충분히 인정하고 그러한 인식의 내면적인 결과를 느끼게 될 때 행동의 변화가 일어난다.

현실 부정을 탈피하는 것은 보다 건강한 관계를 우리 삶에 끌어들이기 위해 우리가 취할 수 있는 가장 치유적인 단계가 될 수 있다. 정확하게 실행해 보면 이 연습은 깊은 마음의 상처를 치유하도록 도와준다. 그 과정에서 자기 신뢰감이 회복될 수 있다.

연습의 각 단계들을 잘 읽어 보라. 이 연습에 충분히 주의를 기울일 수 있는 시간과 장소를 마련하라. 한 번에 할 수 있을 것으로 기대하지 말라. 아주 솔직히 말하자면 수시간이 걸릴 수도 있고 수일이 걸릴 수도 있다. 처음에는 가장 분명한 것만 보이고 미묘한 뉘앙스는 대개 나중에 나타난다.

1. 심호흡을 하면서 몸을 이완시켜라. 마음을 깨끗하게 비워라.
2. 연습 5-C에서 설명한 것처럼 시간을 들여 더 높은 자기, 즉 증인으로 옮겨 가라. 타인에게 상처를 주거나 배신했던 자기로부터 당신의 증인을 떼어 내어라.
3. 자비심이 당신의 마음에서 발산되도록 하라. 이 감정을 불완전한 자기로 확장하라.
4. 증인 자기(witness self) 입장에서 시간을 되돌려 상처가 되었던 각 경험을 다시 붙잡아 보라. 정직하게 당신이 타인에게 상처를 주었던 방식과 심지어 되갚음하는 것을 즐겼던 것을 인식하라.
5. 한 번에 한 사람씩 하라. 상처를 주는 당신의 행동에 그 사람이 어떻게 반응했는지 주목하라. 정신적으로 준비가 될 때 그 사람에게 사랑을 보내라.
6. 자기비난을 하지 말고 자신의 행동에 유감과 슬픔을 느껴 보라. 판단을 유보하고서 경험을 관찰하고 표현하라. 그 경험에 갇혀 있던 삶의 에너지가 당신에게 되살아 온다고 생각해 보라.
7. 자신을 용서하면서 경험을 탈바꿈시켜라. 중요한 교훈을 배웠다고 생각하라. 당신이 지금 느끼는 자유로움을 주목하라.
8. 당신이 배운 교훈을 명확하게 해서 경험에 힘을 부여하라. 상처를 입히는 행동을 멈추기 위해 당신이 할 수 있는 것을 하겠다는 다짐을 하라.
9. 그렇게 하는 것이 옳다고 느껴지고 주변에 다른 사람이 있다면 그 사람에게 당신의 행동을 바로잡아서 실행해 보라. 만일 그 사람에게 직접 그렇게 할 수 없다면 당신의 보다 높은 자기

와 그의 보다 높은 자기 사이의 대화를 눈으로 그려 보라. 아니면 나중에 땅에 묻거나 태워 버려도 되는 편지를 써 보라.

10. 당신이 얻은 교훈과 성장할 기회를 가진 것에 대해 감사하게 생각하라. 우리 모두는 인생 게임에 나선 선수라는 것을 인정하라.

이제 당신은 타인을 용서할 준비가 되었다. 자기 행동을 부인하면서 계속 당신을 괴롭히고 있는 사람을 용서하는 것이 가능하게 된다. 그들을 용서하면 당신에게 상처를 입힌 것에 대해 자기 잘못을 받아들일 거라고 전혀 생각지도 못했던 사람이 당신에게 와서 진심으로 바뀐 모습으로 대하는 기적이 일어날 수도 있다.

II. 타인을 용서하기 우리가 오래되고 건강하지 못한 태도에 매달리는 방식 중의 하나는 분개하고, 비난하고, 죄책감을 느끼고, 분노감을 품고 있는 것이다. 그러한 감정을 내려놓고 자신과 타인이 과거에 잘못하고 실수했던 것을 용서하는 것이 최상의 방법이다. 흔히 그렇듯 타인을 용서하는 것이 매우 어렵게 느껴질 때는 그 사람의 인간됨과 그 사람의 행동을 분리해서 생각하도록 노력하라. 그 사람의 행동은 받아들일 수 없을지라도 그 사람 자체를 용서할 수는 있다. 용서를 배우는 것은 필연적으로 분노와 원한으로부터 벗어나기 위한 것이다.

1. 용서가 필요한 사람(특히 예전의 연인)들의 명단을 만들어 보라.
2. 목록을 검토할 때 여전히 화가 나는 사람을 골라라. (스스로에게 정

직하라. 자신을 속이게 되면 미래관계에 상처가 될 수 있다.)

3. 각 사람에게 편지를 써 보라. 그 편지를 실제로 부칠 것이 아니기 때문에 분노감을 충분히 표현해 보라. 당신을 화나게 한 상황에 대해 당신 역시 책임이 있다는 것을 알기 때문에 이 시점에서 느끼는 분노는 반드시 합리적일 필요는 없다. 분노는 타인으로부터 자신을 분리시키는 독약이라는 것을 명심하라. 당신은 지금 수용과 용서를 위해 자신을 정화시키면서 분노를 표현하고 있는 중이다. 비어 있는 그릇을 채우는 것은 자연스러운 것이다. 분노의 표현에 '아니요'라고 말하기 전에 자유롭게 '예'라고 말할 필요가 있다. 그러니 지금 '예'라고 말해 보라.
4. 과거에 이미 일어난 일을 바꿀 수 없다는 것을 인정하라. 분노와 원한에 매달리는 것은 건강한 애정관계와는 상반되는 중독 사이클에 스스로를 가두어 두는 것임을 인정하라. 오래된 분노를 내려놓음으로써 새롭고 좋은 감정으로 다시 채울 수 있는 공간을 만드는 것이 중요하다.
5. 현실을 받아들여라. 일어난 일은 이미 일어난 일이다. 수용이란 당신이 어떤 사람 혹은 그 사람의 행동을 좋아해야 한다는 것을 의미하지 않는다. 경험으로부터 당신이 배운 교훈은 무엇인가?
6. 이제 용서할 시간이다. 매일 별도로 시간을 내어 조용히 앉아서 과거에 조화롭지 못했던 그 사람들을 하나씩 용서해 보라.
7. 현재 관계에서 용서를 매일의 습관으로 만들어라.

주의: 만일 어떤 사람을 용서하는 것이 어렵다면 그저 다음과 같

이 말하라. "이 사람을 인간적으로 용서할 순 없지만 내 안의 보다 높은 자기는 이 사람을 용서하도록 도와줄 것이며 분노를 내려놓게 해 줄 것이다. 왜냐하면 그것이 지금 내가 해야 할 최고의 관심사니까."

연습 6-B: 새로운 가계도

중독적인 관계를 포기할 때, 우리는 상대방이 우리 욕구 전부를 충족시켜 줄 수 없음을 알게 된다. 이상적으로는 우리 모두 커다란 확대 가족, 주변 타인들의 연결망으로부터 지지를 받는다. 당신 자신의 지지망을 평가하기 위해 새로운 종류의 가계도를 그려 보고 얼마나 많은 점들이 당신을 에워싸고 있는지 살펴보라.

1. 지금까지 관계를 맺어 온 그리고 앞으로 관계를 맺고 싶은 중요한 친척이나 친구들의 목록을 만들어 보라.
2. 그 목록에 나온 사람들이 과거에 이미 충족시켜 주었거나 앞으로 충족시켜 주기를 바라는 당신의 욕구들을 적어 보라.
3. 얼마나 많은 사람들과 역할들이 있는지 살펴보기 위해 현재 상황을 평가해 보라.
4. 현재 삶에서 그러한 역할을 보충해 주거나 채워 주는 사람이 누구인지 선택해 보라. (친척이 아닌 사람들에게 언니, 오빠 등의 상징적인 역할을 기꺼이 하고 싶어 하는지 물어볼 수 있다.)
5. 가계도를 계속 채워 가면서 지지와 사랑의 연결망을 강화해 보라.

연습 6-C: 웰니스 선언

건강한 애정관계에 돌입해서 그것을 지속시키려면 스스로 완전함을 느끼고 웰니스의 삶을 살아야 한다. 여기에 웰니스(Wellness)란 자신의 욕구를 스스로 충족하는 방법을 알고 있고 온전함을 느끼기 위해서 자기 바깥에서 구하지 않는 것을 의미한다.

아래 선언문을 천천히 읽어 보고 당신의 이름을 넣어서 개인적인 사항으로 만들어 보라. 만일 확언 내용이 당신의 것과 일치하지 않는다면 당신의 관계에 취약점이 있음을 나타낼 수 있으므로 합치되지 않는 부분을 잘 살펴볼 필요가 있다.

- 나 ______는 지금 나의 진정한 욕구가 무엇인지, 그리고 그것을 어떻게 충족시켜야 할지 알고 있다.
- 나 ______는 지금 자유롭게 그리고 효과적으로 나의 감정을 타인에게 표현하고 있다.
- 나 ______는 확신에 차서 행동하고 있고 타인의 감정과 자유를 잘 배려하고 있다.
- 나 ______는 좋은 영양 상태, 충분한 운동, 신체건강에 대한 관심을 통해 내 몸을 즐기고 있다.
- 나 ______는 나에게 의미 있고 내적 가치를 반영하는 활동에 몰두하고 있다.
- 나 ______는 주변 사람들과 친밀하고 가까운 관계를 만들어 즐기고 있다.
- 나 ______는 삶의 도전에 대해 성장과 성숙의 기회로 삼고

있다.

- 나 ______는 무슨 일이 일어나든지 그저 습관적으로 반응하기보다 내가 원하는 삶을 만들어 내고 있다.
- 나 ______는 삶을 개선하고 나 자신에 대한 이해와 지식을 증가시키기 위해 신체적 신호를 활용하고 있다.
- 나 ______는 역경의 시기에도 내적 안녕감을 즐기고 있다.
- 나 ______는 내 안의 감정적, 신체적 패턴을 알고 있고 그것들이 내적 자기에서 나온 신호임을 이해한다.
- 나 ______는 나 자신의 개인적 자원을 생활과 성장에 가장 중요한 힘으로 신뢰하고 있다.
- 나 ______는 나 자신을 경이로운 사람으로 경험하고 있다.
- 나 ______는 개인적 가치를 실현시킬 수 있는 상황을 만들어 내고 있다.
- 나 ______는 나의 삶이 풍족하다고 믿는다.
- 나 ______는 삶에 대해 감사함을 느끼고 있다.

연습 6-D: 관계를 개선하기

고통스러운 관계에 빠졌던 사랑중독자들이 자기발견을 위해 노력하고 관계에 헌신하기 시작하면 두 사람 사이를 개선하기 위해 즉각적으로 해야 하는 일들이 많아진다. 이러한 행동은 새롭게 생긴 자율성, 자존감과 깊이 연결되어 있다.

자신, 타인 그리고 삶에서 긍정적인 부분에 초점을 두고 애정관계에서도 괜찮은 부분을 기반으로 개선 작업을 시작하는 것은 중요하다. 그렇다고 해서 문제를 무시해 버리라는 의미는 아니다. 그것은 당신과 상대에게 중요한 것이 무엇인지 서로 알게 해 주고, 좋은 것은 키워 나가고 문제는 해결해 나가는 것을 말한다. 여기에 열거된 것은 당신의 관계를 개선하기 위해 해야 할 연습들이다.

1. 당신이 보기에 뭔가 부족하다고 여겨지는 것을 먼저 해 보라. 당신의 관계에서 뭔가 부족하고 빠져 있는 것에 대해 불평하기보다는 비어 있는 것을 채우고 당신의 가치와 욕망을 상대방과 소통하기 위해 노력하라. 진정으로 노력하려면 뭔가를 바라지 않고 해야 하며 무조건적으로 주는 것의 즐거움을 깨달아야 한다.
    - A. 무시당한 느낌이 들면 자기 자신과 상대방에게 그것을 시인하라.
    - B. 선물을 원하면 상대방에게 특별한 어떤 것을 주어라.
    - C. 등을 안마 받기 바라면 먼저 상대한테 해 주겠다고 하라.
    - D. 외로움을 느끼면 상대방과 당신 주변의 사람들에게 먼저 손을 내밀며 다가가라.
    - E. 신나는 일을 원한다면 먼저 신나는 것을 해 보라.
    - F. 지지를 원한다면 먼저 상대를 지지하라.
2. 상대방의 성장을 격려하라. 상대방에게 당신을 격려하고 성장할 수 있게 도와줄 수 있는 모든 방법을 알려 주어라. 상대방이 당신에게 베풀어 준 모든 좋은 일에 대해 감사의 마음을 보여 주어라. 상대에게 어떻게 하면 더 도움이 되고 힘을 불어넣어 줄 수 있을지 질문해 보라.

3. 긍정적인 변화를 하겠다고 스스로 다짐하라. 상대에게 두 사람 관계가 유익한 방향으로 나갈 수 있도록 변화하겠다는 의지를 밝혀라. (이러한 변화는 마지못한 다짐이 아니라 스스로의 결심에서 나와야 한다. 스스로의 결심은 자발적으로 상대에 양보하고 따르는 것이며, 마지못한 다짐은 나중에 반발을 불러올 수 있다.)

4. 자기 안에 있는 내면 아이에게 안전감과 기반을 제공해 주는 상징적이고 반복적인 행위 의식을 이용하라. 관계에서 할 수 있는 의식은 결합의 중요성을 확인시켜 주는 작용을 한다. 예를 들어, 직업상 출장이 잦은 부부는 서로 노트를 써서 떨어져 있게 된 날에 열어 보게 한다. 부부는 이런 의식들이 서로가 헤어져 있는 동안에 각별한 의미를 준다고 생각한다.
   A. 어린아이였을 때 당신에게 뭔가 의미 있었던 의식을 생각해 보고 성인기 삶에 적용해 보라.
   B. 현재 관계를 살펴보라. 어떤 의식이 전개되고 있는가? 그것들이 좋은 느낌을 준다면 계속 해 보라.
   C. 상대방과 당신이 연결감을 느낄 수 있는 유쾌한 새로운 의식을 만들어 보라.

5. 특별한 것을 주어라. 당신이 더 이상 아무것도 요구하거나 기대하지 않을 때 당신에게 주어진 선물과 부탁은 특별한 가치를 가지고 있다. 많은 부부들에게 효과가 있었던 연습이 여기에 있다.
   A. 당신이 상대방으로부터 받고 싶은 적이 있었던 모든 것을 거리낌없이 목록으로 만들어 보라. 이 목록에는 성적인 희망 사항을 포함해서 모든 종류의 것이 들어갈 수 있다.
   B. 목록을 교환하라.

C. 일주일에 한 번씩 상대방의 목록에 나오는 어떤 것을 선택해서 자발적으로 당신의 파트너에게 해 보라.

6. **사적인 시간을 만들어 보라.** 진정한 친밀감은 방해받지 않는 시간을 가지면서 감정, 생각, 꿈, 놀이, 애정 그리고 섹스를 나눌 때 피어난다. 경험을 통한 법칙 한 가지! 하루에 한 시간 정도 지속적인 친밀감을 나누면 불화 문제가 없어진다.

7. **서로를 받들어 주어라.** 진정한 사랑에 헌신하기로 했을 때 가끔은 자신의 욕구를 잠시 접어두어야 하더라도 사랑하는 사람을 위해 전적으로 양보할 수 있다. 상대방에게 "어떻게 해 줄까?"라고 물어보라. 그러면 표현하지도 않고 그저 상대의 마음을 읽어 내려고 애쓰는 사랑중독자들보다는 훨씬 더 분명한 대답을 얻게 될 것이다. 보살펴 주는 것과 보살핌을 받는 것을 구별하라.

8. **관계를 풍요롭게 하라.** 정서적으로 건강한 사람은 손을 뻗어서 타인에게 있는 선한 면을 껴안고, 내려놓을 때가 되면 상대를 내려놓을 수 있다. 여기에 나와 있는 삶의 기술을 자주 연습해 보라.

   A. 감사와 고마움을 표현하라.

   B. 자발적으로 주어라.

   C. 당신이 필요로 하는 것을 요청하라.

   D. 듣는 법을 배워라.

   E. 유연해져라.

   F. 실망감과 '아니요'라고 하는 거절을 받아들이고, 그래야 할 때 내려놓아라.

G. 가급적 마음을 터놓고, 적의감을 갖지 않고 갈등을 해결하거나 관리하라.

H. 정직하게 속마음을 터놓고 대화하라.

I. 현실을 받아들여라.

J. 겸손함, 객관성, 삶에 대한 존중을 발달시켜 나가라.

9. **마음과 마음으로 결합하라.** 이것은 심오하면서도 간단한 연습이지만 많은 사람들이 실천에 옮기는 것을 어려워한다. 이 연습은 관계 문제의 핵심에는 신뢰감의 상실이라는 문제가 있다는 전제를 깔고 있다. 우리가 어린아이였을 때 완수해야 할 첫 번째 성장 · 발달상의 과제는 자신, 타인 그리고 삶에 대한 신뢰를 갖는 것이다.[4] 그 신뢰가 깨져서 상처받게 되면, 이후로는 우리의 한 부분에서는 그렇게 하기를 간절히 원하면서도 다른 사람과 마음을 온전히 나누는 것을 꺼리게 된다. 기꺼이 다시 한 번 열린 마음을 갖게 됨으로써 비로소 우리는 과거에 잃어버린 신뢰를 치유할 수 있다. 이것은 쉬운 일이 아니다.

다음의 연습은 수많은 상처와 신뢰감의 상실이라는 힘든 경험 이후에 새롭게 진심어린 결합을 하고 싶어 하는 커플들을 위해 만든 것이다. 나는 너무도 많은 사람이 동기는 충분히 가지고 있으면서도 상대방과 다시 결합하는 것에 저항한다는 사실에 놀라곤 한다. 커플이 기꺼이 정서적으로 열린 마음을 갖지 않는다면 관계에서 일어날 수 있는 치유나 정서적인 친밀감의 양에는 한계가 있다는 것을 매번 깨닫는다. 이 연습은 또한 섹스중독에서 회복될 때 신성한 성감 체험을 해 나가려는 커플들을 위해 준비된 것이기도 하다. 이 경우 성적인 친밀감 이전에 편안하게 마음을 나누는 것이 선행되어야 한다.

A. 프라이버시가 지켜지고 어떤 것에도 방해받지 않는 안전하고 보호적인 환경을 만들어라. 이 연습은 상호 합의하에 이뤄져야 한다.

B. 상대방의 심장을 가장 잘 느낄 수 있도록 서로 가슴과 가슴을 마주하고 서라.

C. 깊게 심호흡을 하고 이완하라. 말하지 말고 대신 마음에서 나오는 사랑을 나누어라.

D. 상대방의 심장 소리를 들어 보라. 한참 동안 그렇게 느끼면서 있어라.

E. 두려움, 거리감, 제한적인 생각을 판단 없이 관찰하라. 상심한 마음은 치유와 신뢰를 다시 얻는 데 시간이 걸리게 한다.

F. 자연스럽고 편안하게 흘러가서 강한 심장박동 소리를 서로 나눌 수 있게 될 때까지 연습을 계속하라.

G. 이제 마음과 마음으로 사랑의 감정을 나누어라.

확장 연습 각자가 가지고 있는 독특한 개성을 계발하기

살아갈 이유를 아는 사람은 어떠한 상황에서도 견딜 수 있다.

-니체-

관계에서 자기가 부여한 한계들은 관계의 성장을 가로막을 뿐 아니라 개인의 잠재적 능력을 발휘하지 못하게 하고 만다. 당신은 안녕

감을 느낄 때 스스로 건강한 관계를 맺을 수 있다. 당신이 맺고 있는 관계가 다른 이들과의 상호 연결감이라는 경이로운 느낌을 제공해 줄 때, 당신은 그동안 한번도 알지 못했던 새로운 수준의 자각, 의미, 창의성을 향해 자유롭게 솟구쳐 올라가는 것을 느낄 것이다.

삶은 오직 진화와 퇴보라는 두 가지 방향만을 지니고 있다. 전자는 앞으로 나아가는 것이고 후자는 뒤로 물러나는 것이다. 많은 사람들이 생각하는 것과는 달리, 어떤 사람도 제자리에 서 있지 않는다. 그들은 위 또는 아래로의 나선형 선상에 있을 뿐이다.

해결할 방법을 모르는 문제에 직면할 때, 우리는 아래로의 나선형으로 움직이며 내려간다. 문제가 나타날 때마다 우리의 딜레마는 심각해진다. 그러나 문제를 해결하기로 작정하면 우리는 앞을 향해서, 즉 위로 올라가는 나선형을 보이게 된다. 나중에 또다시 같은 문제를 경험할지 모르지만, 우리는 보다 큰 이해와 자신감을 가지고 그것을 살펴보고 정서적으로는 충격을 덜 받게 될 것이다.

문제를 덜 통제하고 우리 자신을 더 통제하게 되면 우리가 가지고 있는 내적 에너지를 관계에 휘둘리지 않고 진정한 자신의 모습 그대로 '가장 좋은 상태'를 발견하는 데 쏟을 수 있다. 우리 각자가 세상에 기여하는 특별한 존재이지만 슬프게도 자기와 타인에게 부과하는 제약 때문에 그런 숭고한 목적이 무시되거나 상실된다. 중독적인 상태란 자기가 가진 힘을 부정하고 억압하면서 밖을 바라보며 그저 인생의 의미가 찾아지기만을 바라는 것을 의미한다. 일단 중독에서 벗어나게 되면 삶이 우리에게 아무것도 빚지지 않았음을 알게 되며, 인생의 의미를 찾는 것은 우리 각자의 책임이라는 것을 알게 된다. 예전 상대방과의 유대감에서 우리 자신을 자유롭게 하는 것

은 완전한 무장 해제를 보장해 주지는 않아도 우리가 꿈꾸고 있는 이상적인 모습으로 움직일 수 있는 건강한 긴장감을 제공해 준다. 자신의 삶을 스스로 만들어 가고 각자가 가진 궁극적인 잠재력을 발휘할 수 있도록 내적 자기를 잘 조형해 나가며 세상에 기여할 때, 우리는 절망을 극복할 수 있고 철학자들이 말한 '실존적인 공허감'을 채울 수 있다.

아래 연습은 의식의 보다 높은 차원에 맞춰지고 거기에서 당신의 진정한 목적과 의도가 발산되어 나올 수 있게 해 줄 것이다. 당신이 발견하려고 하는 보다 높은 자기는 자기의 각 부분을 단순히 합한 것 이상이다.

연습 7-A: 개인적 미션

당신이 우주 어딘가에 있는 매우 진화 · 발전된 존재이고 지구라는 행성에 여행을 계획하고 있다고 상상해 보라. 당신은 지구에서의 삶을 평가하고 당신의 지식과 능력을 사용하여 지구에서의 삶의 질을 향상시키도록 하는 임무를 부여받았다. 그리고 많은 생각 끝에 당신의 목표를 적어서 제출한다.

- 이 지구에서 나의 목표는 ________________일 것이다.
- 나는 ____________________함으로써 이 목적을 달성할 것이다.
- 나는 __________________했을 때 이 미션이 성공하리라는 것을 알게 될 것이다.

그 답을 연구해 보라. 그것들은 당신 내부에 깊이 자리 잡은 목표와 꿈에 대해 무엇을 말해 줄 것인가?

연습 7-B: 의식적으로 살아가기

삶은 한 인간으로서 궁극적인 목적을 발견할 기회는 물론이고 끊임없이 삶의 이유를 이해하도록 도전을 주는 상황을 제공한다. 완전하게 살아가려고 애쓰는 사람은 고통스러울 수도 있는 모든 상황을 보다 높은 수준의 의식으로까지 확장시키고 성장하는 기회로 삼으려고 한다.

반면, 중독적인 사람은 어려운 상황을 피하려고 하고, 문제를 덮어놓고 가급적 빨리 거짓된 위안을 되찾으려 하며, 문제의 원인에 대해 다른 사람을 비난하는 데 급급하다. 중독은 일시적인 위안을 주지만, 의식이 있는 두려움 없는 삶은 문제에 대한 진정한 해답을 주고 장기적인 위안을 준다.

다음은 보다 의식적으로 살도록 도와주기 위한 사항들이다.

1. 상황을 있는 그대로 받아들여라. 문제를 피하거나 부인하지 말라.
2. 당신의 생각과 감정을 가지고 상황에 당당하게 반응하라.
3. 문제 발생에 끼친 당신의 역할이 무엇이든 책임을 지는 자세를 가져라.
4. 그러한 인식이 당신 자신에 대해 알려 주는 진실의 가치를 인정하라.

5. 당신이 할 수 있는 선택을 알아보라.

6. 다음의 질문에 답하라. 이 경험에서 내가 얻을 수 있는 교훈은 무엇인가? 이 문제가 재발하는 것을 어떻게 하면 막을 수 있을 것인가?

연습 7-C: 삶의 태도 배우기

당신이 성장하는 동안 당신의 부모가 지녔을 것이라고 생각되는 그대로 다음 문장을 완성하라. 당신한테 처음 떠오르는 생각 그대로 답을 써라.

어머니

산다는 것은 ______________________________이다.

산다는 것은 ________________________라고 느껴진다.

산다는 것은 ___________________________여야 한다.

아버지

산다는 것은 ______________________________이다.

산다는 것은 ________________________라고 느껴진다.

산다는 것은 ___________________________여야 한다.

당신

산다는 것은 ______________________________이다.

산다는 것은 ________________________라고 느껴진다.

산다는 것은 ______________________________ 여야 한다.

만일 정답이 부정적이라면 긍정적인 삶의 자세를 개발시켜라.

연습 7-D: 내면의 창의적인 우주

우주가 요동한다고 생각하는가?
밤에 사막으로 나가 하늘의 별을 쳐다보라.
이 연습은 질문에 답해 줄 것이다.

-『화호경(Hua Hu Ching)』[5] -

자기 밖에서 행복과 성취를 추구하는 것은 오래전 우리의 자아가 그렇게 하도록 훈련받아 온 것이며, 지금도 습관적으로 그렇게 하고 있는 것이다. 축적된 정신적 혼합물과 온갖 잡동사니들을 깨끗이 청산할 때, 우리는 내면의 창조적인 에너지가 무제한 솟아나오게 됨을 깨닫게 된다. 물리학 법칙에 따르면 에너지는 소멸되기 위해 만들어지는 것이 아니며 다만 변형되고 다른 것으로 탈바꿈할 뿐이다.

중독적이고 건강하지 못한 관계에 다시 빠지지 않기 위해 우리는 삶의 에너지라는 이 풍부한 능력이 창의적인 배출구를 찾도록 해야 하는 과제에 맞닥뜨리고 있다. 더욱 새롭고 명확해진 시각에서 그동안 창조적인 표현은 우리 삶과 사회의 뒷전에 놓여 있었다는 것을 깨닫게 된다. 사랑중독과 다른 중독, 예컨대 화학적 중독이든, 과정중독이든 모두 현대인의 삶의 경험에 스며들어 있다. 우리는 마음과 영혼을 살찌게 하기보다는 환상 속의 사랑, 아름다운 외모, 부, 명성, 신과 같은 남녀 스포츠 스타 등 중독을 부추기는 데 더 많은 돈을 쏟아붓고 있는 문화에 살고 있다.

건강한 사랑을 하기 위한 여정에서는 각자가 가진 창의적인 욕구와 지혜에 대한 갈망을 인식하고 우리의 열정을 표출하는 것이 중요하다. 당신의 생동감 넘치는 에너지를 껴안아라. 그러면 씨에서 새싹이 돋고 커져가는 걸 볼 수 있을 것이다. 당신의 모든 관계는 당신이 마음을 가라앉히고 가만히 서서 조용히 귀 기울일 때 충만해지고 좋아지게 될 것이다.

다음은 이런 것을 할 수 있도록 도와주는 연습의 목록이다. 나는 당신의 노력이 매우 의미 있고 값진 보상을 받게 될 것이라고 믿는다.

1. 관상 기도나 묵상
2. 명상하기
3. 몸동작을 연습하기
4. 심상훈련
5. 드럼치기
6. 악기 연주
7. 음악 듣기
8. 영적 신비를 찾아 여행하기
9. 개인적 의식을 하기
10. 댄스
11. 꿈작업 하기
12. 생활일지 쓰기

13. 영감을 주는 책 읽기
14. 자연을 마음의 벗으로 삼기
15. 의미 있는 침묵/고독 즐기기
16. 화초 가꾸기(정원 가꾸기)
17. 창의적 요리
18. 창의적 글쓰기
19. 시각 예술작품 감상하기/만들기
20. 스토리텔링(이야기를 만들어 짓기)
21. 별을 응시해서 보기
22. 다른 사람들을 섬기고 보살펴 주기
23. 창의적인 예술작품을 감상하기/만들기
24. 다양한 활동의 놀이를 하기(스포츠, 게임, 연주, 연극, 야외 활동 등)
25. 삶의 신비에 대해 생각하기

이러한 것들을 실천하면서 심호흡을 하고 마음을 깨끗이 하고 현재에 몰두하면서 자기 경험을 극대화하라.

연습 7-E: 일상적인 선언

매일 시작하면서 이 선언을 5번 반복하라. 반복하면서 그것이 현실화된 것처럼 자신의 이미지를 만들어 보라. "신성한 성취의 때가 왔다. 나의 노동의 대가와 나의 삶의 목적이 지금 분명하고 순조로이 펼쳐 나오고 있다."

자기발견, 자기 확신, 진정한 사랑을 향한 여러분의 여정에 행운이 있기를 바란다. 지금까지 여러분은 자신을 이해하고 자신이 맺고 있는 관계의 질과 삶을 향상시키고 발전시키기 위한 시간을 가져왔다. 여러분은 사랑과 인생을 충분히 누릴 가치가 있다!

후주

1장

1. Erich Fromm, *The Art of Loving*(New York: Harper and Row, 1962), 59-60.
2. 안드레아스 카펠라누스(Andreas Capellanus)가 쓴 『품격 있는 사랑(*The Art of Courtly Love*)』과 같은 중세의 작품에서는 여성성과 남성성의 균형을 얼마나 잘 맞추느냐가 낭만적인 사랑의 신비로운 형태를 탐색하는 데 중요하다고 보았다.
3. Ralph Waldo Emerson, *The Complete Writings of Ralph Waldo Emerson*, ed. Edward Emerson (New York: Wm. H. Wise and Co., 1929), 185.
4. Walt Whitman, *Leaves of Grass* (New York: Signet, 1958), 114. (3, 4는 Mark Richard Barna가 1997년 〈영지주의: 서구의 내적 전통〉 저널에 쓴 "몸과 영혼의 시" 에 나온다.
5. Charlotte D. Kasl, *Women, Sex, and Addiction: The Search for Love and power* (San Fracisco: HarperSanFrncisco, 1990), 41.
6. 존 러스킨(John Ruskin)의 『정서적 청산(*Emotional Clearing*)』과 타이샤 아벨라(Taisha Abelar)가 쓴 『마법사의 십자로(*The Sorcerers' Crossing*)』에서는 영적인 관행과 심리적 정화를 통합하는 것을 강조하고 있다. 러스킨은 자가치유와 명상 실습을 제시하였다. 아벨라는 우리 삶에서 과거 사건에 빼앗겼던 에너지를 재현하고 되돌리는 것의 중요성을 강조하였다.
7. Stanton Peele, with Archie Brodsky, *Love and Addiction* (New York: Signet, 1976).

8. 미국정신의학협회에서 출간한 『정신장애의 진단 및 통계 편람 제3-개정판(*The Diagnostic and Statistical Manual of Mental Disorders*, 3rd edition(DSM-III-R)』에서 화학적 중독의 진단 준거 9개 중에 적어도 3개 준거가 충족되어야 한다. 사랑중독, 로맨스 중독, 섹스중독은 DSM-IV에 포함되어 있지 않다. 이런 것들은 다양한 진단 범주에 포함되어 있기 때문에 좀 더 포괄적인 평가가 필요하다. DSM 체계에서는 단일한 장애가 하나 이상의 진단 범주에 해당될 수 있다. 사랑 대상에게 건강하지 못하고 파괴적인 방식으로 집착하는 사람들과 심리치료를 해 오면서 이들이 일상적인 기능과 사회적 기능을 저하시키는 우울증이나 불안증, 성격장애, 기타 신체적 질병 등의 진단을 많이 받고 있음을 경험하고 있다. 굿맨(A. Goodman)은 중독장애(1999)를 위한 준거 목록에서 만족을 추구하고 내적 불편감에서 도피하기 위해 하는 어떤 행동도 강박적이 될 수 있고 중독장애가 될 수 있음을 설명하고 있다. 제니퍼 슈나이더(Jennifer P. Schneider)는 학술지 *Sexual Addiction and Compulsivity*(vol. 1, no. 1, 1994: 19-45)에서 중독장애의 주요 요소로 통제력 상실, 해로운 결과에도 불구하고 그 행동을 지속하기, 강박적으로 몰두하기 등을 꼽았다. (Schneider and Irons, *Sexual addiction and compulsitivity*, vol. 3, no. 1, 1997: 7-9도 참고하라.)

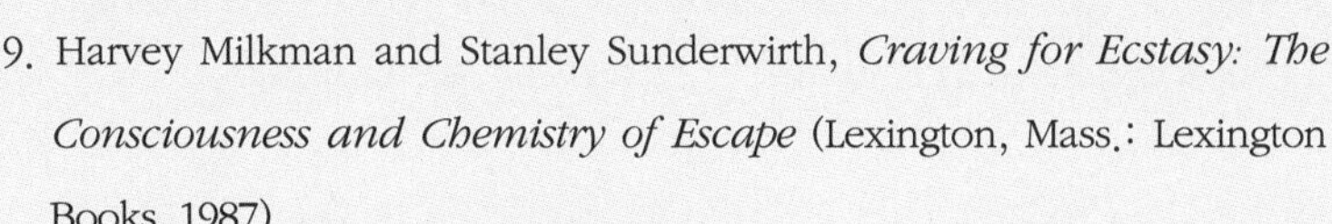

9. Harvey Milkman and Stanley Sunderwirth, *Craving for Ecstasy: The Consciousness and Chemistry of Escape* (Lexington, Mass.: Lexington Books, 1987).
10. Helen E. Fisher, *Anatomy of Love: The Natural History of Monogamy, Adultery, and Divorce* (New York: Fawcett Columbine: 1992), 57.
11. 도로시 테노브(Dorothy Tennov)는 그녀의 책 『사랑과 리메란스: 사랑에 빠지는 경험(*Love and Limerance: The Experience of Being in Love*)』(New York: Stein and Day, 1979)에서 리메란스란 낭만적으로 이끌린 심리적 고조 상태라고 표현하였다.
12. Milkman and Sunderwirth, 45.
13. 마크 라서(Mark Laaser)는 『비밀스러운 죄(*The Secret Sin*)』(Grand Rapids,

Mich.: Zondervan, 1992)에서 섹스중독 분야의 전문가들은 그리스도교 집단의 약 10%가 성적으로 중독되어 있고, 지금이 진정한 영적인 치유를 위해 이 문제를 해결해야 할 시점이라고 주장하였다.

14. 패트릭 칸스(Patrick Carnes)의 고전적인 책 『사랑이라고 부르지 마라: 성 중독에서 회복하기(*Don't Call It Love: Recovery from Sexual Addiction*)』(New York: Bantam, 1991)에서는 섹스중독과 그 회복과정에 대한 다양한 측면들이 묘사되어 있다. 이 책은 섹스중독에 걸린 1,000명의 사람들과 그 가족들의 이야기에 기초하고 있다.

15. 케네스 애덤스(Kenneth Adams)는 그의 책 『조용한 유혹: 부모가 자녀를 성 파트너로 만들기—은밀한 근친상간을 이해하기(*Silently Seduced: When Parents Make Their Children Partners—Understanding Covert Incest*)』(Deerfield Beach, Fla. Health Communications, 1991)에서 은밀한 근친상간에 대한 이해를 다루고 있다. 이 책에서 애덤스는 동성 부모와의 근친상간 피해도 상당하다는 것을 알고 있지만 우선적으로 아동과 반대 성의 부모로부터의 근친상간 문제에 초점을 두었다.

2장

1. 헬렌 피셔(Helen E. Fisher)는 『섹스계약(*The Sex Contract*)』(New York: William Morrow and Co., 1983)에서 여성의 발정 사이클의 변화가 인간관계에 어떤 영향을 주었는지에 대해 인류학적 관점을 제시하고 있다.
2. Patrick Carnes, *Don't Call It Love: Recovery from Sexual Addiction* (New York: Bantam, 1991), 31–32.
3. Michael Liebowitz, *The Chemistry of Love* (Boston: Little, Brown, 1983).
4. Brenda Schaeffer, *Loving Me, Loving You: Balancing Love and Power in a Codependent World* (San Francisco: Haper Collins, 1992), 47.
5. Riane Eisler, *Sacred Pleasure: Sex, Myth, and the Politics of the Body–New Paths to Love and Power* (San Francisco: HarperSanFrancisco, 1995), 244–245.

6. 이 인용들은 미네소타의 미니애폴리스-세인트폴 지역에서 발간되는 주요 신문이나 광고에서 발췌한 것이다.
7. 피아 멜로디(Pia Mellody)가 쓴 『사랑중독에 직면하기: 사랑하는 방식을 바꿀 수 있는 힘을 자신에게 주세요-사랑과 공의존성의 관계(*Facing Love Addiction: Giving Yourself the Power to Change the Way You Love-The Love Connection to Codependence*)』(San Francisco: HarperSandFrancisco, 1992)에서는 사랑중독과 사랑회피에 대해 다루고 있다. 내 생각에 사랑중독과 사랑회피는 모두 사랑중독의 심리라는 관점에서 통합적으로 이해될 수 있다고 본다.
8. Abraham Maslow, *Toward a Psychology of Being* (Princeston, N.J.: Van Nostrand Reinhold, 1968) and *The Farther Reaches of Human Nature* (New York: Viking, 1971).
9. Jacquelyn Small, *Transformers: The Artist of Self-Creation* (New York: Bantam, 1992), 2, 193.

3장

1. 이 장에서는 몇몇 교류분석 문헌이 인용된다. Eric Berne, *What Do You Say After You Say Hello?* (New York: Grove Press, 1972) and *Games People Play* (New York: Grove Press, 1964); Muriel James and Dorothy Jongeward, *Born to Win: Transactional Analysis with Gestalt Experiments* (Redding, Mass.: Addison-Wesley, 1996); Michael Brown and Stanley Woollams, *Transactional Analysis: A Modern and Comprehensive Text of TA Theory and Practice* (Dexter, Mich.: Huron Valley Institute, 1978); Claude Steiner, *Scripts People Live Transactional Analysis of Life Scripts* (New York: Grove Press, 1974). 교류분석 이론은 복잡한 심리적 정보를 가지고 있으며 내담자에게 적용할 때는 분명하고 이해 가능한 용어로 설명해 주어 내담자가 스스로 힘과 권한을 갖도록 하는 것이 좋다. 교류분석은 용어가 너무 단순하고 심리학적 상투어에 의존한다

는 비판을 받아왔다.

2. 이 저자가 쓴 『교정적 양육 차트(*Corrective Parenting Chart*)』에서는 발달 단계, 욕구, 각 발달 단계의 과제; 부모가 해서는 안 될 것과 해야 할 것; 욕구/과제가 충족되지 않았을 때 아동기 및 성인기에 일어나는 문제점; 이때 취할 수 있는 대응방법 등이 요약되어 있다. 프로이트, 에릭슨, 피아제, 번의 발달이론에서 나온 아이디어들을 통합한 것이다.

4장

1. 관계에서 심리적 욕구가 충족되지 않으면 자살, 타살, 에이즈, 불안, 우울, 절망, 엄청난 신체적 질병을 가져올 수 있다.
2. 건강한 사랑의 특징과 경계에 대해 더 알고 싶으면 저자의 『나를 사랑하고, 너를 사랑하기(*Loving Me Loving You*)』(Center City, Minn.: Hazelden, 1991)를 찾아보라.

3. Stanley Woollams and Michael Brown, *Transactional Analysis: A Modern and Comprehensive Text of TA Theory and Practice* (Dexter, Mich.: Huron Valley Institute Press, 1978), 84–92.
4. Woollams and Brown, *Transactional Analysis*, 134–137.

5장

1. 저자가 쓴 『나를 사랑하고, 너를 사랑하기』의 5장에서 파워를 상품처럼 사용하고 경험하는 것의 문제점을 심층적으로 다루고 있다. 이 책의 2장에서는 남성과 여성에게 문화적으로 부과된 파워의 기초를 다루고 있고, 파워를 얻기 위한 투쟁에서 사람들이 어떻게 심리적으로 갇히는지를 자세히 다루고 있다.

6장

1. Kahlil Gibran, *The Prophet* (New York: Random House, 1951).
2. Erich Fromm, *The Art of Loving* (New York: Harper and Row), 53.
3. Brenda Schaeffer, *Loving Me, Loving You: Balancing Love and Power in a Codependent World* (San Francisco: Harper Collins, 1992), 158–159.
4. Richard Bach, *The Bridge Across Forever* (New York: William Morrow and Co., 1984), 210.
5. Claude Steiner, 회의자료.
6. Schaeffer, *Loving Me, Loving You*, 170–171.
7. Eric Berne, *What Do You Say After You Say Hello?* 137–139. 쓰라린 감정(rackets)은 Richard Erskine and Marilyn Zalcman, *Transactional Analysis Journal*, 9, no. 1 (January 1979)에 게재한 "Rackets and Other Treatment Issues."에 기술되어 있다. 쓰라린 감정이란 외적 행동으로 표현되고 내적인 신념에 의해 지지되는 왜곡된 감정 덩어리를 말한다.
8. Schaeffer, *Loving Me, Loving You*, 193–194.
9. Bach, *The Bridge Across Forever*, 286.

7장

1. Norman Cousins, *Human Options* (New York, London: W.W. Norton and Co., 1981), 34.
2. Margery Williams, *The Velveteen Rabbit* (New York: Doubleday and Co., 1975), 16–17.
3. Viktor E. Frankle, *Man's Search for Meaning* (New York: Bantam Books, 1978), 36, 45.
4. C. Norman Shealy, *90 Days to self–health* (New York, Bantam Books, 1978), 36, 45. 우리의 중앙관리 시스템인 시상하부와 변연계는 습관이 패턴화되고 반복적으로 프로그래밍되어서 낮은 수준의 의식에 도달할 수 있

게 해 준다.

5. A. Guillaumont, H.-CH. Puech, and G. Quipel, trans., *The Gospel According to Thomas* (New York: Harper and Row, 1959), Logian 45.

8장

1. 여기서 제시된 자가 연습은 특별 워크숍 양식과 임상적인 요구와 필요에 따라 저자가 개발한 것으로 독자들이 더 쉽게 연습할 수 있도록 수정하였다. 필요하다면 오디오테이프에 녹음해서 실습해 볼 수 있다. 책에 나온 각각의 연습을 편안하게 할 수 있을 때까지 반복해 보고, 필요하면 전문적인 도움을 요청하라.
2. 여러분이 과거에 일어났을 거라고 생각하는 것, 과거 사건에 대한 여러분의 인상, 결론, 믿음 등은 사실 실제로 일어난 것만큼이나 중요하다. 과거 사건은 바꿀 수 없다. 심지어 가끔씩 그 사건들은 확증할 수 없는 것들이다. 그러나 그 사건에 대해 우리가 어떻게 느끼고 있는지, 어떻게 해석하고 있는지, 그리고 그 사건을 우리의 삶에서 어떤 틀로 보고 있는지는 바꿀 수 있다.

3. 찰스 휘트필드(Charles L. Whitfield)의 『기억과 학대: 외상의 상처를 기억하고 치유하기(*Memory and Abuse: Remembering and Healing the Wounds of Trauma*)』(Deerfield Beach, Fla.: Health Communications, 1995)는 아동기 외상의 부정적인 영향을 치유하는 것에 대한 기념비적인 작업을 엮어 놓은 것이다. 이 책에서는 기억의 심리, 아동 학대의 역사, 기억을 증명하고 확증하는 방법, 진실이 아닌 기억과 진실인 기억을 가려내는 방법을 다루고 있다.
4. 아동 발달에 대한 개척자인 에릭 에릭슨(Erik Erickson)은 자기와 타인 그리고 삶을 신뢰하는 것을 배우는 것이 우리 각자가 완수해야 할 첫 번째이자 기본적인 과제라고 보았다. 이것은 후기 발달 단계에서도 중요한 기초가 된다. 그리고 성인기 관계에 적용해 본다면 안전감의 기초가 된다.
5. Brian Walker, *Hua Hu Ching: The Unknown Teachings of Lao Tzu* (San Francisco: HarperSanFrancisco, 1995), 7.

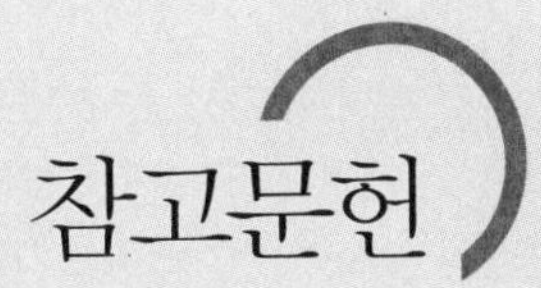

참고문헌

Abelar, Taisha. *The Sorcerers' Crossing: A Woman's Journey*. New York: Penguin Books, 1983.

Adams, Kenneth M. *Silently Seduced: When Parents Make Their Children Partners-Understanding Covert Incest*. Deerfield Beach, Fla.: Health Communications, 1991.

Bach, Richard. *The Bridge Across Forever: A True Love Story*. New York: Willam Morrow and Co., 1984.

Beattie, Melody. *Beyond Codependency: And Getting Better All the Time*. Center City, Minn.: Hazelden, 1989.

Berne, Eric. *Transactional Analysis in Psychotherapy: A Systematic Individual and Social Psychiatry*. New York: Grove Press, 1961.

______. *Games People Play*. New York: Grove Press, 1961.

______. *What Do You Say After You Say Hello?* New York: Grove Press, 1964.

Bly, Robert. *Iron John: A Book about Men*. Reading, Mass.: Addison-Wesley, 1990.

Branden, Nathaniel. *The Psychology of Romantic Love*. Toronto: Bantam Books, 1980.

Buscaglia, Leo. *Love*. New York: Fawcett Crest, 1972.

Campbell, Joseph, with Bill Moyers. *The Power of Myth*. New York: Doubleday, 1988.

Capellanus, Andreas. *The Art of Courtly Love*. Edited by Frederic W. Locke. New York: Ungar, 1957.

Capra, Fritjof. *The Turning Point*. New York: Bantam Books, 1983.

______. *Uncommon Wisdom*. New York: Bantam Books, 1989.

Carnes, Patrick, editor. "Sexual Addiction and Compulsivity," *The Journal of Treatment and Presentations*, vol. 1, no. 1 (1994).

______. *Contrary to Love: Helping the Sexual Addict*. Minneapolis, Minn.:

CompCare, 1989.

______. *Don't Call It Love: Recovery from Sexual Addiction*. New York: Bantam Books, 1991.

______. *Out of the Shadows: Understanding Sexual Addiction*. Minneapolis, Minn.: CompCare, 1983.

______. *Sexual Anorexia: Overcoming Sexual Self-Hatred*. City, Minn.: Hazelden, 1997.

Clarke, Jean Illsley. *Self-Esteem: A Family Affair*. San Francisco: HarperSanFrancisco, 1985.

Colgrove, Melba, Harold H. Bloomfield, and Peter McWillams. *How to Survive the Loss of a Love*. Toronto: Bantam Books, 1976.

Cousins, Norman. *Human Options: Am Autobiographical Notebook*. New York, London: W.W. Norton and Co., 1981.

Covington, Stephanie. *Leaving the Enchanted Forest: The Path from Relationship Addiction*. San Francisco: HarperSanFrancisco, 1988.

DeMause, L., "The Universality of Incest," *Journal of Psychohistory*, vol. 19, no. 2: 123-164.

Diamond, Jed. *Looking for Love in All the Wrong Places: Overcoming Romantic and Sexual Addictions*. New York: Avon, 1988 and 1989.

Elsler, Riane. *The Chalice and the Blade: Our History, Our Future*. San Francisco: HarperSanFrancisco, 1988.

______. Sacred *Pleasure: Sex, Myth, and the Politics of the Body-New Paths to Power and Love*. San Francisco: HarperSanFrancisco, 1996.

Fisher, Helen E. *The Sex Contract*. New York: William Morrow and Co., 1982.

______. *Anatomy of Love: The Mysteries of Meaning. Marriage, and Why We Stray*. New York: Fawcett Columbine, 1993.

Fox, Matthew. *Original Blessing*. SantaFe: Bear and Co., 1983.

Frankl, Viktor E. *Man's Search for Meaning*. New York: Collier Books, 1963.

Freud, Sigmund. *Sexuality and the Psychology of Love*. New York: Collier Books, 1963.

Fromm, Erich. *The Art of Loving*. New York: Harper and Row, 1962.

Gibran, Kahlil. *The Prophet*. New York: Brunner/Mazel, 1979.

______. *The Power Is in the Patient*. San Francisco: TA Press, 1978.

Grof, Christina, and Stanislav Grof. *The Stormy Search for the Self: A Guide to Personal Growth through Transformational Crisis*. Los Angeles: Tarcher, 1990.

Grubbman-Black, Stephen D. *Broken Boys/Mending Men*. New York: Ivy Books, 1990.

Hunter, Mic. *Abused Boys: The Neglected Victims of Sexual Abuse*. New York: Fawcett Columbine, 1990.

Ingerman, Sandra. *Soul Retrieval: Mending the Fragmented Self through Shamanic Practice*. San Francisco: HaperSanFrancisco, 1991.

James, Muriel and Dorothy Jongeward. *Born to Win*. Redding, Mass.: Addison-Wesley, 1991.

Johnson, Robert A. *He: Understanding Masculine Psychology*. New York: Harper and Row, 1986.

______. *Inner Work: Using Dreams and Creative Imagination*. San Francisco: Harper and Row, 1986.

______. *She: Understanding Feminine Psychology*. New York: Harper & Row, 1997.

______. *We: Understanding the Psychology of Romantic Love*. San Francisco: Harper & Row, 1983.

Kasl, Charlotte D. *Women, Sex, and Addiction: The Search for Love and Power*. San Francisco: HarperSanFrancisco, 1990.

Keyes, Ken, Jr. *Handbook to Higher Consciousness*. Berkeley: Love Lines Books, 1975.

______. *A Conscious Person's Guide to Relationships*. Coos Bay, Oreg.: Love Line Books, 1979.

Laaser, Mark R. *Faithful and True: Sexual Integrity in a Fallen World*. Grand Rapids, Mich.: Zondervan, 1996.

Labowitz, Robbi Shoni. *Miraculous Living*. New York: Simon and Schuster, 1996.

Lerner, Harriet. *The Dance of Intimacy: A Woman's Guide to Courageous Acts of Change in Key Relationships*. New York: Harper Perennial, 1990.

Melody, Pia. *Facing Love Addiction: Giving Yourself the Power to Change the Way You Love*. San Francisco: HarperSanFrancisco, 1992.

Palmer, Helen. *The Enneagram in Love and Work: Understanding Your Intimate and Business Relationships*. San Francisco: Harper and Row, 1995.

Peck, M. Scott. *The Road Less Traveled*. New York: Simon and Schuster, 1978.

Peele, Stanton, with Archie Brodsky. *Love and Addiction*. New York: Signet, 1976.

Phillips, Robert D. *Structural Symbiotic Systems*. Author, 1975.

Ponder, Catherine. *The Dynamic Laws of Prosperity*. Englewood Cliffs, N.J.: Prentice Hall, 1962.

Ray, Sondra. *I Deserve Love: How Affirmations Can Guide You to Personal Fulfillment*. Millbrae, Calif.: Les Femmes, 1976.

______. *Loving Relationships*. Berkeley: Celestial Arts, 1980.

Ruskan, Kohn. *Emotional Clearing: A Self-Therapy Guide to Releasing Negative Feelings*. New York: R. Wyler and Co., 1993.

Schaef, Anne Wilson. *When Society Becomes an Addict*. San Francisco: Harper and Row, 1987.

______. *Escape From Intimacy, Untangling the "Love Addictions": Sex, Romance and Relationships*. San Francisco: HarperSanFrancisco, 1990.

Schaeffer, Brenda. *Corrective Parenting Chart*. Author, 1979.

______. *Corrective Parenting Chart*. 4th ed. Author, 1993.

______. *Loving Me, Loving you: Balancing Love and Power in a Codependent World*. Center City, Minn: Hazelden, 1991.

Scheid, Robert. *Beyond the Love Game: An Inner Guide to Finding your Mate*. Millbrae, Calif.: Celestial Arts, 1980.

Schneider, Jennifer P. *Back from Betrayal: Recovering from His Affairs*. Center City, Minn.: Hazelden, 1988.

Schneider, Jennifer P., and Bert Schneider. *Sex, Lies and Forgiveness: Couples Speaking Out on Healing from Sex Addiction*. Center City, Minn.: Hazelden, 1991.

Shealy, C. Norman. *90 Days to Self-Health*. New York: Bantam, 1978.

Sipes, A. W. Richard. *Sex, Priests, and Power*. New York: Brunner/Mazel, 1995.

Small, Jacquelyn. *Transformers: The Artists of Self-Creation*. New York: Bantam, 1992.

Steiner, Claude. *Scripts People Live: Transactional Analysis of Life Scripts*. New York: Grove Press, 1974.

Weed, Joseph. *Wisdom of the Mystic Masters*. West Nyack, N.Y.: Parker Publishing Co., 1968.

Weiss, Laurie, and Jonathan Weiss. *Recovery from Co-Dependency: It's Never Too Late to Reclaim Your Childhood*. Deerfield Beach, Fla.: Health Communications, 1989.

Whitfield, Charles L. *Memory and Abuse*. Deerfield Beach, Fla.: Health Communications. 1995.

Williams, Margery. *The Velveteen Rabbit*. New York: Doubleday and Co., 1975.

Woollams, Stanley, and Michael Brown. *Transactional Analysis: A Modern and Comprehensive Text of TA Theory and Practice*. Dexter, Mich.: Huron Valley Institute Press, 1978.

Woollams, Stanley, Michael Brown, and Kristyn Huige. *Transactional Analysis in Brief*. Ypsilanti, Mich.: Spectrum Psychological Services, 1974.

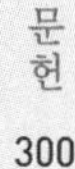

찾아보기

《인 명》

《인 명》

Brenda M. Schaeffer (MA)

주면허를 가지고 있는 심리학자 겸 공인된 중독 전문가로서 경험이 많은 심리치료자이자 훈련자, 의사소통 컨설턴트로 활동하고 있다. 미국 내뿐만 아니라 전 세계적으로 강의 활동과 워크숍을 개최하면서 다양한 범위의 심리학적 주제를 가지고 사람들을 만나고 있고, 서구의 심리학과 세상의 다양한 철학들을 자신의 심리치료 작업에 접목하고 있다. 고통스러운 인생 사건이란 뭔가 일깨워 주기 위한 부름이며 심리치료란 영혼을 위한 여정에서 앞으로 나아가게 해 주는 중요한 작업이라는 믿음을 가지고 있다. 국가 성중독 및 강박증 협의회 상임위원회에서 활동하고 있고, 국제 교류분석학회, 국제 에니어그램 교사 협회 회원이자 건강한 관계를 위한 협회 임상지도자이기도 하다. 주요 저서에는 『나를 사랑하고, 너를 사랑하며: 공의존적인 세상에서 사랑과 힘의 균형을 이루기』 『건강한 사랑의 징후』 『중독적인 사랑의 징후』 『파워플레이』 『중독적인 사랑: 자신을 구하라』 등이 있다. 이 책 『사랑중독』은 스페인어와 독일어로도 번역되었다.

저자에게 강의나 워크숍, 자문을 요청하고 싶은 사람은 다음의 주소로 연락을 하길 바란다.

e-mail: brenda@spacestar.net

http://www.loveandaddiction.com

이 우 경

심리학 박사 및 임상심리 전문가로서 10여 년간 용인정신병원에서 임상심리과장으로 근무하였으며, 현재는 서울사이버대학교 상담심리학과 교수로 재직 중이다. '마음챙김 명상에 기초한 인지 치료'를 적용한 심리치료 프로그램 개발과 일반인들의 심리적 상처와 치유 그리고 내적 성장에 관심을 갖고 있다.

IS IT LOVE or IS IT ADDICTION?

2010년 12월 20일 1판 1쇄 인쇄
2010년 12월 24일 1판 1쇄 발행

지은이 | Brenda Schaeffer
옮긴이 | 이우경
펴낸이 | 김진환
펴낸곳 | ㈜ 학지사 · INNER BOOKS 이너북스

121-837 서울시 마포구 서교동 352-29 마인드월드빌딩 5층
대표전화_ 02-330-5114 팩스_ 02-324-2345

등 록 | 2006년 11월 13일 제313-2006-000238호
홈페이지 | www.innerbooks.co.kr

ISBN 978-89-92654-40-1 03180

가격 13,000원